독자의 1초를 아껴주는 정성!

세상이 아무리 바쁘게 돌아가더라도
책까지 아무렇게나 빨리 만들 수는 없습니다.
인스턴트 식품 같은 책보다는
오래 익힌 술이나 장맛이 밴 책을 만들고 싶습니다.

길벗이지톡은 독자 여러분이
우리를 믿는다고 할 때 가장 행복합니다.
나를 아껴주는 어학 도서,
길벗이지톡의 책을 만나보십시오.

독자의 1초를 아껴주는

정성을 만나보십시오.

미리 책을 읽고 따라해본 2만 베타테스터 여러분과
무따기 체험단, 길벗스쿨 엄마 2% 기획단,
시나공 평가단, 토익 배틀, 대학생 기자단까지!
믿을 수 있는 책을 함께 만들어주신 독자 여러분께 감사드립니다.

홈페이지의 '독자마당'에 오시면
책을 함께 만들 수 있습니다.

(주)도서출판 길벗 www.gilbut.co.kr
길벗이지톡 www.gilbut.co.kr
길벗스쿨 www.gilbutschool.co.kr

mp3 파일 다운로드

길벗 홈페이지(www.gilbut.co.kr)로 오시면 mp3 파일 및 관련 자료를 다양하게 이용할 수 있습니다.

1단계 [도서명 ▼] [   ] [검색] 에 찾고자 하는 책 이름을 입력하세요.

2단계 검색한 도서로 이동하여 〈자료실〉 탭을 클릭하세요.

3단계 mp3 파일 및 다양한 자료를 받으세요.

단어만 바꿔 넣으면 내가 하고 싶은 말이 된다!

프랑스어 회화

핵심패턴

233

박만규, Arnaud Duval 지음

길벗
이지:톡

프랑스어 회화 핵심패턴 233
233 Essential Patterns for French Conversation

초판 발행 · 2015년 2월 20일
초판 9쇄 발행 · 2023년 5월 30일

지은이 · 박만규, Arnaud Duval
발행인 · 이종원
발행처 · (주)도서출판 길벗
브랜드 · 길벗이지톡
출판사 등록일 · 1990년 12월 24일
주소 · 서울시 마포구 월드컵로 10길 56(서교동)
대표 전화 · 02)332-0931 | **팩스** · 02)323-0586
홈페이지 · www.gilbut.co.kr | **이메일** · eztok@gilbut.co.kr

담당편집 · 박정현(bonbon@gilbut.co.kr) | **기획** · 오윤희, 김대훈 | **본문디자인** · 신세진 | **제작** · 이준호, 이진혁
마케팅 · 이수미, 장봉석, 최소영 | **영업관리** · 김명자, 심선숙 | **독자지원** · 윤정아, 최희창

편집진행 및 교정 · 김진주 | **표지 및 부속디자인** · 디자인4B | **전산편집** · 디자인4B
오디오 녹음 · 와이알미디어 | **CTP 출력 및 인쇄** · 북토리 | **제본** · 신정문화사

길벗이지톡은 길벗출판사의 성인어학서 출판 브랜드입니다.

ISBN 978-89-6047-929-6 03760
(길벗 도서번호 300713)

정가 15,800원

독자의 1초까지 아껴주는 정성 길벗출판사
(주)도서출판 길벗 IT교육서, IT단행본, 경제경영서, 어학&실용서, 인문교양서, 자녀교육서 www.gilbut.co.kr
길벗스쿨 국어학습, 수학학습, 어린이교양, 주니어 어학학습, 학습단행본 www.gilbutschool.co.kr

페이스북 · www.facebook.com/gilbuteztok
네이버 포스트 · http://post.naver.com/gilbuteztok
유튜브 · https://www.youtube.com/gilbuteztok

■■ 머리말

프랑스어 회화, 패턴으로 시작하세요!

왜 패턴일까요?

외국어, 특히 회화를 하려면 듣는 즉시 이해하고, 떠오르는 즉시 말하는 기술이 필요합니다. 알고 있는 문법과 어휘를 조합해서 빠르게 문장을 만들어내는 것은 따로 트레이닝을 하지 않는 한 쉽지 않죠. 이 훈련에서 하나의 열쇠가 될 수 있는 것이 바로 패턴(modèles) 입니다. 패턴은 미리 구성해놓은 단어들의 조합이라 할 수 있습니다. 덩어리로 익혀두면 머릿속에 문장을 만드는 속도가 빨라집니다. 따라서 회화를 잘하기 위해서는 패턴들을 입으로 반복하여 근육에 기억(muscle memory)시켜 두는 작업이 필요합니다. 이 작업이 숙달되면 누구나 회화를 잘할 수 있습니다.

단어를 문법에 맞게 잘 배열한다고 네이티브처럼 문장을 만들 수 있을까요? 프랑스어는 우리말 표현 방식을 그대로 옮기면 안 되는 경우가 많습니다. 다음 예를 볼까요?

Ça fait du bien de ... ~하니 (기분이) 좋군요

J'ai beaucoup aimé ... ~가 무척 좋았어요

J'aurais dû ... ~할 걸 (그랬네) / ~했어야 하는데

프랑스어 단어와 문법을 아무리 잘 알아도 이런 표현들을 외국인의 입장에서는 만들기가 어렵습니다. 네이티브 감각이 살아 있는 프랑스어적인 표현이기 때문이죠. 이런 표현들은 이것저것 따질 것 없이 한 덩어리로 외우는 게 쉽습니다. 수없이 많은 패턴들을 언제 다 외우냐고요? 일단 기본 패턴부터 외웁시다. 이 책에는 프랑스인들이 가장 자주 쓰는 233개의 패턴을 모았습니다. 233개 패턴만 외우면 초중급 수준에서 내가 하고 싶은 말은 다 할 수 있습니다.

학습 방법은 간단합니다

패턴을 반복해서 외우세요. 그렇다고 책만 파고들라는 얘기는 아닙니다. 책은 학습 방향과 각 패턴에 대한 이해를 도와주는 역할일 뿐, 훈련은 온전히 학습자의 몫입니다. 패턴을 외워서 손으로 쓸 수 있다고 해서 회화에서 써먹을 수 있는 건 아니죠. 회화가 주 목적이라면 mp3 파일을 적극적으로 활용해서 듣고 말하는 훈련을 해야 합니다. 기본 학습용 mp3 파일, 소책자 듣기용 mp3 파일을 최대한 자주 들으세요. 듣고 입으로 내뱉는 훈련만이 회화에 확신을 불어넣어줄 겁니다. 패턴을 단순 반복하는 지루함을 줄이고자 생활 속 회화문으로 패턴의 쓰임을 확인하는 코너, 프랑스어 문화와 궁금했던 표현들을 풍성하게 정리한 Tip 등 학습자의 입장에서 즐겁고 능동적으로 학습할 수 있는 장치도 마련했습니다.

외국어 학습은 단기간에 효과를 보기는 어렵습니다. 꾸준히 애정을 가지고 시간을 투자해야 빛을 발하는 순간이 옵니다. 이 책이 그 과정에 함께 했으면 좋겠습니다.

박만규, Armaud Duval

■■ 이 책의 효과적인 학습법

1단계 오디오를 먼저 들어 보세요.

언어 학습에서 말하기와 듣기만큼 중요한 것은 없습니다. 오디오를 먼저 듣고 소리에 익숙해져 보세요. 그리고 나서 책을 보면 신기하게 프랑스어가 금방 이해될 겁니다. 오디오는 길벗이지톡 홈페이지(www.gilbut.co.kr)에서 무료로 다운받을 수 있습니다.

mp3 파일의 구성

❶ 기본 학습용
본문의 전체 내용을 녹음했습니다. ÉTAPE 1은 우리말 1번, 프랑스어 2번씩 녹음하고, ÉTAPE 2는 프랑스어로 1번 녹음했습니다. ÉTAPE 1의 모든 문장은 프랑스 원어민 남녀가 한 번씩 번갈아가며 읽어 명사나 형용사의 남성·여성형을 모두 공부할 수 있도록 구성했습니다. 자신의 성별에 맞춰 말하기 연습을 해 보세요.

❷ 소책자 듣기용
ÉTAPE 1의 문장들만 모아두었습니다. 소책자와 함께 공부하세요.

2단계 본 책으로 학습합니다.

ÉTAPE 1에서 패턴이 적용된 기본 5문장을 익히고, ÉTAPE 2에서는 일상 회화문으로 패턴의 실제 쓰임을 익힙니다. 자세한 설명과 Tip, 단어까지 꼼꼼히 읽고 이해해 보세요.
프랑스어에서 가장 어려워하는 부분이 동사변화입니다. 이 책의 맨 뒤에 핵심 동사 변화표를 담았습니다. 현재형, 반과거형, 미래형, 긍정명령형, 부정명령형을 각 인칭에 따라 모아뒀으니 필요할 때마다 펼쳐 보세요.

3단계 휴대용 소책자로 충분히 반복하세요.

소책자에는 ÉTAPE 1만 실었습니다. 따로 떼어 들고 다니며 짬짬이 학습하세요. 소책자 듣기용 mp3 파일도 꼭 함께 들으세요!

이 책의 구성

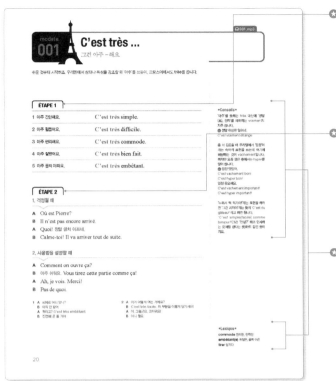

⊛ ÉTAPE 1 | 핵심패턴 익히기

패턴이 적용된 대표 문장을 익힙니다. 실제로 쓰는 표현을 담았기 때문에 조금만 변형하면 나만의 표현을 만들 수 있습니다.

⊛ ÉTAPE 2 | 회화문으로 각 패턴의 쓰임새 익히기

각 패턴이 적용된 실제 대화문을 실었습니다. 패턴의 실제 쓰임을 확인하고, 대화문 속에 나오는 생생한 표현을 익혀 보세요.

⊛ Conseils & Lexique

Conseils 코너에서는 본문에서 잘 이해가 안 되는 부분이나 중요한 표현 등을 팁으로 정리했고, Lexique에는 새로 나오는 단어를 실었습니다. 문법적 설명부터 유용한 표현 정리, 문화 설명까지 챙기세요.

⊛ 동사 변화표

프랑스어 동사는 인칭과 시제에 따라서 변화합니다. 규칙인 경우가 많지만 불규칙인 경우에는 모두 외워야 하죠. 자주 쓰이는 핵심동사 변화표를 실었습니다. 필요할 때 펼쳐 보세요.

훈련용 소책자
ÉTAPE 1만 실었습니다. 따로 떼어 들고 다니면서 학습하세요.
mp3 파일도 꼭 함께 들으세요.

mp3 파일
프랑스어를 가장 빠르게 말할 수 있는 방법은 소리로 익히는 것입니다. 듣고, 보고, 따라하기!
길벗이지톡 홈페이지(www.gilbut.co.kr)에서 무료로 다운받으세요.

■■■ 목차

Partie I | 꼭 외워야 할 기초 패턴들

| **Unité 01** | **être 구문** | 19 |

modèle 001	**C'est très …** 그건 아주 ~해요	20
modèle 002	**C'est trop …** 그건 너무 ~해요	21
modèle 003	**C'est pour …** ~를 위한 거예요	22
modèle 004	**C'est pour moi …** 제게는 ~입니다	23
modèle 005	**C'est la première fois que …** ~하는 게 처음입니다	24
modèle 006	**C'est moi qui …** ~하는 건 나야	25
modèle 007	**L'important, c'est de …** 중요한 것은 ~하는 것입니다	26
modèle 008	**Les … sont tous (les mêmes / pareils) ~** ~들은 모두 똑같아요	27
modèle 009	**Vous êtes content(e) de … ?** ~에 만족하세요?	28
modèle 010	**Vous êtes prêt(e) à / pour … ?** ~할 준비 되셨나요?	29

| **Unité 02** | **'있다' 표현** | 30 |

modèle 011	**Il y a …** ~가 있습니다	31
modèle 012	**Y a-t-il … ?** ~가 있나요?	32
modèle 013	**Il n'y a que …** ~밖에 없네요	33
modèle 014	**Voici …** ~가 여기 있습니다	34
modèle 015	**Il reste …** ~가 남아 있어요	35
modèle 016	**Il ne reste plus …** ~가 다 떨어졌어요	36

| **Unité 03** | **avoir를 이용한 '있다' 표현** | 37 |

modèle 017	**Avez-vous … ? (1)** ~가 있나요?	38
modèle 018	**Avez-vous … ? (2)** ~한 증상이 있나요?	39
modèle 019	**Vous n'avez rien de …** ~한 것 없나요?	40

| **Unité 04** | **avoir를 이용한 신체 상태 표현** | 41 |

modèle 020	**J'ai faim** 배고파요	42
modèle 021	**J'ai mal à …** ~가 아파요	43
modèle 022	**J'ai le / la … pp …** … 가 ~되었어요	44

Unité 05 기본 의문문 패턴 45

modèle 023 **Est-ce qu'il est possible de …** ~하는 게 되나요[가능한가요]? ... 46

modèle 024 **Est-ce qu'il est vrai que …** ~라는 게 사실인가요? ... 47

modèle 025 **Est-ce que je dois … ?** ~해야 하나요? ... 48

modèle 026 **Est-ce que je peux …?** ~할 수 있나요? ... 49

modèle 027 **Est-ce que vous pensez que … ?** ~라고 생각하세요? ... 50

modèle 028 **Est-ce que je peux avoir … ? / Puis-je avoir … ?** ~ 좀 제게 주시겠어요? ... 51

Unité 06 보조 시제 표현 52

modèle 029 **Je vais …** 제가 ~ 할게요 ... 53

modèle 030 **Je viens (juste) de …** 방금 ~했습니다 ... 54

modèle 031 **Avez-vous fini (de …)?** ~를 끝냈나요? ... 55

modèle 032 **Je suis en train de …** ~하는 중입니다 / ~하고 있습니다 ... 56

modèle 033 **Je suis sur le point de …** 이제 곧 ~하려 합니다 ... 57

Unité 07 기본 조동사 패턴 58

modèle 034 **Je dois …** 저는 ~해야 합니다 ... 59

modèle 035 **Vous devriez** ~해야 할 겁니다 ... 60

modèle 036 **Je peux …** 저는 ~할 수 있어요, 저는 ~할 줄 알아요 ... 61

modèle 037 **Je ne peux pas …** ~할 수가 없어요, ~할 줄 모르겠어요 ... 62

modèle 038 **Vous pouvez …** ~하실 수 있어요, ~하셔도 됩니다 ... 63

modèle 039 **Vous ne pouvez pas …** ~하실 수가 없어요, ~하시면 안 됩니다 ... 64

modèle 040 **Il faut …** ~해야 합니다 ... 65

modèle 041 **Il ne faut pas …** ~하지 마세요, ~하면 안 됩니다 ... 66

Unité 08 자주 쓰는 부정 패턴 67

modèle 042 **Il n'y a rien de …** ~한 것은 아무것도 없습니다 ... 68

modèle 043 **Je n'ai jamais …** ~ 해 본 적이 없습니다 ... 69

modèle 044 **Jamais je n'aurais pu …** (결코) ~할 수가 없었을 거예요 / (결코) ~할 수가 없었는데! ... 70

modèle 045 **Je n'arrive pas à …** (아무래도) ~할 수 없어요, ~가 안 돼요 ... 71

modèle 046 **que j'aie jamais …** 내가 지금까지 ~한 ... 72

Unité 09　자주 쓰는 명령문 표현 73

modèle 047　**Essayez de …** 〜해 보세요 74

modèle 048　**N'hésitez pas à …** 주저하지 말고 〜해 주세요 75

modèle 049　**N'oubliez pas que …** 〜를 잊지 마세요 76

modèle 050　**Faites-moi savoir …** 〜를 알려 주세요 77

modèle 051　**Promettez-moi de (ne pas) …** 〜해(지 않)겠다고 내게 약속해 줘요. 78

Partie II | 무엇이든 물어보는 의문사 패턴들

Unité 10　**Où**와 장소 표현 81

modèle 052　**Où se trouve … ?** 〜가 어디 있어요? 82

modèle 053　**Où sont(est) les(le) … ?** 〜가 어디 있나요? 83

modèle 054　**Où puis-je … ?** 〜하는 곳이 어디에요? 84

modèle 055　**Où puis-je trouver … ?** 〜가 어디 있나요? / 〜를 어디서 구하나요? 85

modèle 056　**Je cherche … / Pour aller à …** 〜를 찾고 있는데요 86

modèle 057　**Il est à …** 〜 거리예요 87

Unité 11　**Quand**과 시간 표현 88

modèle 058　**Quand a lieu … / …, c'est quand** 〜가 언제 열리나요? / 〜가 언제인가요? ... 89

modèle 059　**À quelle heure y a-t-il … ?** 〜가 몇 시에 있나요? 90

modèle 060　**Quand est-ce qu'on …** 우리 언제 〜 하죠? / 우리 언제 〜 할까요? 91

modèle 061　**Quand commence … ? / À quelle heure commence …** 92
〜가 언제[몇 시에] 시작해요?

modèle 062　**Quand finit … ? / À quelle heure finit … ?** 〜가 언제[몇 시에] 끝나요? ... 93

modèle 063　**Quand ouvre … ? / À quelle heure ouvre … ?** 〜는 언제[몇 시에] 여나요? ... 94

modèle 064　**Quand ferme … ? / À quelle heure ferme … ?** 〜는 언제[몇 시에] 닫나요? ... 95

modèle 065　**Quand voulez-vous que … ?** 언제 〜하는 것이 좋으세요? 96

modèle 066　**Depuis quand … ?** 〜하신 지 얼마나 됐나요? / 언제부터 〜하셨나요? 97

modèle 067　**Jusqu'à quand … ?** 언제까지 〜해야 하나요? 98

modèle 068　**Il est temps de … / c'est l'heure de …** 이제 〜할 시간이에요 99

Unité 12　**combien**과 수량 표현 100

modèle 069　**Combien coûte …** 〜는 얼마입니까? 101

modèle 070　**Ça prend …** 〜 걸립니다 102

modèle 071　**Ça fait longtemps que …** 〜한 지 오래됐군요 / 오랜만에 〜했어요 103

Unité 13　**comment과 방법 표현** ──────────────────── 104

modèle 072　**Comment s'est passé(e) … ?** ~는 어떻게 됐나요?　105

modèle 073　**Comment puis-je … ?** ~하려면 어떻게 해야 하나요?　106

modèle 074　**Comment s'appelle … ?** ~를 뭐라고 하나요? / ~가 이름이 뭔가요?　107

Unité 14　**quel을 포함한 표현** ──────────────────── 108

modèle 075　**Quel est … ?** ~가 뭐죠? / ~가 어떻게 되죠?　109

modèle 076　**Quel est votre … ?** 선생님의 ~가 뭐죠? / 선생님의 ~가 어떻게 되시죠?　110

modèle 077　**Quel(le)s sont vos … ?** 선생님의 ~가 뭐죠? / 선생님의 ~가 어떻게 되세요?　111

modèle 078　**Quelle sorte de … ?** 어떤 종류의 ~?　112

modèle 079　**Quel(le) … voulez-vous?** 어떤 ~를 원하시나요?　113

modèle 080　**Lequel des deux … ** 둘 중 어느 것이 더 ~한가요?　114

Unité 15　**qui(누구)를 포함한 표현** ──────────────────── 115

modèle 081　**Qui est-ce que … ?** 누구를 ~?　116

modèle 082　**Qui est-ce qui … ?** 누가 ~?　117

modèle 083　**Qui va … ** 누가 ~하기로 할까?　118

Unité 16　**qu'est-ce que(무엇)를 포함한 표현** ──────────────────── 119

modèle 084　**Qu'est-ce qu'il y a … ?** ~에 무엇이 있나요?　120

modèle 085　**Qu'est-ce que je dois … ?** 제가 뭘 ~해야 하나요?　121

modèle 086　**Qu'est-ce que vous avez comme … ?**
~로 뭐가 있어요? / 어떤 ~를 갖고 계세요?　122

modèle 087　**Qu'est-ce que vous me recommandez de … ?**
무엇을 ~하면 좋을지 추천해 주시겠어요?　123

modèle 088　**Qu'est-ce que vous voulez … ?** 무엇을 ~하고 싶으세요?　124

modèle 089　**Qu'est-ce que vous voulez comme … ?**
~(로)는 무엇을 원하세요? / 어떤 ~를 원하세요?　125

modèle 090　**Qu'est-ce que vous avez fait de … ?** ~를 어떻게 했나요?　126

Unité 17　**pourquoi와 이유 표현** ──────────────────── 127

modèle 091　**Pourquoi vous … ?** 왜 ~하세요?　128

modèle 092　**C'est parce que … ** 그건 ~이기 때문이에요　129

modèle 093　**C'est pourquoi … / C'est pour ça que … **
그것이 ~한 이유예요 / 그 때문에 ~한 거예요　130

Partie III ┃ 나의 의도와 감정을 표현하는 패턴들

Unité 18 의도 표현하기 133

modèle 094 **Je pense …** ～할 생각입니다 / **Je pensais** ～할 생각이었습니다 134

modèle 095 **Je ne fais que …** 그냥 ～만 할게요[해요] 135

modèle 096 **Je passerai …** ～하러 들를 게요 136

modèle 097 **Je suis venu(e) …** ～하러 왔습니다 137

modèle 098 **Je suis ici pour …** ～로 여기 왔습니다 138

modèle 099 **Je vous appelle pour …** ～하려고 전화했습니다 139

modèle 100 **Je voulais juste …** 그냥 ～하고 싶었어요 140

modèle 101 **Il est prévu que …** ～하기로 되어 있습니다 141

Unité 19 관심 · 흥미 표현하기 142

modèle 102 **Je m'intéresse à …** ～에 흥미를 느껴요 / ～에 관심이 있어요 143

modèle 103 **Je ne m'intéresse pas à …** 저는 ～에 흥미가 없어요 / ～에 관심이 없어요 144

modèle 104 **Peu importe …** ～는 상관없어요 / ～는 상관 안 해요 145

modèle 105 **Ça m'intéresserait de …** ～하는 것이라면 저도 관심이 있는데요 146

Unité 20 욕구 표현하기 147

modèle 106 **J'ai envie de …** ～하고 싶어요 148

modèle 107 **J'aimerais / je voudrais …** ～하고 싶어요 149

modèle 108 **Je préfère / J'aime mieux …** ～하는 게 더 좋아요[좋겠어요] 150

modèle 109 **Je meurs de …** ～해 죽겠어요 151

modèle 110 **Je n'aimerais pas … / Je ne voudrais pas …** ～하고 싶지 않아요 152

Unité 21 느낌과 기분의 표현 153

modèle 111 **J'ai l'impression que …** ～것 같은 느낌이에요 154

modèle 112 **Je me sens …** 기분이 ～해요 155

modèle 113 **Il[Elle] est d'une humeur …** 그 사람은 기분이 ～해요 156

Unité 22 좋은 감정 표현하기 157

modèle 114 **Je suis content(e) de … / je suis heureux(se) de …** ～해서 기쁩니다 158

modèle 115 **Ça me fait plaisir de …** ～하니 반갑습니다 159

modèle 116 **… vous plaira** ～가 마음에 들 거예요 160

modèle 117 **… vous a plu?** ～가 마음에 드셨나요? 161

modèle 118 **Ça fait du bien de …** ~하니 (기분이) 좋군요 162

modèle 119 **C'est mon / ma … préféré(e)** 제가 좋아하는 ~입니다. 163

modèle 120 **J'ai beaucoup aimé …** ~가 무척 좋았어요 164

modèle 121 **C'est regrettable de …** ~하는 것은 무척 아쉬운데요[유감스럽군요] 165

modèle 122 **Qu'est-ce que c'est … !** 정말 ~하군요! 166

Unité 23 **나쁜 감정 표현하기** 167

modèle 123 **J'ai (bien) peur que …** ~일까 두렵네요 / 걱정되네요 168

modèle 124 **J'en ai assez de …** ~는 지겨워요 / 지긋지긋해요 169

Unité 24 **후회와 아쉬움의 감정 표현하기** 170

modèle 125 **J'aurais dû …** ~할 걸 (그랬네) / ~했어야 하는데 171

modèle 126 **Je n'aurais pas dû …** ~하지 말 걸 (그랬네) / ~하지 말았어야 하는데 172

modèle 127 **J'aurais pu …** ~할 수도 있었는데 173

modèle 128 **Je regrette de …** ~가 후회돼요 174

modèle 129 **Je regrette que …** ~가 안타까워요 / 아쉬워요 175

modèle 130 **Vous auriez dû …** ~하시지 그랬어요 176

modèle 131 **Vous n'auriez pas dû …** ~하지 말지 그러셨어요 177

Partie IV | 원만한 인간관계를 위한 생활 회화 패턴들

Unité 25 **어조를 부드럽게 만들어 주는 표현** 181

modèle 132 **Excusez-moi, …** 실례합니다만 ~ 182

modèle 133 **… si ça ne vous dérange pas** 괜찮으시다면 ~ 183

modèle 134 **Ça me gêne de vous dire ça, mais …** 이거 말씀드려도 될지 모르겠는데요, ~ 184

modèle 135 **… si vous voulez** (혹시) 원하신다면 ~ 185

Unité 26 **소개, 감사함과 미안함의 표현** 186

modèle 136 **Je vous présente …** ~를 소개합니다 187

modèle 137 **Merci (beaucoup) de …** ~해 주시면 (정말) 감사하겠습니다 188

modèle 138 **Merci beaucoup de …** ~해 주셔서 정말 감사합니다 189

modèle 139 **C'est (très) gentil de …** ~해 주셔서 (정말) 고맙습니다 190

modèle 140 **C'est (très) gentil, mais …** 감사합니다만 ~ 191

modèle 141 **Je vous serais reconnaissant(e) de / si …** ~해 주시면 감사하겠습니다 192

modèle 142 **Je regrette, (mais) … / je suis désolé(e) (mais) …** 죄송합니다만 ~합니다   193

modèle 143 **Je suis désolé(e) de … / Je regrette de …** ~해서 죄송합니다   194

Unité 27   **기원, 격려의 표현**   195

modèle 144 **Je vous souhaite …** ~하세요! / ~를 기원합니다!   196

modèle 145 **J'espère que …** ~기를 바랍니다   197

modèle 146 **Vous n'aurez pas de mal à …** 쉽게 ~할 수 있을 겁니다   198

modèle 147 **N'ayez pas peur de …** 마음 놓고 ~하세요   199

Unité 28   **허락, 양해 구하기**   200

modèle 148 **Puis-je … ?** ~ 좀 할 수 있을까요?   201

modèle 149 **Vous permettez que je … ?** 제가 ~해도 될까요?   202

modèle 150 **Ça vous dérangerait si je … ?** 제가 ~해도 괜찮을까요? / 제가 ~하면 폐가 될까요?   203

modèle 151 **… ne vous gêne pas?** ~ 때문에 불편하지 않으세요?   204

modèle 152 **Laissez-moi …** 제가 ~해 볼게요   205

Unité 29   **제안하기**   206

modèle 153 **Pourquoi (ne) pas … ?** ~하는 게 어때요?   207

modèle 154 **Ça vous dirait de … ?** (혹시) ~하고 싶으세요?   208

modèle 155 **Que diriez-vous de …?** ~하는 것이 어떨까요?   209

modèle 156 **Si on … ait?** ~하면 어떨까요?   210

modèle 157 **Voulez-vous que je … ?** 제가 ~해 드릴까요?   211

Unité 30   **부탁, 요청하기**   212

modèle 158 **Pouvez-vous … ? / Pourriez-vous … ?** ~ 해 주실 수 있나요?   213

modèle 159 **Pouvez-vous m'apporter … ?** ~ 좀 갖다 주실 수 있나요?   214

modèle 160 **Pouvez-vous me dire … ?** ~ 말씀해 주시겠어요?   215

modèle 161 **Pouvez-vous m'indiquer … ?** ~ 알려 주시겠어요?   216

modèle 162 **Pouvez-vous me montrer … ?** ~를 보여 주시겠어요?   217

modèle 163 **Voulez-vous … ? / Voudriez-vous … ?** ~해 주시겠어요?   218

modèle 164 **Je voudrais que vous …** ~해 주시기 바랍니다   219

modèle 165 **Ça ne vous dérange pas de … ?** 불편하시겠지만 ~해 주시면 안 될까요?   220

modèle 166 **Je voudrais … (1)** ~ 주세요   221

modèle 167 **Je voudrais … (2)** ~하고 싶습니다   222

modèle 168 **Je voudrais faire …** ~ 해 주세요   223

Partie V | 나의 의견과 생각을 표현하는 패턴들

Unité 31   기본적인 의견 표현 ———————————————— 227

modèle 169   **Qu'est-ce que vous pensez de … ? / Comment vous trouvez … ?**   228
~에 대해 어떻게 생각하세요?

modèle 170   **Je crois que … / Je pense que …** 제 생각엔 ~ / ~라고 생각합니다   229

modèle 171   **Je trouve ça …** (제가 보기에) 그것은 ~군요   230

Unité 32   추측 표현 ———————————————————— 231

modèle 172   **Ça a l'air …**   ~일 것 같군요   232

modèle 173   **Vous avez l'air …**   ~해 보이시는군요   233

modèle 174   **Ça me semble …**   (그것은) ~해 보이네요   234

modèle 175   **Il doit y avoir …**   (아마) ~가 있나 봐요   235

modèle 176   **Ça doit être …**   그건 (아마) ~인가 봐요   236

modèle 177   **Ça risque de …**   ~할지도 모릅니다   237

modèle 178   **J'ai dû …**   제가 (아마) ~했나 봐요   238

modèle 179   **Il me semble que …**   (제겐) ~인 것 같아요   239

modèle 180   **On dirait que …**   ~인 것 같아요   240

modèle 181   **J'ai entendu dire que … / On dit que …**   ~라고 들었습니다 / ~라고 하던데요   241

Unité 33   맞장구 표현 ————————————————————— 242

modèle 182   **Ça ne m'étonne pas avec …**   ~라면 놀랄 일이 아니죠 / ~라면 당연하죠   243

modèle 183   **Ça m'étonnerait que …**   (설마) ~할 리가 (있나요)!   244

modèle 184   **Ça dépend de …**   ~에 따라 달라요 / ~에 달려 있죠   245

Unité 34   확신의 유무 표현 ———————————————— 246

modèle 185   **Je suis sûr(e) que … / Je parie que …**   틀림없이 ~   247

modèle 186   **Il va sans dire que …**   두말할 필요 없이 ~   248

modèle 187   **Il est bien entendu … / Bien sûr que …**   물론 ~   249

modèle 188   **Je ne sais pas si …**   ~인지 모르겠어요   250

modèle 189   **Je ne comprends pas pourquoi …**   왜 ~한지 모르겠어요   251

modèle 190   **Je ne me rappelle plus …**   ~이 생각이 안 나요   252

modèle 191   **Je me demande si …**   ~인지 모르겠네요 / ~인지 궁금하군요   253

modèle 192   **Il se peut que …**   ~일 수도 있어요 / ~일지도 몰라요   254

modèle 193   **… , si je ne me trompe**   제 생각이 틀리지 않다면, …   255

Unité 35 충고 표현 256

modèle 194 **Je vous conseille de ...** ～하실 것을 권합니다 257

modèle 195 **Je vous déconseille de ...** ～하지 않으시기를 권합니다 258

modèle 196 **Si j'étais vous, je ... rais** 저 같으면 ～하겠습니다 259

modèle 197 **Vous feriez bien de ...** ～하시는 게 좋을 것 같습니다 260

modèle 198 **Vous feriez mieux de ...** ～하시는 게 더 좋을 것 같습니다 261

modèle 199 **Il vaut mieux ...** ～하는 게 더 좋습니다 262

modèle 200 **Il est préférable de ...** ～하는 게 더 좋겠어요 / ～하는 게 바람직해요 263

modèle 201 **Il est interdit de ...** ～하는 것은 금지되어 있습니다 264

modèle 202 **Vous auriez intérêt à ...** ～하시는 게 도움이 될 겁니다 265

modèle 203 **Vous n'avez pas intérêt à ...** ～하는 것은 득될 게 없어요 266

modèle 204 **Autrement, vous risqueriez de ...** 안 그러면 ～지도 몰라요 267

modèle 205 **Tout ce que je peux vous faire, c'est ...** 268
제가 해드릴 수 있는 것은 단지 ～뿐이에요

Unité 36 충분함의 표현 269

modèle 206 **Il suffit de ...** ～하기만 하면 됩니다 270

modèle 207 **Vous n'avez qu'à ...** ～하기만 하면 됩니다 271

modèle 208 **Il n'y a qu'à ...** ～하기만 하면 돼요 272

modèle 209 **Je n'en ai que pour ...** (저는) ～이면 돼요 273

Unité 37 필요 유무 표현 274

modèle 210 **J'ai besoin de ...** ～가 필요합니다 275

modèle 211 **Tout ce qu'il me faut, c'est ...** 276
저한테 필요한 건 오직 ～이에요. 저는 ～만 있으면 돼요

modèle 212 **Vous n'avez pas besoin de ...** ～할 필요 없어요 277

modèle 213 **Ce n'est pas la peine de ...** ～할 필요 없어요 278

modèle 214 **À quoi ça servirait de ...?** ～한다고 무슨 소용 있을까요? 279

modèle 215 **Ça ne sert à rien de ...** ～해도 아무 소용 없어요 280

modèle 216 **Ça ne servirait pas à grand chose de ...** ～해도 별 소용없을 거예요 281

modèle 217 **Vous auriez beau ... ,** ～해 봤자, 282

Partie VI | 섬세한 뉘앙스를 전하는 패턴들

Unité 38   한국인이 쓰기 어려운 패턴들 — 285

modèle 218   **Ça me fait penser que ...** 그러니까 생각나는데요, 말이 나왔으니 하는 말인데요 ~ — 286

modèle 219   **Pendant qu'on y est, ...** (이왕) 하는 김에 ~ — 287

modèle 220   **Tant qu'à faire, ...** (어차피) 할 바에는, ~ — 288

modèle 221   **J'ai failli ...** (하마터면) ~할 뻔했어요 — 289

modèle 222   **Voulez-vous dire que ...?** ~라는 말씀인가요? — 290

modèle 223   **Je vous ai dit ...** 제가 ~라고 했잖아요 — 291

modèle 224   **Sans parler de ...** ~는 말할 것도 없고 / ~는 커녕 / ~는 고사하고 — 292

modèle 225   **Si seulement ...?** ~면 얼마나 좋을까? — 293

modèle 226   **Je me suis fait ... (1)** ~당했어요 — 294

modèle 227   **Je me suis fait ... (2)** ~시켰어요 — 295

modèle 228   **Vous avez bien fait de ...** ~하시기 잘했어요 — 296

modèle 229   **On ne peut faire autrement que de ...** ~할 수밖에 없어요 — 297

modèle 230   **Il me manque ...** ~가 모자라요 — 298

modèle 231   **Ça n'a rien à voir avec ...** 그건 ~와 전혀 관계없어요 — 299

modèle 232   **J'ai un problème avec ...** ~에 문제가 있어요 — 300

modèle 233   **C'est à vous de ...** ~는 당신이 하세요 / 당신이 ~할 차례예요 — 301

Partie VII | 동사변화표 & 기수와 서수

01 동사 변화표 1군 — 304

02 동사 변화표 2군 — 308

03 동사 변화표 3군 — 314

04 기수와 서수 — 332

Partie I

꼭 외워야 할 기초 패턴들

Unité 01 être 구문

Unité 02 '있다' 표현

Unité 03 avoir를 이용한 '있다' 표현

Unité 04 avoir를 이용한 신체 상태 표현

Unité 05 기본 의문문 패턴

Unité 06 보조 시제 표현

Unité 07 기본 조동사 패턴

Unité 08 자주 쓰는 부정 패턴

Unité 09 자주 쓰는 명령문 표현

Unité 01

être 구문

우리가 언어로 표현하는 대부분은 어떤 대상의 행위나 상태 혹은 속성에 관한 것입니다. 행위에 관한 표현으로는 '철수가 달린다', '영호가 밥을 먹는다', '민혜가 정수에게 책을 준다' 같은 문장이 있고, 상태에 관한 표현으로는 '책상 위에 책이 있다', '산이 눈으로 덮여 있다'와 같은 문장이 있으며, 속성에 관한 표현으로는 '준호는 대학생이다', '영희는 눈이 예쁘다' 같은 문장이 있습니다. 그 가운데에서 속성, 즉 특징을 나타내는 언어 표현부터 배워 보도록 하겠습니다. 즉 '어떤 대상이 어떠하다'라고 표현하는 것이지요. 이럴 경우 영어에서는 'be 동사'를 쓰는데, 여기에 해당하는 프랑스어 동사가 'être'입니다. 가장 기본적인 동사인데, 그 가운데에서도 c'est로 활용하는 표현이 가장 많이 쓰입니다. 그래서 이 표현부터 시작하는 것이 가장 쉬운 방법이겠죠.

Remue-méninges

1 아주 간단해요. C'est très simple.

2 저한테는 너무 크네요. C'est trop grand pour moi.

3 파리 가는 거 처음입니다. C'est la première fois que je vais à Paris.

4 그건 제 책임입니다. C'est moi qui suis responsable.

5 일할 준비가 되었나요? Vous êtes prêt(e) à faire ce travail?

modèle 001 · C'est très ...

그건 아주 ~해요

쉬운 것부터 시작하죠. 우리말에서 상태나 특성을 강조할 때 '아주'를 쓰듯이, 프랑스어에서도 très를 씁니다.

ÉTAPE 1

1	아주 간단해요.	C'est très simple.
2	아주 힘들어요.	C'est très difficile.
3	아주 편리해요.	C'est très commode.
4	아주 잘됐어요.	C'est très bien fait.
5	아주 골치 아파요.	C'est très embêtant.

ÉTAPE 2

1. 걱정될 때

A Où est Pierre?

B Il n'est pas encore arrivé.

A Quoi! 정말 골치 아프네.

B Calme-toi! Il va arriver tout de suite.

2. 사용법을 설명할 때

A Comment on ouvre ça?

B 아주 쉬워요. Vous tirez cette partie comme ça!

A Ah, je vois. Merci!

B Pas de quoi.

---

1 A 피에르 어디 있니?
B 아직 안 왔어.
A 뭐라고? C'est très embêtant.
B 진정해! 곧 올 거야.

2 A 이거 어떻게 여는 거예요?
B C'est très facile. 이 부분을 이렇게 당기세요!
A 아, 그렇군요. 고마워요!
B 아니 뭘요.

•Conseils•

'아주'를 뜻하는 très 대신에 '정말 (로), 진짜'를 의미하는 vraiment도 자주 씁니다.
🔵 정말 이상한 일이네.
C'est vraiment étrange.

좀 더 강조할 때 우리말에서 '엄청'이 라는 속어적 표현을 쓰는데 여기에 해당하는 것이 vachement입니다. 하지만 요즘 젊은 층에서는 hyper를 많이 씁니다.
🔵 엄청 맛있어.
C'est vachement bon!
C'est hyper bon!
엄청 중요해요.
C'est vachement important!
C'est hyper important!

'누워서 떡 먹기야'라는 표현을 하려 면 '그건 과자야'라는 뜻의 'C'est du gâteau!'라고 하면 됩니다.
'C'est simple[facile] comme bonjour!'(그건 '안녕?' 하고 인사하 는 것처럼 쉽다는 뜻)와도 같은 뜻이 지요.

•Lexique•

commode 편리한, 안락한
embêtant(e) 귀찮은, 골치 아픈
tirer 당기다

modèle 002 — C'est trop ...

그건 너무 ~해요

어떤 것이 지나치다고 표현할 때, 'c'est trop + 형용사'의 패턴을 쓰면 됩니다.

ÉTAPE 1

1 너무 비싸네요. **C'est trop** cher.

2 너무 짜요. **C'est trop** salé.

3 지금은 너무 늦었어요. **C'est trop** tard maintenant.

4 저한테는 너무 크네요. **C'est trop** grand pour moi.

5 걸어서 가기엔 너무 멀어요. **C'est trop** loin pour y aller à pied.

ÉTAPE 2

1. 물건 살 때

A Ça coûte combien?

B Trois euros.

A 너무 비싸네요.

B Mais c'est de bonne qualité.

2. 음식을 평가할 때

A Tu n'aimes pas le poisson?

B Si, j'aime ça.

A Mais pourquoi tu n'en manges pas?

B 너무 짜서.

1 A 이거 얼마예요?
   B 3유로요.
   A C'est trop cher.
   B 하지만 질은 아주 좋아요

2 A 생선 안 좋아해?
   B 아니, 좋아해.
   A 그런데 왜 안 먹어?
   B Parce que c'est trop salé.

•Conseils•

'누구에게는 너무 ~하다'라고 할 경우에는 'trop + 형용사' 뒤에 'pour + 사람'을 쓰면 됩니다.
🆗 그 여자는 너한테 과분해.
Cette femme est trop bien pour toi.

'무엇을 하기에는 너무 ~하다'라고 할 경우에는 'trop + 형용사' 뒤에 'pour + 부정법'을 씁니다.
🆗 걸어서 가기엔 너무 멀어요.
C'est trop loin pour y aller à pied.

•Lexique•

cher / chère 비싼, 소중한
salé(e) 짠
qualité 질
poisson 생선

modèle 003

C'est pour ...
~를 위한 거예요

'누구를 혹은 무엇을 위한 것이다'라고 할 때는 pour를 씁니다. C'est pour 다음에 사람을 쓸 수도 있고, 부정법 동사를 쓸 수도 있습니다.

ÉTAPE 1

1 당신을 위한 거예요.　　**C'est pour** vous.

2 아이들을 위한 거예요.　　**C'est pour** les enfants.

3 선물용입니다.　　**C'est pour** offrir. / **C'est pour** faire un cadeau.

4 웃자고 하는 거예요.　　**C'est pour** rire.

5 심심풀이로 하는 일이에요.　　**C'est pour** passer le temps.

ÉTAPE 2

1. 선물 살 때

A　Avez-vous choisi?

B　Oui, je prends celui-ci.

A　Ça coûte vingt euros.

B　Enlevez le prix, s'il vous plaît! 선물할 거니까요.

2. 농담이 지나칠 때

A　Qu'est-ce que tu as dit?

B　Ne te mets pas en colère! 웃자고 한 얘기야.

A　Même si c'est pour s'amuser, c'est quand même trop.

B　Je te présente mes excuses.

1　A　고르셨습니까?
　　B　네, 이것으로 할게요.
　　A　20유로입니다.
　　B　가격표를 떼어 주세요. C'est pour faire un cadeau.

2　A　너 뭐라고 했니?
　　B　화내지 맨 C'est juste pour rire.
　　A　아무리 재미로 한 얘기지만, 너무 심하잖아.
　　B　사과할게.

modèle 004 C'est pour moi …

제게는 ~입니다

자신의 입장을 밝힐 때 쓸 수 있는 표현들이 많이 있지만, 그 가운데 '그것은 나에게 ~입니다'라는 뜻의 'C'est pour moi … '를 써 보기로 하죠. 뒤에 명사나 형용사를 쓰면 됩니다. 예컨대 그것은 내게는 영광이라든지, 기쁜 일이라든지, 어려운 일이라든지 하는 식으로 쓰는 것입니다.

ÉTAPE 1

1 여러분과 이 자리에 함께하게 되어 큰 영광입니다.

C'est pour moi un grand honneur d'être présent(e) ici.*

2 만나 뵙게 되어 저로서는 큰 기쁨입니다.

C'est pour moi une grande joie de vous rencontrer.

3 그것은 내게 참을 수 없는 수치였다.

C'était pour moi une honte insupportable.

4 그것은 저한테는 불가능한 일입니다.

C'est pour moi une chose impossible.

5 저로서는 크게 손해를 보는 겁니다.

C'est pour moi un gros sacrifice.

ÉTAPE 2

1. 제안을 감사히 받아들일 때

A Pourriez-vous venir à la cérémonie?

B Bien sûr.

A Alors, voulez-vous prononcer un discours?

B 저야 영광이지요.

2. 충격적인 상황임을 표현할 때

A On me dit que ta copine t'a quitté.

B 그래. 그건 내게 큰 충격이었어.

A À quoi bon penser à elle.

B Tu as raison, mais ce n'est pas facile!

1 A 기념식에 오실 수 있나요?
  B 물론이죠.
  A 그럼 연설 한마디 해 주시겠습니까?
  B C'est pour moi un grand honneur.

2 A 여자 친구에게 차였다면서?
  B Oui. C'était pour moi un grand choc.
  A 그녀를 생각해 봐야 뭐해?
  B 네 말이 맞아, 하지만 쉽지 않네!

•Conseils•

pour moi의 위치는 가변적입니다. 그래서 문두에 써도 되고, 문미에 써도 됩니다.
🆎 그것은 제게 큰 위안이 됩니다. C'est un grand réconfort pour moi. / Pour moi, c'est un grand réconfort.

*수상 소감으로 흔히 하는 표현인 '이 상을 수상하게 되어 영광입니다.'를 프랑스어로 하면 'C'est pour moi un honneur de recevoir ce prix.'입니다.

•Lexique•

honneur 영광
joie 기쁨
insupportable 참을 수 없는
sacrifice 손해, 희생
discours 연설
prononcer un discours 연설을 하다
choc 충격

modèle 005 — C'est la première fois que ...

~하는 게 처음입니다

우리말로 '~하는 것이 처음이다'라고 할 때, 프랑스어로는 첫 번째라는 뜻의 'la première fois'를 이용하여 'C'est la première fois que ... '라고 합니다. 접속사 que 다음에 문장을 집어넣으면 됩니다.

ÉTAPE 1

1 이런 느낌 처음이야. — **C'est la première fois que** je ressens ça.

2 이거 처음 해 보는 겁니다. — **C'est la première fois que** je fais ça.

3 이런 거 처음 봐요. — **C'est la première fois que** je vois une chose pareille.

4 파리 가는 거 처음입니다. — **C'est la première fois que** je vais à Paris.

5 그녀를 보는 것은 일 년 만에 처음이에요. — **C'est la première fois que** je la vois depuis un an.

•Conseils•

몇 가지 응용을 해 볼까요?

생전 처음 요리해 보는 거야.
C'est la première fois que je fais la cuisine.
사실, 누구랑 연애하는 거 처음이야.
En fait, c'est la première fois que je suis amoureux(se) de quelqu'un.

* 특히 대중 앞에서 연설·연기 등을 할 때 또는 시험을 앞두고 떨릴 때는 'avoir le trac'이라는 표현을 씁니다. 'J'ai le trac.'처럼요.

ÉTAPE 2

1. 남들 앞에서 처음 말을 할 때

A Je suis nerveux.*
B Pourquoi?
A 사실, 사람들 앞에서 말하는 게 처음이거든요.
B Ne vous inquiétez pas! Ça se passera bien!

2. 상대방에게 처음 온 것인지 물을 때

A 여기 처음 오세요?
B Non, mais ça fait longtemps que je ne suis pas venu, et je trouve le paysage bien étrange.
A Oui, cette région s'est beaucoup industrialisée.
B Oui. Ces temps-ci, le monde change vraiment vite!

1 A 떨리네요.
   B 왜요?
   A En fait, c'est la première fois que je parle en public.
   B 걱정 마세요! 잘하실 거예요!

2 A C'est la première fois que vous venez ici?
   B 아니오, 하지만 오랫동안 안 왔더니 풍경이 낯설어서요.
   A 그래요, 이 지역이 개발이 많이 되었어요.
   B 그래요. 요즘은 세상이 정말 빨리 바뀌어요!

•Lexique•

ressentir 느끼다
inquiéter 걱정을 끼치다
s'inquiéter 불안해하다
paysage 풍경
ces temps-ci 요즈음

C'est moi qui ...
~하는 건 나야

'C'est ~ qui ... ' 강조구문 아시죠? 강조하고픈 내용을 ~ 부분에 놓는 구문이죠. 예를 들어 '내가 일등으로 왔어요.'라는 문장인 'Je suis arrivé(e) le(la) premier(ère).'에서 '일등으로 온 것은 접니다'라고 강조하려면 'C'est moi qui suis arrivé(e) le(la) premier(ère).'라고 하는 방식이죠. 이처럼 나의 행위를 강조하려면 'C'est moi qui ... '라는 패턴을 써서 표현해 봅시다.

ÉTAPE 1

1 내가 낼게.　　　　　　　　　　C'est moi qui paie.*

2 감사를 드려야 하는 건 저죠.　　C'est moi qui vous remercie.

3 그 일을 한 건 나야.　　　　　　C'est moi qui ai fait ça.

4 책임이 있는 건 접니다.　　　　C'est moi qui suis responsable.

5 그 일을 하는 건 접니다.　　　　C'est moi qui m'en occupe.

•Conseils•

게임이나 도박에서 '이번에는 내가 선이야.'라고 할 때, 프랑스어로는 어떻게 할까요? 'Cette fois-ci, c'est moi qui joue le(la) premier(ère).' 라고 하면 되겠죠?

* 'C'est moi qui paie.' 대신에 'C'est moi qui invite.'라고 할 수도 있습니다.
또한 'C'est moi qui m'en occupe.' 대신 'C'est moi qui m'en charge.' 라고 해도 좋습니다.

ÉTAPE 2

1. 계산할 때

A L'addition, s'il vous plaît!

   (Le garçon arrive avec l'addition.)

B 오늘은 내가 낼게.

A Non, c'était toi qui as payé la dernière fois aussi.

B D'accord, d'accord. Chacun paie sa part, alors.

2. 청소를 해야 할 때

A Regarde ta chambre! Tout est en désordre!

B La femme de ménage va la ranger.

A 아니야. 네가 어질렀으니, 네가 치워야지.

B D'accord.

---

1 A 계산서 부탁해요!
   (웨이터가 계산서를 가지고 온다.)
   B Aujourd'hui, c'est moi qui invite.
   A 아니야, 지난번에도 네가 냈잖아.
   B 알았어, 알았어. 그럼 각자 내자.

2 A 네 방 봐! 모든 게 엉망이구나!
   B 도우미 아줌마가 치워주실 거에요.
   A Non. C'est toi qui l'as mise en désordre, c'est toi qui dois la mettre en ordre.
   B 알았어요.

•Lexique•

remercier 감사하다
responsable 책임이 있는
femme de ménage 청소부
addition 계산서
désordre 무질서, 뒤죽박죽
ranger 정리하다
mettre qc en désordre ~을 어지르다
mettre qc en ordre ~을 정리하다

modèle 007 L'important, c'est de ...

중요한 것은 ~하는 것입니다

'중요한 것'은 'ce qui est important' 혹은 'ce qui compte' 등과 같이 표현할 수 있습니다. 그러나 더 간단하게 형용사 important 앞에 정관사를 넣어 표현할 수도 있으며, 이것이 더 자주 쓰입니다.

ÉTAPE 1

1 중요한 것은 즐기는 것입니다.   *L'important, c'est de* s'amuser.

2 중요한 것은 살아남는 것입니다.   *L'important, c'est de* rester vivant(e).

3 참가하는 것이 중요한 것입니다.   *L'important, c'est de* participer.

4 중요한 것은 약속을 지키는 겁니다.   *L'important, c'est de* tenir votre parole.

5 중요한 것은 제때 도착하는 거죠.   *L'important, c'est d*'arriver à l'heure.

ÉTAPE 2

1. 스포츠 경기를 할 때

A J'ai peur qu'on perde le match.

B Ne t'en fais pas trop! 중요한 건 참가하는 거야.

A Tu crois? 나한테 중요한 건 이기는 거야.

B Bien sûr qu'il est mieux de gagner.

2. 시간을 지킬 것을 요구할 때

A Tu as l'heure?

B Il est trois heures moins dix.

A Alors, nous n'avons que dix minutes. Il faut courir.

B 그래. 중요한 건 늦지 않아야 하는 거야.

1 A 시합에서 질까 걱정이야.
  B 너무 걱정하지 마! L'important, c'est de participer.
  A 그렇게 생각하니? Pour moi, l'important, c'est de gagner.
  B 물론 이기면 더 좋지.

2 A 몇 시지?
  B 3시 10분 전이야.
  A 그럼 10분밖에 안 남았네. 뛰어야겠다.
  B D'accord. L'important, c'est de ne pas être en retard.*

•Conseils•

'L'important, c'est de ... '와 비슷한 표현으로 'Le principal, c'est de ... '가 있습니다.
'중요한 것은 참가하는 것이다.' (L'important, c'est de participer.) 는 올림픽을 창설한 Pierre de Coubertin의 슬로건입니다.

* 'de + 부정법'의 부정형은 'de ne pas + 부정법'이죠. 따라서 '늦지 않는 것'이라고 하려면 'de ne pas être en retard'라고 하면 됩니다. 이 표현은 'd'arriver à l'heure'(제시간에 도착하는 것)와 같은 뜻이죠.

•Lexique•

vivant(e) 살아있는, 생기있는
participer 참가하다
tenir sa parole 약속을 지키다
arriver à l'heure 제시간에 도착하다
perdre 지다
s'en faire 걱정하다
gagner 이기다
courir 달리다
être en retard 늦다

modèle 008 ◭ Les ... sont tous (les mêmes / pareils)

~들은 모두 똑같아요

사람이나 사물에 대해 별반 차이가 없을 때 우리는 '다 똑같아요' 혹은 '다 마찬가지예요'라고 하죠. 이것을 프랑스어에서는 'Les ... sont tous les mêmes' 혹은 'Les ... sont tous pareils'라고 합니다. 다만 '...' 자리에 여성명사가 쓰일 때는 tous 대신 toutes를 쓰고 pareils 대신 pareilles를 씁니다.

ÉTAPE 1

1 아이들은 다 똑같아요. **Les** enfants **sont tous** (les mêmes / pareils).

2 남자애들은 다 똑같아요. **Les** garçons **sont tous** (les mêmes / pareils).

3 여자들은 다 똑같아요. **Les** femmes **sont toutes** (les mêmes / pareilles).

4 걔네들 다 똑같지는 않아요. **Ils** ne **sont** pas **tous** (les mêmes / pareils).

5 가방들이 다 똑같아요. **Les** sacs **sont tous** (les mêmes / pareils).

ÉTAPE 2

1. 남자아이들에 대해 이야기할 때

A Mon fils salit toujours ses vêtements.

B Le mien aussi.

A En effet, 남자애들이 다 똑같죠 뭐.

B C'est vrai. Avec eux, il n'y a pas moyen!*

2. 물건 고르는 데 시간을 너무 많이 쓸 때

A Ça fait déjà deux heures que tu choisis un sac.

B C'est vraiment difficile à choisir.

A Inutile de te fatiguer à choisir. 가방들이 다 똑같구먼.

B Mais non! Ils sont tous différents. Ne parle pas sans savoir!**

1 A 우리 아들은 옷을 항상 더럽힌다니까요.
   B 우리 아들도 그래요.
   A 하기는, les garçons sont tous les mêmes.
   B 맞아요. 걔네들 못 말려요.

2 A 가방 고르는 데 두 시간도 넘었어.
   B 고르기가 정말 어려워.
   A 고르느라 애써 봤자 그게 그거야. Ils sont tous pareils.
   B 아뇨! 다 다르거든요. 모르면 좀 가만히 있어요!

•Conseils•

* '~는 못 말려' 또는 '~는 정말 대책 없어'라고 할 때는 'Avec~ , (il n'y a) pas moyen.'이라고 합니다.

** '잘 모르면 좀 가만히 있어요.'라는 표현은 프랑스어로는 '알지 못하면서 말하지 마라'는 뜻의 'Ne parle pas sans savoir!'라고 하거나, '네가 모르는 것에 대해 말하지 마라'는 뜻의 'Ne parle pas de ce que tu ne connais pas!'라고 합니다.

•Lexique•

salir 더럽히다
vêtement 옷
moyen 방법
vraiment 정말로
difficile 어려운
choisir 고르다
inutile 필요없는
se fatiguer à ... ~하느라 쓸데없이 애쓰다
sans ~없이
savoir 알다

modèle 009

Vous êtes content(e) de ... ?

~에 만족하세요?

어떤 일이나 상태에 대해 만족하는지 물을 때, 'Vous êtes content(e)?'이라고 하고 만족의 대상에는 '~에, ~에 대하여'를 뜻하는 전치사 de를 앞세워 표현합니다. 이때 de 다음에 명사를 쓰거나 부정법 동사를 쓰기도 합니다.

ÉTAPE 1

1 결과에 만족하세요?　　Vous êtes content(e) de ce résultat?

2 당신의 삶에 만족하세요?　　Vous êtes content(e) de votre vie?

3 여기 오신 데에 만족하세요?　　Vous êtes content(e) d'être venu(e)?

4 저희 식당의 서비스에 만족하세요?　　Vous êtes content(e) du service de notre restaurant?

5 직업에 만족하세요?　　Vous êtes content(e) de votre métier?

•Conseils•

* '일이 밀렸다'라고 할 때는 'J'ai pris du retard dans mon travail.'이나 'Je suis en retard pour mon travail.' 혹은 'J'ai du travail en retard.'로 표현할 수 있습니다.

** 그냥 '이제 만족하세요?'라고 하려면 'Vous êtes content(e) maintenant?'이라고 하면 됩니다.

ÉTAPE 2

1. 오랜만에 부모님을 만날 때

A 부모님을 다시 만나게 되어 기쁘니?

B Oui, j'ai longtemps attendu ce moment.

A Qu'est-ce que tu vas faire avec eux?

B Nous allons faire un voyage en Provence.

2. 좋은 결과가 나왔을 때

A 결과에 만족하십니까?

B Oui, j'en suis content.

A Alors, vous n'avez qu'à vous reposer!

B Non, j'ai beaucoup de travail en retard.*

1　A Tu es content de revoir tes parents?　　2　A Vous êtes content de ce résultat?**
　　B 그래, 이 순간을 오랫동안 기다려 왔어.　　　　B 예, 만족합니다.
　　A 부모님과 뭐 할 거니?　　　　　　　　　　　A 그럼 이제 쉬시면 되겠군요!
　　B 프로방스를 여행할 거야.　　　　　　　　　　B 아니오, 일이 많이 밀려 있어서요.

•Lexique•
résultat 결과
métier 직업
se reposer 쉬다

modèle 010

Vous êtes prêt(e) à / pour … ?

~할 준비 되셨나요?

어떤 일을 할 준비가 되었는지를 상대방에게 물어볼 때 'Vous êtes prêt(e)?'라고 하죠. 이다음에 'à + 부정법 동사'를 쓰거나 'pour + 명사'를 쓰면 됩니다.

ÉTAPE 1

1 출발할 준비가 되었나요?　　　**Vous êtes prêt(e) à partir?**

2 일할 준비가 되었나요?　　　　**Vous êtes prêt(e) à faire ce travail?**

3 조국을 위해 죽을 준비가 되었나요?　**Vous êtes prêt(e) à mourir pour votre pays?**

4 취업 인터뷰 준비가 되었나요?　**Vous êtes prêt(e) pour l'entretien d'embauche?**

5 엄마가 될 준비가 되었나요?　　**Vous êtes prête à être maman?**

ÉTAPE 2

1. 여행 준비를 할 때

A　출발할 준비가 되었나요?

B　Non, pas encore. Est-ce que je dois me dépêcher?

A　Non, prenez votre temps.

B　Merci.

2. 취업 인터뷰 준비를 할 때

A　취업 인터뷰 준비가 되었나요?

B　Non. En fait, je ne sais pas comment faire.

A　Essayez de prouver que vous êtes le meilleur* pour le poste.

B　C'est ce qui est le plus difficile!

1 A Vous êtes prêt à partir?
　B 아니오, 아직요. 서둘러야 하나요?
　A 아니오, 천천히 하세요.
　B 고마워요.

2 A Vous êtes prêt pour l'entretien d'embauche?
　B 아뇨. 실은 어떻게 해야 좋을지 모르겠어요.
　A 당신이 그 직책에 가장 적합한 사람이라는 것을 증명하도록 해 보세요.
　B 그게 가장 어려운 일이네요!

•Conseils•

우리가 흔히 기성복을 '프레따뽀르떼'라고 하죠? 이것은 '입을 준비가 된'이라는 뜻의 프랑스어 표현 'prêt à porter'에서 온 것입니다. 대량생산을 하는 기성복 말고 유명한 디자이너가 한 사람을 위해 만든 하이패션을 '오뜨꾸뛰르'라고 합니다. 이는 'haute couture'에서 온 말입니다.

＊ 상대방(vous)이 여성일 경우에는 'la meilleure'로 해야 합니다.

•Lexique•

entretien 면담, 인터뷰
embauche 취업
se dépêcher 서두르다
prendre son temps 천천히 하다, 여유를 가지고 하다
poste 직책(남성명사. 여성명사일 때는 우체국, 우체통)

Unité 02

'있다' 표현

'속성'을 나타내는 기본적인 표현을 배웠으니 이제 '있다'를 나타내는 표현을 살펴보죠. '있다'는 참으로 많이 쓰이는 단어입니다. 사람이나 사물이 어디에 있다는 표현, 즉 누가 있다든지 혹은 무엇이 있다든지 하는 표현으로부터 좀 더 추상적인 대상, 즉 '문제가 있다', '해결책이 있다'와 같은 표현에도 쓰이죠. 이 같은 '있다'의 표현들을 중심으로 '~밖에 없다', '남아 있다'와 같은 관련 표현들을 공부해 보고, 끝으로 '있다'의 부정인 '없다', '물건이 다 떨어졌다'와 같은 표현들을 살펴보도록 하죠.

Remue-méninges

1 우리 집 근처에 카페가 있어요. **Il y a un café près de chez moi.**

2 공항 가는 버스 있나요? **Y a-t-il un bus pour l'aéroport?**

3 이 방법밖에 없어요. **Il n'y a que cette solution.**

4 여기 제 신분증이 있습니다. **Voici ma carte d'identité.**

5 아직 빈자리가 남아 있습니다. **Il reste encore des places vides.**

modèle 011 · Il y a ...
~가 있습니다

우리말로 '무엇이[누가] 어디에 있다' 혹은 단순히 '무엇이[누가] 있다'라고 할 때, 프랑스어에서는 'Il y a ... '라는 패턴을 씁니다. '카페가 있다, 자리가 있다, 사람이 있다'와 같은 구체적인 대상뿐 아니라 '어려움이 있다, 그런 날이 있다'와 같은 추상적인 대상에도 쓸 수 있습니다.

ÉTAPE 1

1 우리 집 근처에 카페가 있어요. **Il y a** un café près de chez moi.

2 위층에 자리가 있어요. **Il y a** une place en haut.

3 문밖에 사람이 있어요. **Il y a** quelqu'un à la porte.

4 시내로 가는 직행 기차가 있어요. **Il y a** un train direct pour le centre-ville.

5 그런 날도 있지요. **Il y a** des jours comme ça.

ÉTAPE 2

1. 상대의 도움이 필요 없을 때

A Bonjour, monsieur, je peux vous aider?

B Oui, je cherche la mairie, s'il vous plaît.

A C'est à cinq minutes, je vous y conduis?

B Vous êtes trop aimable, 택시가 많이 있네요, 제가 알아서 할게요.

2. 상대방을 위로할 때

A Ce matin, j'ai la grippe.

B Tu n'as pas de chance.

A Et en plus, ma voiture est en panne.

B 그런 날도 있지 뭐. 힘내!

1 A 안녕하세요, 선생님, 도와 드릴까요?
　B 예, 시청을 찾고 있는데요.
　A 5분 거리예요, 태워 드릴까요?
　B 너무 친절하시네요, il y a suffisamment de taxis, je vais me débrouiller.

2 A 오늘 아침에 감기에 걸렸어.
　B 일진이 안 좋구나.
　A 게다가, 차까지 고장 났어.
　B Il y a des jours comme ça. Bon courage!

•Conseils•

덤으로 몇 가지 표현을 알아볼까요?

모든 게 잘 안 되는 날이 있죠.
Il y a des jours où tout va mal. /
Il y a des jours où rien ne va.

좋은 날도 있고 나쁜 날도 있죠.
Il y a des jours avec et des jours sans.

우리 앞에는 많은 어려움이 있어요.
Il y a beaucoup d'obstacles devant nous.

---

centre-ville 시내
mairie 시청
conduire 운전하다, 태워주다
aimable 친절한
se débrouiller 적절한 조치를 취하다, 알아서 하다
être en panne 고장 나다

modèle 012

Y a-t-il ... ?

~가 있나요?

이것은 앞서 배운 'Il y a ... '의 의문형입니다. 따라서 무엇이든 '있나요?' 하고 물을 때 사용하면 됩니다.

ÉTAPE 1

1 특별한 조건이 있나요? **Y a-t-il** des conditions particulières?

2 주말 패키지가 있나요? **Y a-t-il** des forfaits pour fin de semaine?

3 에어컨 있나요? **Y a-t-il** la climatisation?*

4 공항 가는 버스 있나요? **Y a-t-il** un bus pour l'aéroport?

5 어린이 할인이 있나요? **Y a-t-il** une réduction pour enfants?

•Conseils•

*에어컨은 'l'air conditionné'라고도 합니다.

** 고맙다는 표현으로 프랑스인은 '친절하시군요.'라고 하기도 합니다. 그래서 'Vous êtes bien aimable.'이라고 하죠. 또는 'Vous êtes gentil (le).'나 'C'est gentil.'라고도 합니다.

*** 화장실은 항상 복수(des toilettes)로 쓰는 것에 유의하세요. ⊙ 화장실이 어디 있나요? Où sont les toilettes?

ÉTAPE 2

1. 버스 편을 문의할 때

A 공항 가는 버스 있나요?

B Oui, devant le quai numéro neuf.

A Je vous remercie.

B Je vous en prie.

2. 화장실에 가고 싶을 때

A Puis-je vous aider?

B 예, 화장실이 있나요?

A Oui, en bas de l'escalier à gauche.

B Vous êtes bien aimable.**

1 A Y a-t-il des bus pour l'aéroport?
  B 네, 9번 플랫폼 앞에요.
  A 감사합니다.
  B 별 말씀을요.

2 A 좀 도와 드릴까요?
  B Oui, y a-t-il des toilettes,*** s'il vous plaît?
  A 예, 계단 아래 왼쪽입니다.
  B 감사합니다.[친절하시군요.]

•Lexique•

forfait 패키지, 할인권
climatisation 에어컨
réduction 할인
quai 플랫폼
remercier 감사하다

Il n'y a que …

~밖에 없네요

'무엇이 있다'를 뜻하는 'Il y a … '에 '오직 ~뿐이다'를 뜻하는 'ne … que'를 결합하면 '~밖에 없다'라는 의미의 'Il n'y a que … '가 되지요. 이 패턴도 많이 쓰는 표현이니 알아 두면 좋습니다.

ÉTAPE 1

1 너밖에 없어.   **Il n'y a que** toi.*

2 이 방법밖에 없어요.   **Il n'y a que** cette solution.

3 나쁜 소식밖에 없습니다.   **Il n'y a que** de mauvaises nouvelles.

4 추정밖에 없어요.   **Il n'y a que** des suppositions.

5 겨우 이것뿐이야?   **Il n'y a que** ça?

•Conseils•

* '나한테는 너밖에 없어.'는 'Je n'ai que toi.'라고 하면 됩니다.

** '해결책'을 뜻하는 solution이 여성명사이므로 여기서는 lequel이 아니라 laquelle이 됩니다.

ÉTAPE 2

1. 충고할 때

A Je ne vois pas comment résoudre ce problème.

B 하나의 해결책밖에 없어.

A Laquelle?**

B Tout reprendre à zéro!

2. 확신할 수 없을 때

A Pensez-vous qu'il y a de l'eau sur Mars ?

B Les scientifiques n'ont aucune certitude. 추정밖에 없어요.

A Quand est-ce qu'on le saura ?

B Peut-être lorsque les humains pourront explorer cette planète.

1   A 이 문제를 어떻게 풀어야 할지 모르겠어.
    B Il n'y a qu'une solution.
    A 뭔데?
    B 모든 걸 원점에서 다시 시작하는 것!

2   A 화성에 물이 있다고 생각하세요?
    B 과학자들은 확신을 갖고 있지 못해요. Il n'y a que des suppositions.
    A 언제 알게 될까요?
    B 아마 그 행성을 탐사할 수 있을 때겠죠.

•Lexique•

solution 해결
supposition 추정
résoudre 해결하다
Mars 화성
scientifique 과학자
explorer 탐험하다

modèle 014

Voici ...

~가 여기 있습니다

자신의 소지품이나 상대가 원하는 물건을 주면서 ' ~가 여기 있습니다'라고 할 때, 매우 간단한 패턴이 있습니다. 'Voici … '라고 하면 됩니다. 식당 같은 곳에서 종업원이 손님에게 잔돈을 주거나 주문한 음식을 내주면서 '여기 ~ 나왔습니다.'라고 할 때도 쓰입니다.

ÉTAPE 1

1 여기 제 운전면허증이 있습니다.　　**Voici** mon permis de conduire.

2 여기 제 신분증이 있습니다.　　**Voici** ma carte d'identité.

3 잔돈 여기 있습니다.　　**Voici** votre monnaie.

4 여기 주문하신[찾으신] 것
나왔습니다.　　**Voici** votre commande.

5 여기 햄버거와 감자튀김,
콜라 나왔습니다.　　**Voici** votre burger, vos frites et votre coca.

ÉTAPE 2

1. 주문한 것이 나왔을 때

A　Le Menu* Big Mac, c'est pour qui?

B　Oui, c'est pour moi.

A　자, 여기 햄버거와 감자튀김, 콜라 나왔습니다.

B　Merci, vous avez des pailles?

2. 경기결과를 찾아보려 할 때

A　Quels sont les résultats du Championnat de France?**

B　Tiens, regarde! 여기 스포츠란이 있어.

A　Lyon est en tête!

B　Oui, mais le PSG n'est qu'à trois points derrière.

1　A　빅맥 세트 시키신 분?
　　B　예, 저예요.
　　A　Alors, voici votre burger, vos frites et votre coca.
　　B　감사합니다. 빨대 있나요?

2　A　리그 앵 챔피온십 결과가 어때?
　　B　자, 봐! Voici la rubrique des sports.
　　A　리용이 선두네!
　　B　그래, 하지만 뻬에스제(PSG)도 불과 3점차로 뒤에 있어.

modèle 015

Il reste ...

~가 남아 있어요

무언가가 아직 남아 있다고 말할 때는 'Il reste … '라고 하면 됩니다. 이때 'Il'은 비인칭 주어라서 아무런 뜻이 없습니다. 우리말의 주어인 '무언가'는 'Il reste' 다음에 놓습니다. 물론 '아직 남아 있다'라고 하려면 '아직'을 뜻하는 encore를 넣어서 'Il reste encore … '라고 하면 되겠죠. 우리가 노래를 한 곡 더 하라고 할 때 쓰는 '앙코르'라는 표현이 있는데, 그것이 바로 encore에서 온 말입니다. 즉 노래를 한 번 더 하라는 뜻입니다.

ÉTAPE 1

1 아직 빈자리가 남아 있습니다.　　**Il reste** encore des places vides.

2 자국이 남아 있습니다.　　**Il reste** des traces.

3 아직 10km 더 가셔야 해요.　　**Il** vous **reste** encore 10 km à parcourir.

4 이익이 100만 원 남았습니다.　　**Il reste** un million de wons de bénéfice.

5 아직 희망이 남아 있어요.　　**Il reste** encore un espoir.

ÉTAPE 2

1. 아직 기한이 남아 있을 때

A　Voilà trois ans que je suis sur ce projet.

B　Tu vas bientôt terminer?

A　Oui, 제출하기 전까지 두 달이 남아 있어.

B　Allez, courage!

2. 가능성을 물어볼 때

A　La police n'a pas retrouvé les disparus.

B　아직 희망이 있을까?

A　Très faible.

B　Quel malheur!

1　A　이 프로젝트에 매달린 지가 3년이야.
　　B　곧 끝낼 수 있니?
　　A　응, il me reste deux mois avant de* le soumettre.**
　　B　자, 힘내!

2　A　경찰이 실종자를 찾지 못했어.
　　B　Il reste encore un espoir?
　　A　아주 희박해.
　　B　저런!

•Conseils•

'제게 아직 그 일을 끝낼 힘이 남아 있어요.'는 'Il me reste assez de force pour terminer ce travail.' 라고 하면 되겠죠.

* ' ~ 하기 전에'라고 할 때는 'avant de + 부정법'이라는 패턴을 씁니다. 이때 avant 다음에 전치사 de를 쓰는 것을 잊지 맙시다.

** '제출하다'는 soumettre로 영어의 submit와 비슷하죠?

•Lexique•

trace 자국, 흔적
bénéfice 이익
espoir 희망
terminer 끝내다
disparu(e) 실종자
malheur 불행

modèle 016 Il ne reste plus ...

~가 다 떨어졌어요

앞에서와 반대의 내용, 즉 물건이 더 이상 없을 때 표현하는 방법을 알아볼까요? 한국어에서는 이럴 때 '~가 다 떨어졌어요.'라는 표현을 쓰죠. 여기서 '떨어지다'가 프랑스어로 뭘까 하고 생각해서는 안 됩니다. 뭐가 (위에서 아래로) 떨어졌다는 뜻의 tomber를 쓰면 엉뚱한 말이 되니까요. 그래서 '더 이상 남아 있지 않다'라고 생각을 해야 합니다. 거기에 해당하는 표현은 'Il ne reste plus ... ' 입니다.

ÉTAPE 1

1 먹을 게 다 떨어졌어요.　　**Il ne reste plus** à manger.

2 크레프가 다 떨어졌는데요.　**Il ne reste plus** de crêpes, voulez-vous des
튀김을 드릴까요?　　　　　　beignets?

3 이제 더 이상 아무것도 없어요.　**Il ne reste plus** rien.

4 계좌에 잔고가 하나도 없어요.　**Il ne reste plus** rien sur mon compte.

5 시간이 얼마 남지 않았어요.　**Il ne reste plus** de temps.

•Conseils•
'이제 아무도 없어.'라고 할 때는
'Il ne reste plus personne.'
라고 합니다.

ÉTAPE 2

1. 시간이 얼마 안 남아서 걱정될 때

A　Est-ce que tu es prête?

B　Pas encore.

A　시험 날이 얼마 남지 않았는데.

B　Je sais.

2. 계좌에 돈이 없을 때

A　Comment vont les affaires?

B　계좌에 잔고가 하나도 없어!

A　Comment vas-tu faire?

B　Je ne sais pas!

1　A　준비됐니?
　　B　아니 아직.
　　A　Il ne reste plus beaucoup de temps avant
　　　　l'examen.
　　B　알고 있어.

2　A　사업 잘돼?
　　B　Il ne reste plus rien sur mon compte!
　　A　어떻게 하려고 해?
　　B　모르겠어!

•Lexique•
manger 먹다
crêpe 크레프
beignet 튀김 요리
compte 계좌
prêt(e) 준비된
savoir 알다

avoir를 이용한 '있다' 표현

앞에서 '있다'에 관한 표현을 살펴보았는데, 이는 기본적으로 프랑스어에서는 'Il y a …'로 표현되죠. 그러나 '있다'가 단순히 존재가 아니라 소유, 즉 어떤 것을 소유하고 있다는 것을 나타낼 때는 프랑스어에서 '가지고 있다'는 뜻의 avoir로 표현하니 주의 하시기 바랍니다. 예컨대 상점에서 어떤 물건이 있는지 물어볼 때는 점원이 그 물건을 갖고 있느냐고 물어야 합니다. 또 심지어 어떤 병이나 증상이 있는지 물어볼 때도 병 이나 증상을 갖고 있느냐고 물어야 합니다. 이처럼 한국어와 다른 표현 패턴을 익혀 보도록 하죠.

Remue-méninges

1 아스피린 있나요? Avez-vous de l'aspirine?

2 열이 있으신가요? Avez-vous de la fièvre?

3 더 좋은 것 없나요? Vous n'avez rien de mieux?

3 더 큰 것 없나요? Vous n'avez rien de plus grand?

5 더 싼 것은 없나요? Vous n'avez rien de meilleur marché?

modèle 017

Avez-vous ... ? (1)

~가 있나요?

상대방이 어떤 것을 가지고 있는지 알아보고자 할 때 우리는 보통 '~가 있나요?'라고 하죠. 특히 상점 같은 곳에서 점원에게 어떤 물건이 있는지 물을 때도 많이 쓰는 표현이죠. 그런데 이런 표현은 프랑스어에서는 '당신은 ~을 가지고 있나요?'라는 의미의 'Avez-vous ... ?'라는 패턴을 씁니다. 우리말 식으로 직역해서 'Y a-t-il ... ?'이라고 하면 이런 상황에서는 어색한 표현이 됩니다.

ÉTAPE 1

1 이 시계용 건전지 있나요?   **Avez-vous** une pile pour cette montre?

2 더 큰 사이즈 있나요?   **Avez-vous** une taille au-dessus?

3 같은 것으로 42 사이즈 있나요?   **Avez-vous** le même en 42?

4 다른 짝이 있나요?   **Avez-vous** une autre paire?

5 아스피린 있나요?   **Avez-vous** de l'aspirine?

ÉTAPE 2

1. 더 큰 사이즈가 필요할 때

A Vous avez fait votre choix?

B Oui, j'aime bien ce modèle.

A Il a l'air un peu petit.

B 더 큰 사이즈 있나요?

2. 약을 사려 할 때

A Bonjour monsieur!

B Que puis-je faire pour vous?*

A 아스피린 있으세요?

B Oui, pour adulte ou pour enfant?

1   A 선택을 하셨나요?
    B 네, 이 모델이 좋네요.
    A 좀 작아 보이네요.
    B Avez-vous une taille au-dessus?

2   A 안녕하세요?
    B 뭘 도와 드릴까요?
    A Avez-vous de l'aspirine, s'il vous plaît?
    B 네, 어른용인가요, 아이용인가요?

•Conseils•

* 손님이 가게에 들어왔을 때 점원이 하는 전형적인 표현이 'Que puis-je faire pour vous?'입니다. '제가 당신을 위해 무엇을 할 수 있나요?'라는 뜻이죠.

•Lexique•

pile 건전지
montre 시계
taille 사이즈
autre 다른
paire 짝
choix 선택

modèle 018 Avez-vous … ? (2)
~한 증상이 있나요?

몸이 안 좋아서 병이 났을 때 어떤 증상이 있는지 물을 수 있겠죠. 이때 쓰는 표현 역시 '당신은 ~한 증상을 갖고 있나요?'라는 뜻의 'Avez-vous … ?'입니다.

ÉTAPE 1

1 알레르기가 있나요? **Avez-vous** des allergies?

2 열이 있으신가요? **Avez-vous** de la fièvre?

3 혈압이 높으신가요? **Avez-vous** de la tension artérielle?*

4 소화불량이 있으신가요? **Avez-vous** une digestion difficile?

5 당뇨 문제가 있으신가요? **Avez-vous** des problèmes de diabète?

•Conseils•

'당신은 가벼운 식중독입니다.'는 'Vous avez une légère intoxication alimentaire.'라고 표현해요.

* 고혈압은 'hypertension' 혹은 'haute pression du sang'이라고 합니다.

ÉTAPE 2

1. 혈압이 있는지 물어볼 때

A Je ne me sens pas très bien en ce moment.

B 혈압이 높으세요?

A Oui, un peu.

B Il faut prendre des calmants.

2. 알레르기가 의심스러울 때

A J'ai le nez qui coule.

B 알레르기가 있으신가요?

A Oui, au pollen.

B Alors, il faut mettre un masque.

1 A 지금 컨디션이 별로 안 좋아요.
  B Avez-vous de la tension artérielle?
  A 예, 약간이요.
  B 신경안정제를 드셔야겠네요.

2 A 콧물이 나요.
  B Avez-vous des allergies?
  A 예, 꽃가루 알레르기요.
  B 그럼 마스크를 쓰세요.

•Lexique•

fièvre 열
artériel(le) 동맥의, 동맥에 관한
tension artérielle 혈압
digestion 소화
digestion difficile 소화불량
(= indigestion)
calmant (신경)안정제, 진정제, 진통제
pollen 꽃가루

modèle 019 Vous n'avez rien de ... ?

~한 것 없나요?

'더 ~한 것은 없나요?'라고 할 때 프랑스어로는 'Vous n'avez rien de + 비교급 + ?'을 씁니다.

ÉTAPE 1

1	더 좋은 것 없나요?	Vous n'avez rien de mieux?
2	더 큰 것 없나요?	Vous n'avez rien de plus grand?
3	더 싼 것은 없나요?	Vous n'avez rien de meilleur marché?
4	더 정숙한[점잖은] 거 없나요?	Vous n'avez rien de plus discret?
5	품이 덜 넓은 것은 없나요?	Vous n'avez rien de moins large?

•Conseils•

* 프랑스를 비롯한 EU 국가에서는 옷 사이즈를 표시하는 단위가 우리와 다르죠.
다음의 비교표를 활용해 보세요.

국제	한국	유럽	영미
XS	90	36	14
		37	14.5
S	95	38	15
		39	15~15.5
M	100	40	15.5~16
		41	16
L	105	42	16.5
		43	17
XL	110	44	17.5

ÉTAPE 2

1. 옷이 안 맞아 다른 것을 요청할 때

A Est-ce que le costume vous plaît?

B 네, 한데 품이 덜 넓은 것은 없나요?

A Si, quelle taille* voulez-vous?

B Avez-vous du 45?

2. 옷이 좀 요란하다고 생각될 때

A Je trouve cette robe un peu trop voyante.

B Elle ne vous convient pas?

A Plus ou moins, 좀 더 정숙한 거 없나요?

B Nous allons voir …

1 A 옷이 마음에 드세요?
  B Oui, mais vous n'avez rien de moins large?
  A 있어요, 어떤 사이즈 드릴까요?
  B 45 있나요?

2 A 이 드레스 좀 너무 요란한 것 같네요.
  B 마음에 안드세요?
  A 좀 그러네요, vous n'avez rien de plus discret?
  B 어디 보죠 …

•Lexique•

plus 더
moins 덜
discret / discrète 정숙한, 점잖은
large (품이)넓은
costume 옷, 의상
taille 치수, 사이즈
trouver (~라고) 생각하다; 발견하다
plus ou moins 다소

Unité 04

avoir를 이용한 신체 상태 표현

앞서 병이나 증상 같은 것을 avoir로 표현한다는 것을 배웠죠? 사실 프랑스어에서는 좀 더 근본적으로 신체와 관련한 모든 상태의 표현을 avoir로 표현한답니다. '그녀는 눈이 예뻐요.'라고 할 때 **'Elle a de beaux yeux.'**(그녀는 예쁜 눈을 갖고 있다.) 라고 하는 것은 아시죠? 이제 '배가 고프다', '다리가 아프다', '코가 막혔다' 등과 같이 일시적인 신체상태를 나타내는 표현들을 알아보죠.

Remue-méninges

1 목이 말라요. J'ai soif.

2 더워요. J'ai chaud.

3 눈이 아파요. J'ai mal aux yeux.

4 허리가 아파요. J'ai mal aux reins.

5 다리가 부러졌어요. J'ai la jambe cassée.

modèle 020

J'ai faim

배고파요

프랑스어에서는 배가 고프거나 목이 마르거나 하는 신체의 상태를 '배고픔을 갖고 있다', '갈증을 갖고 있다'라는 식으로 표현합니다. 재미있죠? 그리고 이런 표현들은 굳어진 표현들이라 관사도 없이 'avoir + 명사'의 패턴으로 표현합니다.

ÉTAPE 1

1	배고파요.	J'ai faim.
2	목이 말라요.	J'ai soif.
3	더워요.	J'ai chaud.
4	추워요.	J'ai froid.
5	졸려요.	J'ai sommeil.

•Conseils•

'겁이 나요.'는 'J'ai peur.'입니다. 이때 신체 상태를 나타내는 명사에는 très로 수식을 할 수 있습니다. 예컨대 배가 엄청 고프다면 'J'ai très faim.'이라고 하죠. 다른 명사들도 마찬가지예요. 'J'ai très soif', 'J'ai très froid'처럼 말이죠. 그런데 '배가 엄청 고프다'는 뜻으로 'J'ai une faim de loup.'라는 숙어표현을 쓸 수도 있는데, 직역하면 '늑대의 허기를 갖고 있다'는 뜻이므로 정말 배고프다는 느낌이 오죠?

ÉTAPE 2

1. 시장기가 돌 때

A Je n'ai rien mangé depuis ce matin.

B Tu dois avoir très faim.

A Oui, une faim de loup.

B 나도 배고픈데, allons manger.

2. 추위를 느낄 때

A Tu peux fermer la fenêtre?

B Pourquoi?

A 추워서!

B Il fallait le dire plus tôt.

1 A 아침부터 전혀 못 먹었어.
   B 배고프겠다.
   A 그래, 엄청 허기가 져.
   B Moi aussi j'ai faim, 먹으러 가자.

2 A 창문 좀 닫아 줄래?
   B 왜?
   A J'ai froid!
   B 진작 얘기하지.

•Lexique•

manger 먹다
matin 아침
faim de loup 심한 배고픔
fermer 닫다
fenêtre 창문
falloir ~해야만 한다
dire 이야기하다
tôt 일찍

J'ai mal à ...

~가 아파요

신체 일부에 통증이 있을 때 우리는 '어디가 아파요'라고 하죠. 이것을 프랑스어로는 '나는 어디에 통증을 가진다'라고 표현합니다. 이때 쓰이는 패턴이 'J'ai mal à + 신체부위'입니다. 이때는 관사를 써서 'du mal'이라고 하지 않고 그냥 'mal'이라고 합니다.

ÉTAPE 1

1 눈이 아파요.　　　　　　　　**J'ai mal aux** yeux.

2 발이 아파요.　　　　　　　　**J'ai mal aux** pieds.

3 이가 아파요.　　　　　　　　**J'ai mal aux** dents.

4 허리가 아파요.　　　　　　　**J'ai mal aux** reins.

5 목이 아프고 기침을 많이 해요.　**J'ai** très **mal à** la gorge et je tousse beaucoup.

•Conseils•

복통은 'un mal d'estomac'라고 합니다.
🇫🇷 토요일 저녁부터 배가 엄청 아파요.
J'ai un mal d'estomac très douloureux depuis samedi soir.
어제 저녁부터 배가 아파요.
J'ai un mal d'estomac depuis hier soir.

ÉTAPE 2

1. 눈에 통증이 있을 때

A　Tu regardes trop la télévision.

B　네, 눈이 아파요.

A　Tu devrais éteindre.

B　Oui, mais le feuilleton est trop intéressant.

2. 발에 통증이 있을 때

A　Nous sommes allés en montagne ce week-end.

B　C'était sympa?

A　Oui, il y avait beaucoup de monde.

B　Ça va? 발이 너무 아프지 않아?

1　A　너 TV를 너무 많이 보는구나.
　　B　Oui, j'ai mal aux yeux.
　　A　TV 꺼라.
　　B　네, 하지만 연속극이 너무 재미있어요.

2　A　이번 주말에 산에 갔어요.
　　B　좋았니?
　　A　네, 사람들 많더라구요.
　　B　괜찮아? Tu n'as pas trop mal aux pieds?

•Lexique•

rein 허리
gorge 목구멍
tousser 기침하다
regarder 보다, 바라보다
éteindre 끄다
feuilleton 연속극, 연재소설

modèle 022 A J'ai le / la ... pp ...

~가 ~되었어요

신체부위가 어떻게 되었을 때, 우리말과는 달리 프랑스어에서는 avoir를 쓰고 그 뒤에 과거분사를 써서 표현합니다. 즉 '코가 막혔어요.' 같은 표현은 '나는 막힌 코를 갖고 있어요.'와 같은 형식으로 표현하는 거죠. 이때 신체부위 명사 앞에는 기본적으로 정관사를 씁니다.

ÉTAPE 1

1 코가 막혔어요.　　　　　　　　J'ai le nez bouché.

2 다리가 부러졌어요.　　　　　　J'ai la jambe cassée.

3 그 친구는 볼이 부었어요.　　　Il a les joues enflées.

4 이가 시려요.　　　　　　　　　J'ai les dents sensibles.

5 그녀는 울어서 눈이 부어올랐어요.　Elle a les yeux très gonflés, car elle a pleuré.

ÉTAPE 2

1. 코가 막혀 답답할 때

A　J'ai du mal à respirer.

B　Qu'est-ce qui t'arrive?

A　코가 막혔어요.

B　C'est peut-être à cause du pollen.

2. 이가 시릴 때

A　Je ne peux pas boire d'eau froide.

B　Vraiment?

A　네, 이가 시려요.

B　À ce point?

1　A　숨 쉬기가 어려워요.
　　B　무슨 일이니?
　　A　J'ai le nez bouché.
　　B　꽃가루 때문일 거야.

2　A　찬물을 마실 수가 없어요.
　　B　정말요?
　　A　Oui, j'ai les dents sensibles.
　　B　그 정도로요?

•Conseils•

신체부위 명사 앞에는 기본적으로 정관사를 쓰지만, '이 하나가 썩었다'와 같이 개수를 말해야 할 때는 un(e), deux 등과 같이 쓸 수 있습니다.
🆎 이가 하나 썩었어요.
J'ai une dent cariée.

그 친구는 팔이 부러졌어요.
Il[Elle] a le bras cassé.

(다리 / 어깨)가 부러졌어요.
J'ai (la jambe / l'épaule) cassée.

이 아이는 손목이 (부러졌군요 / 골절이 됐군요).
Cet enfant a le poignet (cassé / fracturé).

그 사람은 총알에 맞아 턱뼈가 부러졌어요.
Il a eu la mâchoire fracassée par une balle.

발이 까졌어요.
J'ai les pieds écorchés.

발이 저려요.
J'ai les pieds engourdis.

그 사람은 온몸이 땀에 젖었다.
Il avait tout le corps moite.

그는 온몸이 멍들었다.
Il a tout le corps couvert de bleus.

그는 눈이 충혈되었다.
Il a les yeux injectés de sang. / Ses yeux sont injectés de sang.

입안이 써요.
J'ai la bouche amère.

귀가 멍해요.
J'ai les oreilles bouchées.

이가 시려요.
J'ai une dent sensible / les dents sensibles.

배개[속이] 더부룩해요.
J'ai le ventre ballonné.

너 손이 차구나.
Tu as les mains (froides / glacées).

Unité 05

기본 의문문 패턴

우리말에서는 의문문을 만들 때 동사나 형용사 끝에 의문형 어미라는 것을 붙입니다. '-냐, 나, -까' 등과 같은 것들이죠. 그런데 프랑스어에서는 반대로 문장 맨 앞에 'Est-ce que'를 붙여서 의문문을 만듭니다. 이것을 붙이면 주어와 동사를 도치하지 않습니다. 물론 속어체에서는 이 'Est-ce que'조차도 안 붙이고 끝만 올리는 억양으로 의문문임을 나타내기도 합니다만… 아무튼 이 형태가 프랑스어 구어의 가장 기본적인 의문문 형태이니 알아 두시고 이것을 이용한 몇 가지 자주 쓰이는 패턴을 공부해 보기로 하죠.

Remue-méninges

1 내일 다시 와도 되나요? Est-ce qu'il est possible de revenir demain?

2 이사 가신다는 게 사실인가요? Est-ce qu'il est vrai que vous allez déménager?

3 예약을 해야 하나요? Est-ce que je dois prendre rendez-vous?

4 자리를 바꿀 수 있나요? Est-ce que je peux changer de place?

5 올 여름에 더울 거라고 생각하세요? Est-ce que vous pensez que l'été sera chaud?

modèle 023 Est-ce qu'il est possible de ...?

~하는 게 되나요[가능한가요]?

어떤 것이 가능한지를 물어 보고자 할 때는 'Est-ce qu'il est possible de ... ?' 패턴을 쓰면 됩니다. 여기서 de 뒤에는 부정법 동사를 넣어야 겠지요?

ÉTAPE 1

1 여기서 불을 피워도 되나요?　　Est-ce qu'il est possible de faire du feu ici?

2 내일 다시 와도 되나요?　　Est-ce qu'il est possible de revenir demain?

3 현장에서 점심식사도 가능해?　　Est-ce qu'il est possible de déjeuner sur place?

4 환불받는 게 가능한가요?　　Est-ce qu'il est possible de se faire rembourser?

5 물을 구할 수 있나요?　　Est-ce qu'il est possible d'avoir de l'eau?

ÉTAPE 2

1. 야외에서 식사를 하려 할 때

A　Nous avons trouvé un joli coin.

B　À l'ombre des arbres?

A　Oui, c'est parfait pour un pique-nique.

B　그 자리에서 점심식사도 가능해?

2. 진료가 끝난 시각에 병원을 방문했을 때

A　Le cabinet du docteur Marchal est fermé.

B　내일 다시 오면 되나요?

A　Oui, sur rendez-vous seulement.

B　Est-ce que C'est possible vers 14 heures trente?

1　A 좋은 곳을 찾았어.
　　B 나무 그늘이야?
　　A 그래, 피크닉에는 딱이야.
　　B Est-ce qu'il est possible de déjeuner sur place?

2　A 마르샬 의원 오늘 (진료) 끝났습니다.
　　B Est-ce qu'il est possible de revenir demain?
　　A 네, 하지만 예약을 하셔야만 됩니다.
　　B 14시 반경에 가능한가요?

•Lexique•

faire du feu 불을 피우다
demain 내일
déjeuner 점심식사(를 하다)
revenir 다시 오다
rembourser 환불하다
se faire rembourser 환불받다
ombre 그늘
arbre 나무
parfait(e) 완벽한
rendez-vous 약속, 예약

modèle 024

Est-ce qu'il est vrai que ... ?

~라는 게 사실인가요?

사실 확인을 하려 할 때 가장 흔히 쓰는 표현입니다. 우리말과 같으니 어렵지 않죠?

ÉTAPE 1

1 우리가 100세까지 산다는 게 사실인가요?
Est-ce qu'il est vrai que nous vivrons jusqu'à cent ans?

2 기후가 온난화된다는 게 사실인가요?
Est-ce qu'il est vrai que le climat se réchauffe?

3 자원이 고갈된다는 게 사실인가요?
Est-ce qu'il est vrai que les ressources s'amenuisent?*

4 (여)선생님이 결근하셨다는 게 사실인가요?
Est-ce qu'il est vrai que la prof est absente?

5 이사 가신다는 게 사실인가요?
Est-ce qu'il est vrai que vous allez déménager?

•Conseils•

* 's'amenuiser'는 '감소하다'라는 뜻이에요.
🆗 이익이 감소하고 있습니다.
Les bénéfices s'amenuisent.

ÉTAPE 2

1. 지구 온난화에 대해 이야기할 때

A Le climat se réchauffe.

B Oui, et le niveau de la mer monte.

A 자원이 고갈된다는 게 사실인가요?

B Oui, dans certaines régions.

2. 이사 가는 것을 확인할 때

A 우리 이사 가는 거 맞아요?

B Tout dépend du travail de ton père.

A A-t-il trouvé quelque chose?

B Il a quelques propositions …

1 A 기후가 온난화된대요.
   B 그래요, 그리고 해수면이 상승한대요.
   A Est-ce qu'il est vrai que les ressources s'amenuisent?
   B 네, 어떤 지역에서는 그렇대요.

2 A Est-ce qu'il est vrai que nous allons déménager?
   B 아빠 일에 달려 있단다.
   A 아빠가 일을 찾으셨나요?
   B 몇 군데서 연락이 오긴 왔는데 …

•Lexique•

vivre 살다
climat 기후
réchauffer 데우다. 덥혀지다
se réchauffer (날씨가) 더워지다
ressource 자원
s'amenuiser 감소하다
absent(e) 자리에 없는. 빈
déménager 이사하다
niveau 층, 수준
proposition 제안

modèle 025

Est-ce que je dois ...?

~해야 하나요?

의무사항인지를 확인할 때 또는 규칙상 해야 할 일인지를 물어볼 때 쓸 수 있는 표현입니다. devoir 동사를 이용한 표현으로서 그 뒤에는 부정법 동사를 쓰면 되지요.

ÉTAPE 1

1 신발을 벗어야 하나요? **Est-ce que je dois** retirer* mes chaussures?

2 예약을 해야 하나요? **Est-ce que je dois** prendre rendez-vous?

3 안전띠를 매야 하나요? **Est-ce que je dois** mettre ma ceinture de sécurité?

4 불[조명]을 꺼야 하나요? **Est-ce que je dois** éteindre la lumière?

5 전구를 갈기 전에 전기를 꺼야 하나요? **Est-ce que je dois** couper le courant avant de changer l'ampoule?

•Conseils•

* 옷이나 신발, 모자, 넥타이, 귀걸이, 반지, 시계 등 모든 종류의 신체 착용물에 대해 프랑스어는 mettre(행위)와 porter(상태)를 쓰는 것 아시죠? 반면에 벗는 행위는 모두 enlever를 씁니다. 물론 여기서처럼 retirer를 쓸 수도 있습니다.

ÉTAPE 2

1. 남의 집에 초대되었을 때

A Bienvenue chez nous, entrez!

B 감사합니다, 신발을 벗어야 하나요?

A Non, ce n'est pas la peine.

B Merci, mes chaussettes sont trouées.

2. 자동차 타고 떠날 때

A Tout le monde est prêt?

B Oui, on peut démarrer.

A Alors, on y va!

B 안전띠를 매야 하나요?

1 A 저희 집에 오신 걸 환영합니다. 들어오세요!
   B Merci, est-ce que je dois retirer mes chaussures?
   A 아뇨, 그러실 필요 없어요.
   B 감사합니다, 양말에 구멍이 났거든요.

2 A 모두들 준비 됐나요?
   B 네, 출발할 수 있어요.
   A 그럼 갑시다!
   B Est-ce que je dois mettre ma ceinture?

•Lexique•

ceinture (de sécurité) 안전띠
ampoule 전구
trouer 구멍을 뚫다
démarrer 출발하다

modèle 026 Est-ce que je peux ... ?

~할 수 있나요?

상대방의 동의나 허락을 구할 때 쓰는 표현입니다. 다음에 부정법 동사를 씁니다.

ÉTAPE 1

1 이거 입어 볼 수 있나요? **Est-ce que je peux** l'essayer?*

2 자리를 바꿀 수 있나요? **Est-ce que je peux** changer de place?

3 주문 변경할 수 있나요? **Est-ce que je peux** changer ma commande?

4 도움 좀 얻을 수 있나요? **Est-ce que je peux** avoir de l'aide?

5 처음부터 다시 시작할 수 있나요? **Est-ce que je peux** recommencer à zéro?

•Conseils•

* essayer는 시험 삼아 뭔가를 한다는 의미를 갖고 있습니다.
🎧 그 치마 한 번 입어 보세요!
Essayez cette jupe, s'il vous plaît!
이 차를 시운전해 보시겠어요?
Voulez-vous essayer cette voiture?
한국 음식 드셔 본 적 있으세요?
Est-ce que vous avez essayé la cuisine coréenne?

** '다른 수가 없다'고 할 때 프랑스어에서는 '다른 선택이 없다'는 뜻의 'Tu n'as pas le choix.'를 많이 씁니다.

ÉTAPE 2

1. 도움을 요청할 때

A Je n'arriverai jamais à finir ce travail.

B Quelle est la date limite?

A Il me reste une semaine, 도움 좀 얻을 수 있을까?

B Nous allons essayer.

2. 수해를 입었을 때

A Les inondations ont tout emporté.

B Quelle catastrophe!

A 이 나이에 처음부터 다시 시작할 수 있을까?

B Tu n'as pas le choix.**

1 A 아무래도 이 일 못 끝낼 것 같아.
　B 시간이 얼마나 있는데?
　A 일주일 남았는데, est-ce que je peux avoir de l'aide?
　B 같이 해 보자.

2 A 홍수로 다 쓸려 나갔어.
　B 이게 무슨 재앙이니!
　A Est-ce que je peux recommencer à zéro à mon âge?
　B 다른 수가 없잖니.

•Lexique•

recommencer 시작하다
inondation 홍수
emporter 쓸어가다, 날려 보내다
catastrophe 재앙, 대참사

49

modèle 027

Est-ce que vous pensez que ... ?

~라고 생각하세요?

자신의 생각에 대한 상대방의 의견을 물어보고자 할 때, 혹은 단순히 상대방의 생각을 물어볼 때 흔히 쓰는 표현입니다.

ÉTAPE 1

1 통일이 불가능하다고 생각하세요?
Est-ce que vous pensez que la réunification est impossible?

2 금발여자가 더 예쁘다고 생각하세요?
Est-ce que vous pensez que les blondes sont plus jolies?

3 청군이 더 빠르다고 생각하세요?
Est-ce que vous pensez que les bleus* sont plus rapides?

4 올 여름에 더울 거라고 생각하세요?
Est-ce que vous pensez que cet été sera chaud?

5 그 사람의 (건강) 상태가 호전될 것이라고 보세요?
Est-ce que vous pensez que son état s'améliore?

ÉTAPE 2

1. 운동회에서

A L'équipe rouge a bien joué.

B Oui, mais elle manquait un peu de vivacité.

A 청군이 더 빠르다고 생각하세요?

B Nettement.

2. 날씨에 대해 이야기할 때

A Cet hiver a été très court.

B Bien plus que les années précédentes.**

A 올 여름은 더울 거라고 생각하세요?

B Difficile à dire.

1 A 홍군이 잘했네.
  B 그래, 하지만 민첩함이 부족했어.
  A Est-ce que vous pensez que les bleus sont plus rapides?
  B 물론이죠.

2 A 올 겨울은 참 짧았어요.
  B 예년보다 훨씬 더 짧았죠.
  A Est-ce que vous pensez que cet été sera chaud?
  B 그건 말하기 어렵네요.

• Conseils •

* 청군, 홍군, 백군은 각각 Les bleus, Les rouges, Les blancs이라고 하고, 특히 Les bleus는 프랑스 국가대표 축구팀을 일컫는 말이라는 것도 알아 두죠. 한국 국가대표 축구팀은 '태극전사', 독일은 '전차군단', 이태리는 '아주리군단'이라고 하듯이 말입니다. '아주리군단'도 Gli Azzurri, 즉 Les bleus를 뜻하는 이태리어입니다. (Azzuri는 프랑스어의 하늘색을 뜻하는 Azur와 어원이 같죠.) 두 나라 대표팀이 파란색 유니폼을 주로 입었던 것에서 연유합니다. 참고로 '붉은 악마'(Diables rouges)는 벨기에 국가대표 축구팀의 별명인데, 한국에서는 응원단의 별명으로도 쓰이죠.

** 'Bien plus que les années précédentes'는 'Bien plus court que les années précédentes.'를 말하는 것이고, bien은 비교급을 강조할 때 쓰는 부사입니다. 비교급을 강조할 때 쓰는 또 다른 부사로 beaucoup가 있지요. 그래서 beaucoup로 바꾸어 쓸 수 있습니다. 우리말로는 '훨씬 (더)'에 해당하죠.

• Lexique •

réunification 통일
améliorer 개선하다
s'améliorer 개선되다, 향상되다
vivacité 활발함, 민첩함

modèle 028

Est-ce que je peux avoir ... ? / Puis-je avoir ... ? ~ 좀 제게 주시겠어요?

물건을 달라고 하거나 또는 정보를 달라고 할 때, '~ 좀 가질 수 있을까요?'라는 뜻의 'Est-ce que je peux avoir ... ?' 혹은 'Puis-je avoir ... ' 패턴을 많이 씁니다. puis는 je가 주어일 때만 쓰는 pouvoir 동사의 변화형으로서, 공손한 표현입니다.

ÉTAPE 1

1 물 한 잔 주시겠어요?
Puis-je avoir un verre d'eau?

2 시간 좀 더 주시겠어요?
Puis-je avoir un peu plus de temps?

3 기회를 한 번 더 주시겠어요?
Puis-je avoir une nouvelle chance?

4 그분 연락처를 주시겠어요?
Puis-je avoir ses coordonnées?*

5 한 접시 더 주시겠어요?
Est-ce que je peux avoir une autre** assiette, s'il vous plaît?

•Conseils•

* 전화번호와 주소, 이메일 주소 모두를 포괄적으로 이르는 말이 연락처이지요. 프랑스어로는 coordonnées 라고 합니다. 이 단어는 항상 복수로 씁니다.

** 무엇을 하나 더 달라고 할 때 '또 다른 ... '라는 뜻의 'un(e) autre ... '를 씁니다. '커피 한 잔 더'라고 할 때는 'un autre café'가 되겠지요.

ÉTAPE 2

1. 연락처를 얻고자 할 때

A Connaissez-vous cette jeune personne?

B Oui, c'est ma voisine.

A 저분 연락처 좀 알 수 없을까요?

B Pourquoi ne pas lui demander directement?

2. 식당에서 더 달라고 할 때

A Tout se passe bien?

B Oui, c'est délicieux.

A Vous n'avez besoin de rien?

B 예, 있어요. 이거 한 접시 더 주시겠어요?

1 A 저 젊은 분 아세요?
　 B 예, 이웃에 사는 (여자) 분이에요.
　 A Puis-je avoir ses coordonnées?
　 B 직접 달라고 하시지 그래요?

2 A 식사 괜찮으세요?
　 B 네, 맛있어요.
　 A 필요하신 것 없으세요?
　 B Si. Est-ce que je peux avoir une autre assiette, s'il vous plaît?

•Lexique•

assiette 접시
connaître 알다
demander 요구하다
délicieux(se) 맛있는

Unité 06

보조 시제 표현

프랑스어에는 '현재', '복합과거', '반과거', '단순미래'라는 네 개의 기본적인 시제가 있습니다. 이것은 다 아실 테니까, 여기서는 보조적인 시제 표현들을 알아보기로 하죠. '근접미래', '근접과거', '현재진행형'과 임박한 미래를 나타내는 표현, 그리고 일을 끝냈음을 나타내는 'finir de ...' 같은 표현들을 살펴보죠.

Remue-méninges

1 제가 확인해 볼게요. Je vais vérifier cela.

2 이제 막 도착했어요. Je viens d'arriver.

3 음료수 다 드셨나요? Vous avez fini vos boissons?

4 책을 읽는 중입니다. Je suis en train de lire.

5 이제 곧 떠나려 해요. Je suis sur le point de partir.

modèle 029 Je vais ...

제가 ~ 할게요

'제가 ~ 할게요'라고 할 때, 근접미래형인 'Je vais ... '의 패턴을 쓰면 됩니다. 이때의 근접미래는 말하는 이의 의도를 표현합니다. 단순히 미래에 일어날 일을 뜻하는 단순미래형을 써도 좋지만, 본인의 의도를 나타내려면 근접미래형태가 더 좋습니다.

ÉTAPE 1

1 제가 해 보겠습니다. **Je vais** essayer.

2 제가 확인해 볼게요. **Je vais** vérifier cela.

3 제가 알려 드릴게요. **Je vais** vous mettre au courant.

4 제가 서류를 훑어보겠습니다. **Je vais** jeter un coup d'oeil sur le document.

5 제가 그 일을 맡겠습니다. **Je vais** prendre en charge ce travail.

ÉTAPE 2

1. 예약을 한 호텔에 도착했을 때

A J'ai réservé au nom de Martin.

B Une seconde, 확인해 보겠습니다 …

A Une grande chambre avec un lit supplémentaire.

B Oui, voilà! Voici votre clé.

2. 자동차가 시동이 안 걸릴 때

A Ma voiture ne veut pas démarrer.

B 엔진을 한 번 살펴보겠습니다.

A J'ai fait une révision il y a une semaine.

B Oui, mais la batterie est morte.

---

1 A 마르탱이라는 이름으로 예약을 했는데요.
   B 잠시만요, je vais vérifier …
   A 보조 침대가 달린 큰 침실인데요.
   B 네. 여기 있군요! 여기 열쇠가 있습니다.

2 A 제 차가 시동이 안 걸려요.
   B Je vais jeter un coup d'oeil au moteur.
   A 일주일 전에 검사를 했는데요.
   B 네. 하지만 배터리가 죽었어요.

•Lexique•

vérifier 확인하다
jeter un coup d'oeil sur qch
～을 살펴 보다, ～에게 시선을 던지다
supplémentaire 추가의, 보충의
clé 열쇠
mettre qqn au courant ～에게
알려주다

53

modèle 030 **Je viens (juste) de ...**
방금 ~했습니다

'이제 막 ~했습니다'라고 하려면 근접과거 'venir de + 부정법 동사' 형태를 쓰면 됩니다. 복합과거를 쓰는 것보다 방금 일어난 일을 표현하기에 안성맞춤이죠. '이제 막'이라는 의미를 더 강조하려면, 'juste' 혹은 'tout juste'를 넣으면 됩니다.

ÉTAPE 1

1 이제 막 도착했어요.   **Je viens d'arriver.**

2 이제 막 일어났어요.   **Je viens de me lever.**

3 이제 막 알았습니다.   **Je viens de comprendre.***

4 숙제를 이제 막 끝냈어요.   **Je viens (juste) de finir mes devoirs.**

5 이제 막 미셸을 만났는데요.   **Je viens (tout juste) de rencontrer Michel.**

•Conseils•

* '방금 알았어요.'라고 할 때 'Je viens de comprendre.' 대신 'Je viens de me rendre compte.'라고 할 수도 있습니다.

ÉTAPE 2

1. 뭐가 문제인지 방금 깨달았을 때

A Que se passe-t-il?

B 뭐가 문제인지 방금 알았어요.

A Et alors?

B J'ai oublié un chiffre dans mon calcul.

2. 누구를 만났을 때

A Tu as l'air joyeux.

B 그래, 미셸을 방금 만났거든.

A Il va bien?

B Il rentre de vacances.

1   A 무슨 일이야?
    B Je viens de comprendre ce qui ne va pas.
    A 그래서?
    B 계산할 때 숫자 하나를 빠뜨렸어요.

2   A 너 즐거운 모양이다.
    B Oui, je viens de rencontrer Michel.
    A 잘 지낸대?
    B 휴가에서 돌아오는 길이래.

•Lexique•

se lever 일어나다
comprendre 이해하다
oublier 잊다
rencontrer 만나다

Avez-vous fini (de ...)?

~를 끝냈나요?

어떤 일을 끝마쳤는지 물어볼 때 쓰는 표현입니다. 뒤에 명사를 써도 좋고 'de + 부정법 동사'를 써도 좋습니다. 예컨대 '숙제(하는 것) 끝냈니?'는 'As-tu fini tes devoirs?'처럼 명사를 쓰거나 'As-tu fini de faire tes devoirs?'처럼 'de + 부정법'을 써도 좋습니다.

ÉTAPE 1

1 숙제 다 끝냈니?　　　　　　**As-tu fini** tes devoirs?*

2 음료수 다 드셨나요?　　　　　**Avez-vous fini** vos boissons?

3 검산을 끝내셨나요?　　　　　**Avez-vous fini** de recompter?

4 토의를 마치셨나요?　　　　　**Avez-vous fini** de discuter?

5 양식 작성을 다 끝내셨나요?　**Avez-vous fini** de remplir ce formulaire?

●Conseils●

* '의무, 해야 할 일'은 devoir(s)라고 하는데, '숙제'라고 할 때는 보통 소유형용사를 쓰고 복수형인 'mes devoirs, vos devoirs' 같은 식으로 표현합니다.

** '분명히 밝히다'라고 할 때 clarifier를 쓸 수도 있지만 흔히 'mettre qc au clair'를 써요.

ÉTAPE 2

1. 계산이 잘 안 맞을 때

A　검산 끝내셨나요?

B　Oui, et le résultat est encore faux.

A　Alors il faut recommencer.

B　Il doit y avoir une erreur quelque part.

2. 토의의 결론을 알고 싶을 때

A　토의 다 마치셨나요?

B　Oui, nous avons mis les choses au clair.**

A　Et quels sont vos conclusions?

B　Il faut investir davantage!

1　A　Avez-vous fini de recompter?
　　B　네, 그런데 결과가 아직도 틀려요.
　　A　그럼 다시 시작하셔야죠.
　　B　어딘가 실수가 있는 것 같은데요.

2　A　Avez-vous fini de discuter?
　　B　네, 이제 사정이 분명히 밝혀졌어요.
　　A　그럼 결론은 뭐죠?
　　B　더 투자를 해야죠!

●Lexique●

boisson 음료수
recompter 검산하다
discuter 토의하다
remplir 채우다, (서류에) 필요사항을 써넣다
formulaire 양식
investir 투자하다

modèle 032 Je suis en train de ...

~하는 중입니다 / ~하고 있습니다

'Qu'est-ce que vous faites?'는 문맥에 따라 (요즘) 뭐하시는지, 혹은 직업이 뭔지 묻는 것일 수 있지만, 지금 뭐하는 중인지 묻는 것일 수도 있습니다. 이때 'J'étudie le français.'라고 답한다면, 또한 요즘 프랑스어 공부를 하고 있다는 의미일 수도 있고 지금 프랑스어를 공부하고 있는 중이라는 의미일 수도 있습니다. 그런데 분명하게 지금 어떤 일을 하고 있는 중이라고 말하고 싶으면 'être en train de + 부정법'을 쓰면 됩니다.

ÉTAPE 1

1 책을 읽는 중입니다.	Je suis en train de lire.
2 일[공부]하는 중입니다.	Je suis en train de travailler.
3 앙케이트 조사를 하고 있습니다.	Je suis en train de faire une enquête.*
4 가족 앨범 보고 있습니다.	Je suis en train de regarder des albums de famille.
5 컴퓨터로 검색을 하는 중입니다.	Je suis en train de faire une recherche sur ordinateur.

ÉTAPE 2

1. 한참 일을 하고 있을 때

A Salut, Nicolas!

B Tiens, salut mon vieux!**

A Qu'est-ce que tu deviens?

B Je suis occupé, 사무실 옮기는 중이거든, et toi?

2. 지금 하고 있는 일을 설명할 때

A Allô? M. Martin, vous auriez une minute?

B Oui, je vous écoute, allez-y.***

A 앙케이트 조사를 하고 있거든요.

B Oui, une enquête sur quoi?

1 A 안녕, 니콜라!
  B 어, 안녕 친구!
  A 어떻게 지내?
  B 바빠, je suis en train de déménager mon bureau, 너는?

2 A 여보세요? 마르탱 씨, 잠깐 시간 있으세요?
  B 예, 말씀하세요, 어서.
  A Je suis en train de faire une enquête.
  B 그래요, 무엇에 관한 조사인가요?

•Conseils•

*enquête는 원래 프랑스어에서는 그저 '조사'라는 뜻인데, 한국어에서는 '설문'이라는 의미로 쓰여서, '설문 조사' 혹은 '앙케이트 조사'라고 하죠.

** mon vieux는 'mon vieux ami'에서 'ami(친구)'가 생략된 것으로 '늙은 친구'가 아니라 '오랜 친구'라는 뜻입니다.

*** '말씀하세요.', '말해.'를 한국어 식으로 'Parlez!'나 'Parle!'라고 하면 안 됩니다. '당신의 이야기를 듣겠다'는 의미의 'J'écoute.' 'Je vous écoute.' 'Je t'écoute.'와 같이 표현합니다.

'Allez-y!'는 상대가 하고 있거나 하려고 하던 행위를 하라고 말할 때 쓰는 표현입니다. 굳이 우리말로 하면 '(저 신경 쓰지 말고 / 저 상관하지 말고) 하세요!' 정도가 되겠죠. 혹은 상대에게 '먼저 하세요.'라고 하고 싶을 때도 씁니다.

•Lexique•

recherche 검색
ordinateur 컴퓨터
être occupé(e) 바쁘다

modèle 033

Je suis sur le point de ...

이제 곧 ~하려 합니다

'이제 ~ 곧 할 거예요.', '이제 막 ~하려던 참이에요.' 등과 같이, 지금 막 어떤 일을 하려 한다고 말하고 싶을 때는 'Je suis sur le point de + 부정법 동사'의 패턴을 씁니다. 만일 상대방이 '뭐하는 거야? 안 가?'라고 재촉할 때, '이제 막 떠나려고 해'라고 답하려면 'Je suis sur le point de partir.'라고 하면 되겠죠.

ÉTAPE 1

1 이제 곧 떠나려 해요.　　　　　**Je suis sur le point de** partir.

2 이제 곧 끝내려고 해요.　　　　**Je suis sur le point de** finir.

3 이제 곧 특허를 출원하려 합니다.　**Je suis sur le point de** déposer un brevet.

4 이제 곧 결산서를 제출하려 합니다.　**Je suis sur le point de** déposer le bilan.

5 이제 곧 아프리카에 투자를 하려 합니다.　**Nous sommes sur le point d'**investir en Afrique.

ÉTAPE 2

1. 그렇지 않아도 그렇게 하려고 할 때

A La téléphonie mobile s'est beaucoup développée ces temps-ci, n'est-ce pas?*

B Oui, je travaille pour une société dans ce domaine.

A Ah bon? Moi aussi. 이제 곧 아프리카에 투자하려고 해요.

B C'est une bonne idée. C'est un marché porteur.

2. 서둘러서 조치를 취해야 할 때

A Le prototype fonctionne bien, n'est-ce pas?

B 네, 이제 곧 특허를 출원하려고요.

A Il ne faut pas tarder.**

B Non, je ne voudrais pas me faire voler l'idée.***

1 A 요즘 이동통신이 많이 발전했어요, 그렇죠?
　　B 그래요, 제가 그 분야 회사에 일하고 있습니다.
　　A 아, 그래요? 저도 그런데, Et je suis sur le point d'investir en Afrique.
　　B 좋은 생각이에요. 성장하는 시장이죠.

2 A 시제품이 잘 작동하죠, 그렇죠?
　　B Oui et je suis sur le point de déposer un brevet.
　　A 늦추면 안 돼요.
　　B 그래요, 저도 아이디어를 도둑맞고 싶지 않아요.

• **Conseils** •

* 자신이 말한 것을 상대방에게 확인받고 싶을 때 우리는 '그렇죠?'라고 하죠. 그때 프랑스어에서는 'n'est-ce pas?'라고 합니다. 요즘은 '안 그래요?'라는 의미로, 그저 'non?'이라고도 합니다.

** 부정의문문에 대한 답변이 프랑스어와 우리말이 반대인 것 아시죠? 그래서 'Il ne faut pas tarder.'에 대해서 '그래요'라고 답할 때 'Non'이라고 합니다.

*** 'se faire + 부정법 동사' 패턴은 능동태에서 간접목적어가 주어 자리에 오는 수동태를 만들 때 많이 사용합니다. 그래서 'On me vole l'idée.'(누군가 내게서 아이디어를 훔친다.)를 '아이디어를 도둑맞다.'라고 다르게 표현할 때는 'Je me fais voler l'idée.'라고 할 수 있죠. (modèle 226를 참조하세요.)

• **Lexique** •

brevet 특허증, 면허장, 자격증
bilan 결산
domaine 영역, 분야
prototype 시제품
tarder 늦어지다
voler 훔치다

Unité 07

기본 조동사 패턴

'조동사'라고 많이 들어 보셨죠? '조동사'는 글자 그대로 동사를 보조하는 동사들인데요, 모든 동사와 함께 쓰여서 '~해야 한다'(의무), '~할 수 있다'/'~할 수 없다'(가능/불가능), '해도 좋다'(허용), '하면 안 된다'(불허) 등의 의미를 덧붙이기만 하는 것들이에요. 이런 표현들은 너무나 자주 쓰이기 때문에 반드시 알아 두어야 하겠죠?

Remue-méninges

1 나는 바로 떠나야 해. **Je dois partir immédiatement.**

2 일찍 떠나야 할 겁니다. **Vous devriez partir de bonne heure.**

3 도와 드릴 수가 없습니다. **Je ne peux pas vous aider.**

4 셔틀 버스를 기다려야 합니다. **Il faut attendre la navette.**

5 변화를 두려워하면 안 됩니다. **Il ne faut pas craindre le changement.**

modèle 034 Je dois ...
저는 ~해야 합니다

'~해야 한다'를 프랑스어로 할 때 제일 먼저 떠오르는 단어는? 당연히 devoir 동사겠죠? 그래서 '저는 ~해야 합니다'라고 말할 때는 'Je dois' 다음에 부정법 동사를 쓰면 됩니다.

ÉTAPE 1

1 나는 바로 떠나야 해.　**Je dois** partir immédiatement.

2 저는 밤 10시까지 돌아와야 합니다.　**Je dois** rentrer avant 22 heures.

3 저는 그 일을 끝내야 합니다.　**Je dois** terminer ce travail.

4 나는 계속 밀어붙여야 해.　**Je dois** tenir le cap.*

5 저는 여러 가지 변수를 고려해야 합니다.　**Je dois** tenir compte de plusieurs paramètres.

•Conseils•

* cap은 방향을 뜻하는 말로, 'maintenir le cap' (혹은 'tenir le cap')은 '방향을 유지하다'라는 뜻입니다. 즉 (현재까지 추구했던) 기본 방향 혹은 기조를 유지한다는 의미를 담고 있죠. 따라서 여기서처럼, 문맥에 따라 '계속해서(끝까지) 밀어붙이다(버티다)'라는 의미를 띠죠.

ÉTAPE 2

1. 정해진 시간에 귀가해야 할 때

A　Tu peux venir avec nous samedi soir?

B　그래, 하지만 난 밤 10시까지는 돌아와야 해.

A　À cause de tes parents?

B　Non, à cause du match à la télé!

2. 스스로 각오를 다질 때

A　Il reste une semaine avant les examens.

B　Les moyennes actuelles sont bonnes?

A　그래, 계속 밀어붙여야 하는데.

B　Bon courage!

1　A　토요일 밤에 우리하고 같이 갈래?
　　B　Oui, mais je dois rentrer avant 22 heures.
　　A　부모님 때문에?
　　B　아니, TV 스포츠 중계 때문에!

2　A　시험까지 일주일 남았어.
　　B　현재 평점은 좋아?
　　A　Oui, je dois tenir le cap.
　　B　힘내!

•Lexique•

immédiatement 즉시
rentrer 돌아오다
terminer 끝내다
paramètre 변수, 요인

modèle 035

Vous devriez ...

~해야 할 겁니다

상대방에게 어떤 일을 해야 한다고 말할 때 기본적으로 'Vous devez ... '라고 합니다. 이때 devez 다음에는 부정법 동사를 쓰죠. 그런데 이 표현은 명령을 나타냅니다. 억양에 따라 지나치게 고압적으로 들릴 수 있습니다. devoir 동사의 조건법 형태인 'Vous devriez ... '라고 함으로써 다소 완화된 표현, 좀 더 공손한 표현을 쓰는 것이 좋겠지요. 우리말로는 '~해야 할 겁니다' 정도의 표현이죠.

ÉTAPE 1

1 일찍 떠나야 할 겁니다.　　**Vous devriez** partir de bonne heure.

2 규정을 지켜야 할 겁니다.　　**Vous devriez** respecter le règlement.

3 지시를 따라야 할 겁니다.　　**Vous devriez** suivre les consignes.

4 운동을 하셔야 할 겁니다.　　**Vous devriez** faire du sport.*

5 조심을 하셔야 할 겁니다.　　**Vous devriez** faire attention.

•Conseils•

* '운동을 하다'는 'faire du sport' 외에도 'faire de l'exercice', 's'entraîner' 등을 쓸 수 있습니다.

ÉTAPE 2

1. 충고를 할 때

A J'ai un peu grossi.

B 운동을 하셔야겠어요.

A Mais, je n'aime que la lecture.

B Il faudra pourtant faire un effort.

2. 음주운전을 하려는 상대에게

A Je n'ai pas beaucoup bu.

B Vous ne devriez pas conduire.

A Mais, je ne me sens pas fatigué.

B 그래도 조심하셔야 될 텐데요.

1　A 살이 좀 쪘어요.
　　B Vous devriez faire du sport.
　　A 하지만, 저는 독서만 좋아하는데요.
　　B 그래도 노력을 하셔야죠.

2　A 많이 안 마셨어요.
　　B 운전하시면 안 될 겁니다.
　　A 하지만, 피곤하지 않은데요.
　　B Vous devriez quand même faire attention.

•Lexique•

respecter 존중하다
règlement 규정
consigne 지시
conduire 운전하다

Je peux ...

저는 ~할 수 있어요, 저는 ~할 줄 알아요

내게 어떤 일을 할 능력이 있거나 혹은 내가 헤쳐 나갈 수 있는 상황임을 알리는 표현으로 'Je peux … '라는 패턴이 기본적이죠.

ÉTAPE 1

1 중국어 할 줄 알아요. 　　　**Je peux** parler chinois.

2 큰 차 운전할 줄 압니다. 　　**Je peux** conduire une grosse cylindrée.*

3 혼자 갈 수 있어요. 　　　　**Je peux** y aller seul(e).

4 애 볼 줄 알아요. 　　　　　**Je peux** m'occuper d'un enfant.

5 쉽게 답할 수 있어요. 　　　**Je peux** répondre facilement.

•Conseils•

* 대형 (승용)차는 'une grosse voiture' 또는 배기량이 많은 차라는 뜻의 'une grosse cylindrée'라고 합니다.

** '외국어 할 줄 아세요?'는 프랑스어로 'Parlez-vous des langues étrangères?'라고 할 수도 있습니다.

*** 아주 잘 못해도 의사소통 정도는 충분히 할 수 있다고 할 때는 상황을 그럭저럭 해결해 나간다는 뜻의 'Je me débrouille.'를 씁니다.

**** 'Vous avez un moyen de transport?'는 '타고 갈 차가 있나요?'라는 뜻입니다.

ÉTAPE 2

1. 외국어를 할 줄 안다고 할 때

A Avez-vous des compétences en langues étrangères?**

B 네, 중국어 할 줄 알아요.

A Vous avez un bon niveau?

B Je me débrouille.***

2. 차로 데려다주겠다는 상대에게

A Vous avez un moyen de transport?****

B J'y vais à pied.

A Voulez-vous que je vous accompagne en voiture?

B Non, merci. 혼자 갈 수 있어요.

1 A 외국어 할 줄 아세요?
　 B Oui, je peux parler chinois.
　 A 수준이 높으신가요?
　 B 의사소통은 해요.

2 A 뭐 타고 가실 건가요?
　 B 걸어갈 거예요.
　 A 차로 태워 드릴까요?
　 B 감사합니다만, 괜찮아요. Je peux y aller seule.

•Lexique•

chinois(e) 중국어, 중국인, 중국의
cylindrée 배기량
facilement 쉽게
langue étrangère 외국어
niveau 수단
transport 교통수단
accompagner 동반하다

61

🎧 037.mp3

Je ne peux pas …

~할 수가 없어요, ~할 줄 모르겠어요

'~할 수가 없어요'라고 할 때는 'Je peux … '의 부정형인 'Je ne peux pas … '를 쓰면 되죠.

ÉTAPE 1

1 믿을 수가 없어요.　　　　　**Je ne peux pas** le croire.

2 참을 수가 없어요.　　　　　**Je ne peux pas** le supporter.

3 도와 드릴 수가 없습니다.　　**Je ne peux pas** vous aider.

4 병을 못 따겠어요.　　　　　**Je ne peux pas** ouvrir cette bouteille.

5 답변 드릴 수가 없습니다.　　**Je ne peux pas** vous répondre.

ÉTAPE 2

1. 상대방의 담배 연기 때문에 힘들 때

A　Qu'est-ce qu'il y a?

B　담배 연기가 견디기 힘드네요.

A　Pardon, je vais éteindre.

B　Merci.

2. 통증으로 인해 상대의 도움이 필요할 때

A　Je me suis blessé l'épaule en jouant au basket.

B　Est-ce que tu souffres?

A　Non, mais 병을 딸 수가 없어.

B　Attends, je vais t'aider.

1　A　왜 그러세요?
　　B　Je ne peux pas supporter la fumée.
　　A　미안해요, 끌게요
　　B　고마워요

2　A　농구하다가 어깨를 다쳤어.
　　B　아프니?
　　A　아니, 하지만 je ne peux pas ouvrir cette bouteille.
　　B　잠깐만, 내가 도와줄게.

•Lexique•
supporter 견디다
éteindre (불 따위를) 끄다
épaule 어깨
fumée 연기, 매연

modèle 038

Vous pouvez ...

~하실 수 있어요, ~하셔도 됩니다

가능성이나 허락을 나타낼 때 pouvoir 동사를 쓴다는 것은 다 아시죠? 그래서 상대방에게 '당신은 ~을 할 수 있어요'(가능성), '~하셔도 돼요'(허락)라고 말할 때, 간단하게 'Vous pouvez … '라고 하면 됩니다.

ÉTAPE 1

1	성공하실 수 있어요.	**Vous pouvez** réussir.
2	정시에 도착하실 수 있어요.	**Vous pouvez** arriver à l'heure.
3	친구들을 데려와도 됩니다.	**Vous pouvez** amener vos amis avec vous.
4	저를 믿으셔도 됩니다.	**Vous pouvez** compter sur moi.
5	쉬셔도 됩니다.	**Vous pouvez** vous reposer.

ÉTAPE 2

1. 상대를 안심시키고 싶을 때

A Les inondations ont tout saccagé.

B Je vais avoir besoin d'aide.

A 절 믿으셔도 돼요.

B Merci, c'est réconfortant.

2. 초대하면서 상대를 편안하게 해 주고 싶을 때

A Est-ce que vous viendrez ce week-end?

B Je ne sais pas encore.

A 친구들 데려와도 돼요.

B Alors nous serons cinq.

1 A 홍수 때문에 모든 게 엉망이 되었군요.
 B 제가 도움을 받아야 될 것 같아요.
 A Vous pouvez compter sur moi.
 B 감사합니다, 위안이 되는군요.

2 A 주말에 오시겠어요?
 B 아직 모르겠어요.
 A Vous pouvez amener vos amis avec vous.
 B 그럼 5명이 갈게요.

•Lexique•
réussir 성공하다
reposer 쉬다
saccager 뒤죽박죽으로 만들다,
악탈하다, 훼손하다

modèle 039

Vous ne pouvez pas ...

~하실 수가 없어요, ~하시면 안 됩니다

상대방이 어떤 일을 할 가능성이 없을 때 '당신은 ~을 할 수가 없어요' 혹은 '당신은 ~을 할 리가 없어요'라고 하지요. 또 상대방이 어떤 일을 할 수 없도록 할 때, 즉 허락하지 않을 때 '~하시면 안 돼요'라고 하지요. 이 두 경우 모두에 프랑스어에서는 'Vous ne pouvez pas ... '라고 합니다.

ÉTAPE 1

1 틀리실 수가[틀리실 리가] 없어요. **Vous ne pouvez pas** vous tromper.

2 시간을 되돌릴 수는 없습니다. **Vous ne pouvez pas** changer le cours du temps.

3 들어가시면 안 됩니다. **Vous ne pouvez pas** entrer.

4 거기에 계시면 안 됩니다. **Vous ne pouvez pas** rester là.

5 의견을 번복하실 수 없습니다. **Vous ne pouvez pas** changer d'avis.

•Conseils•

＊'시간을 되돌릴 수 없다'고 할 때 'Vous ne pouvez pas changer le cours du temps.'이라고 했죠. 즉 '당신은 시간의 흐름을 바꿀 수 없습니다.'라는 뜻이죠. 이때, '당신은 뒤로 되돌아갈 수 없다.'는 뜻의 'Vous ne pouvez pas revenir en arrière.'라는 표현도 많이 씁니다.

ÉTAPE 2

1. 젊어지고 싶다는 상대방에게

A Joyeux anniversaire!

B Merci, mais j'aimerais encore avoir 20 ans.

A 시간을 되돌릴 수는 없지.

B C'est bien dommage.

2. 산 물건을 반품하고자 하는 상대방에게

A Je regrette d'avoir pris ce modèle.

B Alors que décidez-vous?

A Je ne suis pas sûre d'avoir choisi le bon.

B 유감스럽지만, 의견을 번복하실 수 없습니다.

1 A 생일 축하해!
　　B 고마워, 하지만 나는 항상 스무 살이면 좋겠는데.
　　A Vous ne pouvez pas changer le cours du temps.＊
　　B 정말 아쉽네.

2 A 이 모델 괜히 샀어요.
　　B 그럼 뭘 하시려고요?
　　A 좋은 걸 산 건지 확신이 안 들어서요.
　　B Malheureusement, vous ne pouvez pas changer d'avis.

•Lexique•

tromper 틀리다
joyeux(se) 즐거운
dommage 유감스러운(애석한) 일
malheuesement 불행히도, 유감스럽지만

64

modèle 040

Il faut ...

~해야 합니다

'~해야 한다'는 표현으로 앞에서 'Vous devez … '를 다루었죠? 비슷한 표현으로 'Il faut … '를 배워 봅시다. 차이가 있다면 'Vous devez … '는 상대에게 의무가 있음을 알리는 뉘앙스가 강한 반면에 'Il faut … '는 어떤 목적을 이루기 위해서는 그 일을 하는 것이 필요하다는 어감이 더 강합니다. 그리고 'Il faut' 다음에는 부정법 동사를 쓸 수도 있지만, 'que절(접속법)'을 쓸 수도 있습니다.

ÉTAPE 1

1 입장료를 내야 해요.　　　　　**Il faut** payer l'entrée.

2 셔틀 버스를 기다려야 합니다.　**Il faut** attendre la navette.

3 경찰에 도난 신고를 해야 합니다.　**Il faut** signaler le vol à la police.

4 저는 이만 가 봐야 하겠습니다.　**Il faut** que je parte.

5 다음번에 다시 오셔야 합니다.　**Il faut** que vous reveniez la prochaine fois.

ÉTAPE 2

1. 상대방이 물건을 도난당했을 때

A　Excusez-moi.

B　Que vous arrive-t-il?

A　Deux jeunes m'ont volé mon portefeuille.

B　아, 그럼 빨리 경찰에 도난 신고를 하세요.

2. 헤어질 때

A　저는 이만 가 봐야 합니다.

B　Comment? Vous ne restez pas?

A　Non, j'ai un autre rendez-vous.

B　Alors nous discuterons la prochaine fois.

1　A　실례합니다.
　　B　무슨 일이시죠?
　　A　두 젊은이가 제 지갑을 훔쳐갔습니다.
　　B　Oh, il faut vite signaler le vol à la police.

2　A　Il faut que je parte.
　　B　뭐라고요? 더 안 계세요?
　　A　예, 다른 약속이 있어서요.
　　B　그럼 다음에 토의하기로 하죠.

•Lexique•
navette 셔틀 버스
portefeille 지갑
discuter 토의하다

modèle 041

Il ne faut pas …

~하지 마세요, ~하면 안 됩니다

'~하면 안 됩니다'라고 하려면 바로 앞에서 배운 'Il faut … '(~해야 한다)의 부정형인 'Il ne faut pas … '를 쓰면 됩니다.

ÉTAPE 1

1 걱정하지 마세요.　　　　　**Il ne faut pas** vous inquiéter.

2 그 사람 방해하지 마세요.　　**Il ne faut pas** le déranger.

3 변화를 두려워하면 안 됩니다.　**Il ne faut pas** craindre le changement.

4 모르는 사람을 믿으면 안 돼요.　**Il ne faut pas** faire confiance à des inconnus.

5 사람들이 말하는 걸　　　　　**Il ne faut pas** croire tout ce que les gens
　모두 믿으면 안 돼요.　　　　racontent.

•Conseils•

* 'Vous avez bien fait de … '는 '~하기를 잘했네요.'라는 뜻입니다.
🔘 거기 가길 잘하셨네요.
Vous avez bien fait d'y aller.

ÉTAPE 2

1. 소문에 대해 완곡하게 반박할 때

A On dit que ce magistrat est corrompu.

B 사람들이 말하는 걸 모두 믿으면 안 돼요.

A Dans le cas présent, il s'agit des conclusions d'une enquête judiciaire.

B Alors, c'est différent.

2. 모르는 사람을 경계하라고 말해야 할 때

A Quelqu'un m'a demandé d'embarquer cette valise.

B 모르는 사람을 믿어서는 안 되죠.

A J'ai pensé que c'était un canular.

B Vous avez bien fait de refuser.*

1　A　그 사람은 부패한 법관이래요.
　　B　Il ne faut pas croire tout ce que les gens racontent.
　　A　이 경우엔, 범죄 수사의 결론입니다.
　　B　그렇다면 다르죠.

2　A　어떤 사람이 트렁크를 실어 달랬어요.
　　B　Il ne faut pas faire confiance à des inconnus.
　　A　저도 속임수라는 생각이 들었어요.
　　B　거절하길 잘하셨네요.

•Lexique•

s'inquiéter 걱정하다
déranger 방해하다
faire confiance à qn ~를 믿다
magistrat 법관
enquête judiciaire 범죄 수사
inconnu(e) 낯선 사람, 이방인
canular 속임수

자주 쓰는 부정 패턴

긍정이냐 부정이냐 하는 것은 문장에서 매우 중요한 부분을 차지합니다. 그래서 프랑스어에서는 이것이 문장의 맨 앞에 나오는 주어 바로 다음에 나옵니다. 그런데 한국어에서는 이것이 맨 마지막에 나옵니다. '그 일은 제가 지금까지 수없이 결심했지만 실행에 옮기지 못했어요.'에서 '못했어요'가 맨 마지막에 나오죠. 이래서 한국말은 끝까지 들어 봐야 한다는 말이 나왔죠. 하지만 이것은 언어의 특성일 뿐입니다.

여기서는 프랑스어의 기본적인 부정표현 외에 비교적 자주 쓰이는 강한 부정의 패턴을 알아보기로 하죠. '～한 것은 아무것도 없습니다', '～해 본 적이 없습니다', '결코 [아무래도] ～할 수가 없어요' 등과 같은 표현은 일상적으로 자주 쓰이는 것들이니 반드시 잘 학습해 두어야 하겠죠?

Remue-méninges

1 어려운 것은 하나도 없습니다. Il n'y a rien de difficile.

2 비행기는 타 본 적이 없어요. Je n'ai jamais pris l'avion.

3 당신이 없었다면 성공할 수가 없었을 거예요. Jamais je n'aurais pu réussir sans vous.

4 결정을 내릴 수가 없어요. Je n'arrive pas à me décider.

5 내가 지금까지 읽은 것 중 최고의 소설입니다. C'est le meilleur roman que j'aie jamais lu.

modèle 042
Il n'y a rien de ...
~한 것은 아무것도 없습니다

'Il y a ... '는 '~가 있다'라는 뜻인 건 알고 계시죠? 그러면 '아무것도 없다.'는? 'Il n'y rien.'이죠. 그런데 rien을 수식하는 형용사가 붙으면 전치사 de가 필요하답니다. 예를 들어 'Il n'y a rien de nouveau.'(새로운 것은 아무것도 없다.) 처럼요. 이처럼 rien과 같은 중성대명사는 수식할 때 de를 요구해요. 예를 들면, 'Je cherche quelque chose de classique.'(고전적인 것을 찾고 있어요.)처럼요.

ÉTAPE 1

1 어려운 것은 하나도 없습니다.　　**Il n'y a rien de** difficile.

2 공짜는 아무것도 없습니다!　　**Il n'y a rien de** gratuit!

3 이보다 더 우아한 것은 없어요.　　**Il n'y a rien** de plus élégant.

4 더 이상 불쾌할 수가 없어요.　　**Il n'y a rien** de plus désagréable.

5 살 빼는 데는 걷기보다　　**Il n'y a rien de** mieux que la marche pour
더 좋은 것은 없죠.　　perdre du poids.

ÉTAPE 2

1. 매우 불쾌한 경험을 이야기할 때

A Je n'aime pas le linge lorsqu'il est trop rêche.

B 그래, 그 이상 불쾌한 것도 없어.

A J'ajoute toujours de l'assouplisseur.

B Oui, moi aussi. C'est plus doux.

2. 살 빼는 데 최고의 방법을 말해 줄 때

A J'ai tout essayé, sans succès.

B Moi, j'ai perdu 10kg en faisant du sport.

A Vraiment?

B 그럼, 살 빼는 데는 걷기보다 더 좋은 것은 없어.

1 A 내의가 너무 거칠거칠하면 싫더라.
　B Oui, il n'y a rien de plus désagréable.
　A 난 항상 섬유유연제를 넣어.
　B 그래, 나도. 그러면 더 부드러워져.

2 A 다 해 봤는데 안 돼.
　B 난, 운동을 해서 10kg을 뺐는데.
　A 정말?
　B Oui, il n'y a rien de mieux que la marche à pied.

•Lexique•
gratuit(e) 공짜(의)
élégant(e) 우아한
désagréable 불쾌감을 주는
perdre du poids 체중이 줄다
linge 속옷
rêche 거친, 까칠까칠한
ajouter 더하다, 보태다, 첨가하다
assouplisseur 섬유유연제, 유연하게 만들기, 온화

modèle 043

Je n'ai jamais ...

~ 해 본 적이 없습니다

어떤 것에 대해 지금까지 경험을 하지 못했다고 이야기할 때, '~해 본 적이 없습니다'라고 하죠? 이때 쓸 수 있는 표현이 'Je n'ai jamais + 과거분사'의 패턴입니다.

ÉTAPE 1

1 비행기는 타 본 적이 없어요.　**Je n'ai jamais** pris l'avion.

2 거기에 대해서는 생각해 본 적이 없습니다.　**Je n'ai jamais** pensé à cela.

3 저렇게 아름다운 여자는 본 적이 없어요.　**Je n'ai jamais** vu une femme aussi belle.

4 그 사람이 진심인지 확신해 본 적이 없어요.　**Je n'ai jamais** été sûr(e) qu'il soit sincère.

5 그렇게 거만한 사람은 본 적이 없어요.　**Je n'ai jamais** vu quelqu'un d'aussi arrogant.

•Conseils•

*'être imbu(e) de sa personne'은 '자신에 젖어 있다'는 말로서, 'être imbu(e) de soi-même'나 'être imbu(e) de sa supériorité'는 '자만심이나 우월감에 젖어 있다'는 뜻이에요.

ÉTAPE 2

1. 진지하지 못한 사람에 대해 말할 때

A　Il aime beaucoup l'ironie.

B　Oui, et il est difficile de savoir ce qu'il pense.

A　Je suis d'accord avec vous.

B　그 사람이 진심인지 확신해 본 적이 없어요.

2. 매우 거만한 사람에 대해 말할 때

A　Ce professeur est très compétent.

B　Oui, mais il est un peu imbu de sa personne.*

A　Ce n'est pas faux.

B　그렇게 거만한 사람은 본 적이 없어요.

1　A 그 사람은 반어법을 엄청 즐겨요.
　　B 그래요, 그래서 무슨 생각을 하는지 알기가 어려워요.
　　A 말씀에 동의합니다.
　　B Je n'ai jamais été sûr qu'il soit sincère.

2　A 그 선생님은 능력이 출중해요.
　　B 그래요, 하지만 좀 자만심에 젖어 있어요.
　　A 틀린 얘기가 아니에요.
　　B Je n'ai jamais vu quelqu'un d'aussi arrogant.

•Lexique•

compétent(e) 권한이 있는, 유능한
sincère 솔직한, 진지한
arrogant(e) 교만한, 거만한
imbu(e) 물든, 젖은

modèle 044

Jamais je n'aurais pu ...

(결코) ~할 수가 없었을 거예요 / (결코) ~할 수가 없었는데!

도저히 있을 수 없다고 생각했던 일이 일어났을 때의 놀라움을 나타내는 표현입니다. 뒤에 부정법 동사를 넣으면 됩니다. 원래는 '**당신이 없었다면** 성공할 수가 없었을 거예요.'처럼 조건절(당신이 없었다면)이 있거나, '**꿈에도** 상상할 수가 없었는데'처럼 양보절(꿈에서라도)이 있는 경우에 쓰기 시작했지만, 그런 표현이 없더라도 쓸 수 있습니다.

ÉTAPE 1

1 당신이 없었다면 성공할 수가 없었을 거예요.

Jamais je n'aurais pu réussir sans vous.

2 결코 그런 횡재를 할 수 없었을 거예요.

Jamais je n'aurai pu acquérir une telle fortune.

3 감히 그분에게 말을 붙일 수가 없었는데.

Jamais je n'aurais pu oser lui adresser la parole.

4 나는 그 일은 (꿈에도) 상상할 수조차 없었는데!

Jamais je n'aurais pu imaginer cela (même en rêve)!

5 언젠가 내가 돌아올 거라고 생각하지도 못했는데!

Jamais je n'aurais pu penser qu'un jour je reviendrais!

ÉTAPE 2

1. 고국에 돌아온 것이 꿈만 같을 때

A Voilà une vingtaine d'années que tu as quitté ton pays.

B Oui, le temps passe vite!

A Content d'être de retour?

B 언젠가 내가 돌아올 거라고 생각하지도 못했는데!

2. 로또에 당첨되는 횡재를 했을 때

A C'est donc toi, le gagnant du super loto.

B Oui, c'est dingue!*

A C'est de l'argent vite gagné, non?**

B 일을 해서는 그런 횡재를 할 수가 없었겠지.

1 A 네가 고국을 떠난 지 20여 년이 지났네.
   B 그래, 세월 빨리 가네!
   A 돌아와서 만족해?
   B Jamais je n'aurai pu penser qu'un jour je reviendrais!

2 A 그러니까 거액의 로또 당첨자가 너란 말이지.
   B 그래 별 일이 다 있지!
   A 공동이다, 그치?
   B Jamais je n'aurais pu acquérir une telle fortune en travaillant.

•Conseils•

* dingue는 fou(미친)의 속적적 표현입니다. 'Tu es dingue d'avoir dit ça!'(그런 말을 하다니 너 미쳤구나!)와 같이 쓰입니다. 그러나 'C'est dingue.'라고 하면 '묘하다',(bizarre, extraordinaire) '놀랍다', '기이하다' 정도의 뜻이 됩니다.

** 'argent vite gagné'는 직역하면 '빨리 번 돈'인데, '노력 없이 번 돈'을 말합니다.

•Lexique•

réussir 성공하다
acquérir 획득하다
quitter 떠나다
gagnant(e) 당첨자, 승리자

Je n'arrive pas à ...

(아무래도) ~할 수 없어요 / ~가 안 돼요

아무리 애를 써도 일이 잘 안 될 때가 있죠? 이럴 때 '(아무래도) ~할 수 없어요' 혹은 '~가 잘 안 돼요'라고 하죠. 이는 'Je n'arrive pas à + 부정법 동사'로 표현합니다. 즉 '~에 이를 수 없다'고 표현하는 거죠.

ÉTAPE 1

1 비행기에서는 잠을 잘 수가 없어요. [잠이 안 와요.] **Je n'arrive jamais à** dormir en avion.

2 의자의 등받이를 낮출 수가 없어요. **Je n'arrive pas à** abaisser le dossier de mon siège.

3 결정을 내릴 수가 없어요. **Je n'arrive pas à** me décider.

4 그 사람은 설득이 안 돼요. **Je n'arrive pas à** le convaincre.

5 내가 하고 싶은 대로 안 돼요. **Je n'arrive pas à** faire ce que je veux.

•Conseils•
＊Essaie라고 표기할 수도 있습니다.

ÉTAPE 2

1. 설득하는 것이 너무나 힘들 때

A Il refuse toujours de travailler pour nous?
B 그래, 그 사람 설득이 안 되네.
A Tu lui as proposé une augmentation du salaire?
B Non, nous n'avons pas les moyens.

2. 비행기 여행이 힘들 때

A Le vol du retour était terrible!
B Pourquoi? Il y avait du mauvais temps?
A 아니, 하지만 비행기에서는 잠을 잘 수가 없어.
B Essaye* les somnifères!

1 A 그 사람은 여전히 우리 일을 거절해?
  B Oui, je n'arrive pas à le convaincre.
  A 봉급 인상을 제안했지?
  B 아니, 방법이 없어.

2 A 왕복편은 끔찍했어!
  B 왜? 날씨가 안 좋았어?
  A Non, mais je n'arrive jamais à dormir en avion.
  B 수면제를 먹어 봐!

•Lexique•
abaisser 내리다, 낮추다
siège 의자
convaincre 설득하다
augmentation du salaire 봉급 인상
somnifère 수면제

modèle 046

que j'aie jamais ...
내가 지금까지 ~한

지금까지의 경험을 말하기 위하여 '내가 지금까지 ~한'이라는 표현을 쓰죠? 이럴 때 프랑스어에서는 'que j'aie jamais + 과거분사' 패턴을 씁니다. 여기서 jamais는 (ne와 함께 쓰는) '결코 ~ 않다'라는 뜻의 부정이 아니라, 지금까지의 경험을 나타내는 말입니다. (부정 패턴은 아니지만 jamais가 보통 강한 부정으로 알려져 있어서 여기서 다루는 것입니다.)

ÉTAPE 1

1 내가 지금까지 본 것 중 가장 아름다운 산이에요.
C'est la plus belle montagne **que j'aie jamais** vue.

2 내가 지금까지 본 것 중에서 가장 훌륭한 영화예요.
C'est le meilleur film **que j'aie jamais** vu.

3 내가 지금까지 읽은 것 중 최고의 소설입니다.
C'est le meilleur roman **que j'aie jamais** lu.

4 내가 지금까지 샀던 PC 중 최악이야.
C'est le pire PC **que j'aie jamais** eu.*

5 내가 지금까지 탔던 것 중 가장 긴 항공편이야.
C'est le vol le plus long **que j'aie jamais** pris.

ÉTAPE 2

1. 최고의 작품이라고 찬사를 보낼 때

A Cet auteur est méconnu en France.
B Oui, mais il écrit pourtant très bien.
A Tu trouves?**
B 내가 지금까지 읽은 것 중 가장 아름다운 소설이야!

2. 컴퓨터를 잘못 사서 고생할 때

A Mon PC est encore en panne.
B Encore?
A 그래, 내가 지금까지 샀던 것 중 최악이야.
B C'est vrai qu'il n'était pas cher.

1 A 이 작가는 프랑스에서는 잘 알려져 있지 않아.
   B 그래. 하지만 아주 글을 잘 써.
   A 그렇게 생각해?
   B C'est le plus beau roman que j'aie jamais lu!

2 A 내 PC가 또 고장 났어.
   B 또?
   A Oui, c'est le pire que j'aie jamais eu.
   B 사실 저렴한 거였어.

72

Unité 09

자주 쓰는 명령문 표현

우리가 보통 쓰는 말들은 대개 자신의 생각을 상대방에게 전하기 위한 것들이죠. 그런데 때로 우리는 상대에게 행동을 유발하기 위해 말을 하기도 합니다. 예를 들어 '문좀 열어 줘'라는 말은 상대방에게 내 생각을 전하기 위한 것이 아니라 상대가 문을 여는 행동을 유발하기 위해 하는 것이죠. 이럴 때 쓰는 문장형식이 소위 '명령문'이라고 하는 것입니다. 이제 이 명령문을 이용한 표현들 가운데 우리가 일상적으로 자주 쓰는 패턴들을 익혀 보도록 하겠습니다.

Remue-méninges

1 웃어 보세요. Essayez de rire.

2 주저하지 말고 연락 주세요. N'hésitez pas à me contacter.

3 내일은 공휴일인 거 잊지 마세요. N'oubliez pas que demain est un jour férié.

4 몇 시에 도착하시는지 알려 주세요. Faites-moi savoir à quelle heure vous arrivez.

5 잊지 않겠다고 약속해 줘요. Promettez-moi de ne pas oublier.

Essayez de ...

~해 보세요

상대에게 시험 삼아 어떤 행위를 하도록 요청할 때, 혹은 어떤 행위를 하도록 애써 보라고 할 때, '(한번) ~해 보세요', '(되도록) ~해 봐요'라고 하죠. 이때 프랑스어에서는 'Essayez de + 부정법 동사' 패턴을 씁니다.

ÉTAPE 1

1 웃어 보세요.	**Essayez de** rire.
2 걸어 보세요.	**Essayez de** marcher.
3 편히 쉬도록 해 봐요.	**Essayez de** vous détendre.
4 최선을 다해 봐요.	**Essayez de** faire de votre mieux.
5 이렇게 똑같이 해 보세요.	**Essayez de** faire exactement comme ceci.

•Conseils•

'(제가) 해 보겠습니다.'는 'Je vais essayer.'라고 하면 되겠지요.

ÉTAPE 2

1. 바닷가로 여행을 떠나는 상대방에게

A Nous partons quelques jours au bord de la mer.

B Vous aurez du beau temps.

A Nous en avons besoin.

B 그래요, 편히 쉬도록 해 봐요.

2. 시험을 앞둔 상대방을 격려할 때

A Je n'ai jamais réussi la compréhension orale de l'examen.

B Elle compte pour 25 points.

A Si je la rate, je ne pourrai pas réussir.

B 최선을 다해 봐요.

1 A 우리는 바닷가로 며칠 동안 떠납니다.
   B 날씨 좋을 거예요.
   A 그래야 돼요.
   B Oui, essayez de vous détendre.

2 A 시험에서 듣기 영역을 잘 본 적이 없어요.
   B 25점이나 하는데요.
   A 이걸 잘 못 보면, 시험을 통과할 수 없어요.
   B Essayez de faire de votre mieux.

•Lexique•

détendre (긴장 상태를) 풀다
se détendre 몸을 편안하게 하다, 휴식하다
rater 실패하다, 놓치다
réussir 성공하다, (시험에) 통과하다

N'hésitez pas à ...

주저하지 말고 ~해 주세요

modèle 048

상대방이 행동을 편하게 하도록 해 주기 위해 '주저하지 말고 ~해 주세요' 혹은 '서슴없이 ~ 해주세요'라는 표현을 쓰죠. 여기에 해당하는 프랑스어 표현이 'N'hésitez pas à + 부정법 동사'입니다.

ÉTAPE 1

1 주저하지 말고 연락 주세요. **N'hésitez pas à me contacter.**

2 주저하지 말고 더 자주 오세요. **N'hésitez pas à revenir plus souvent.**

3 제가 말하는 중이라도
주저하지 말고 개입하세요. **N'hésitez pas à m'interrompre.**

4 주저하지 말고 더 갖다 드세요. **N'hésitez pas à vous resservir.**

5 주저하지 말고 도움을 청하세요. **N'hésitez pas à demander de l'aide.**

ÉTAPE 2

1. 오랜만에 만난 사람과 헤어질 때

A J'étais très content de vous revoir.

B Moi aussi. Rentrez bien.

A Ne vous inquiétez pas, merci.

B 주저하지 말고 더 자주 오세요.

2. 발표를 시작하기 전에

A Tout le monde est là pour t'écouter.

B Bien, je vais commencer.

A Nous sommes prêts, vas-y.

B 내가 너무 빠르게 진행하면, 주저하지 말고 개입해 줘.

1 A 다시 뵙게 되어 정말 좋았습니다.
   B 저도요. 잘 돌아가십시오.
   A 걱정 마세요, 감사합니다.
   B Et n'hésitez pas à revenir plus souvent.

2 A 모두들 네 말 들으러 왔다.
   B 좋아, 시작할게.
   A 우리는 준비됐어. 시작해.
   B N'hésitez pas à m'interrompre, si je vais trop vite.

•Lexique•

interrompre 개입하다
resservir (음식을) 다시 내놓다
se resservir (음식을) 또 갖다 먹다
aide 도움

N'oubliez pas que …

modèle 049

~를 잊지 마세요

중요한 일은 잊으면 안 되겠죠. 예를 들어 내일이 공휴일인 것이 중요한 사실일 경우, '내일은 공휴일이에요.'라고만 하면 불안하잖아요. 그래서 이럴 때는 '내일이 공휴일인 거 잊지 마세요.'라고 하면 좋겠죠. 이처럼 중요한 일이라는 점을 상대방에게 상기시키고 싶을 때는 '~를 잊지 마세요'를 뜻하는 'N'oubliez pas que …'를 문장 앞에 덧붙여 보세요.

ÉTAPE 1

1 우리 오늘 오후에 선생님과 약속 있는 것 잊지 마세요.

N'oubliez pas qu'on a rendez-vous avec le prof cet après-midi.

2 내일은 공휴일인 거 잊지 마세요.

N'oubliez pas que demain est un jour férié.

3 일이 곧 건강인 것을 잊지 마세요.

N'oubliez pas que le travail c'est la santé.

4 돈이 행복을 만들어 주지 않는다는 것을 잊지 마세요.

N'oubliez pas que l'argent ne fait pas le bonheur.

5 치과의사와 약속 있으신 것 잊지 마세요.

N'oubliez pas que vous avez rendez-vous chez le dentiste.

•Conseils•

'N'oubliez pas que' 대신 'Vous vous rappelez que' 혹은 'Vous vous souvenez que'를 쓸 수 있겠죠.

ÉTAPE 2

1. 중요한 약속을 상기시켜 줄 때

A Bonne journée! À ce soir!

B Je finis vers 19 heures.

A 치과의사와 약속 있는 거 잊지 마.

B Ah, j'avais complètement oublié!

2. 혹시 상대가 잊을지 모를 때

A J'irai demain à l'ambassade.

B 내일은 공휴일인 거 잊지 마.

A Ah oui, c'est vrai.

B Il vaut mieux y aller après-demain.

1 A 좋은 하루 보내! 저녁에 보자!
  B 나는 오후 7시에 끝나.
  A N'oublie pas que tu as rendez-vous chez le dentiste.
  B 아, 완전히 잊어버렸었네!

2 A 내일 대사관에 가.
  B N'oublie pas que demain c'est férié.
  A 아 그래, 맞아.
  B 모레 가는 게 좋을 거야.

•Lexique•

bonheur 행복
ambassade 대사관
jour férié 공휴일
complètement 완전히
demain 내일
après- demain 모레

modèle 050

Faites-moi savoir ...

~를 알려 주세요

모르는 것이 있어 상대방에게 물어보고 싶어 알려 달라고 말하는 표현입니다. 뒤에 명사를 써도 좋고, 의문절을 써도 좋습니다.

ÉTAPE 1

1 선호하시는 것을 알려 주세요.　　**Faites-moi savoir** vos préférences.

2 거기에 어떻게 가야 하는지
알려 주세요.　　　　　　**Faites-moi savoir** comment y aller.

3 몇 시에 도착하시는지 알려 주세요.　**Faites-moi savoir** à quelle heure vous arrivez.

4 계약에 관심이 있으신지
알려 주세요.　　　　　　**Faites-moi savoir** si le contrat vous intéresse.

5 수정을 원하시는지 알려 주세요.　**Faites-moi savoir** si vous voulez modifier quelque chose.

ÉTAPE 2

1. 가는 길을 모를 때

A　Vous connaissez le chemin?

B　Non, je n'y suis jamais allé.

A　Vous voulez un plan?

B　예, 거기에 어떻게 가는지 알려 주세요.

2. 마중 나가야 할 때

A　Vous viendrez me chercher à la gare.

B　Oui, si vous voulez.

A　Merci, ce serait plus pratique pour moi.

B　몇 시에 도착하시는지 알려 주세요.

1　A 길을 아세요?
　　B 아뇨, 거기에 간 적이 없어요.
　　A 약도 드릴까요?
　　B Oui, faites-moi savoir comment y aller.

2　A 역으로 저를 찾으러 와 주세요.
　　B 네, 원하신다면 그러죠.
　　A 감사합니다. 그래 주시면 제게 더 편리하겠네요.
　　B Faites-moi savoir à quelle heure vous arrivez.

•Lexique•

préférence 더 좋아하기, 선호
intéresser 관심을 끌다
modifier 수정하다
pratique 편리한, 실용적인

modèle 051 Promettez-moi de (ne pas) ...

~하(지 않)겠다고 내게 약속해 줘요

상대에게 약속을 받아 내고 싶을 때 쓰는 표현이에요. '~하겠다고 약속해 줘요'라고 할 때는 'Promettez-moi de + 부정법 동사'를 쓰면 되고, '~ 안 하겠다고 약속해 줘요'라고 할 때는 'Promettez-moi de + ne pas 부정법 동사'를 쓰면 되죠.

ÉTAPE 1

1 다음번엔 조심하겠다고 약속해 줘요.
Promettez-moi de faire attention la prochaine fois.

2 크리스마스 전에 돌아오겠다고 약속해 줘요.
Promettez-moi de revenir avant Noël.

3 의견을 번복하지 않는다고 약속해 줘요.
Promettez-moi de ne pas changer d'avis.

4 또 그러지 않겠다고 약속해 줘요.
Promettez-moi de ne jamais recommencer.

5 잊지 않겠다고 약속해 줘요.
Promettez-moi de ne pas oublier.

ÉTAPE 2

1. 상대가 잘못을 했을 때

A Je suis désolé, tout est de ma faute.＊

B 다음번엔 조심하겠다고 약속해 주세요.

A C'est promis!

B Allez, et ne recommencez pas!

2. 상대에게 다짐을 받고 싶을 때

A Mon anniversaire est le 16 avril.

B C'est dans six mois.

A 그래, 하지만 잊지 않겠다고 약속해 줘.

B Je vais faire de mon mieux.

1 A 죄송합니다. 모두 다 제 잘못 때문이에요.
  B Promettez-moi de faire attention la prochaine fois.
  A 약속해요!
  B 자, 다시는 그러지 마세요!

2 A 내 생일은 4월 16일이야.
  B 6개월 후네.
  A Oui, mais promets-moi de ne pas oublier.
  B 최선을 다할게.

Partie II

무엇이든 물어보는
의문사 패턴들

Partie I

Unité 10 où와 장소 표현

Unité 11 quand과 시간 표현

Unité 12 combien과 수량 표현

Unité 13 comment과 방법 표현

Unité 14 quel을 포함한 표현

Unité 15 qui(누구)를 포함한 표현

Unité 16 qu'est-ce que(무엇)를 포함한 표현

Unité 17 pourquoi와 이유 표현

où와 장소 표현

어떤 곳을 찾아가야 하는데 어디 있는지 잘 모를 때 누군가에게 물어봐야겠죠? 그래서 이럴 때 쓰는 표현들을 알아 두는 것은 필수적이라 할 수 있겠습니다. '~가 어디 있나요?', '~하는 곳이 어디예요?' 혹은 '~를 어디서 구하나요?' 또는 '~를 찾고 있는데요.' 같은 표현들이죠. 이를 위해서 의문사 où와 기타 장소 표현이 들어가는 패턴들을 공부해 보겠습니다.

Remue-méninges

1 비상구가 어디 있나요? Où est la sortie de secours?

2 계단이 어디 있나요? Où sont les escaliers?

3 복사하는 곳이 어디예요? Où puis-je faire des photocopies?

4 택시타는 곳이 어딘가요? Où puis-je trouver un taxi?

5 지하철역을 찾는데요. Je cherche la station de métro.

modèle 052

Où se trouve ... ?

~가 어디 있어요?

어떤 장소를 찾을 때 쓸 수 있는 가장 기본적인 표현이죠. 이때 'Où se trouve + 명사?' 패턴을 쓰면 됩니다. 여기서 'se trouve'는 '있다'라는 뜻의 동사죠. 물론 우리에게 더 친숙한 est를 쓸 수도 있습니다. 즉 'Où est + 명사?'라고 해도 되죠.

ÉTAPE 1

1	엘리베이터가 어디 있나요?	Où se trouve l'ascenseur?
2	환전소가 어디 있나요?	Où se trouve le bureau de change?
3	장난감 코너가 어디 있나요?	Où se trouve le rayon des jouets?
4	비상구가 어디 있나요?	Où est la sortie de secours?
5	고속도로 입구가 어디 있나요?	Où est l'accès à l'autoroute?

•Conseils•

몇 가지만 더 알아봅시다.

매표소가 어디 있나요?
Où se trouve le guichet des billets?

예약창구가 어디 있나요?
Où se trouve le guichet des réservations?

관광안내소가 어디 있나요?
Où se trouve l'office du tourisme?

ÉTAPE 2

1. 사야 할 물건이 어디에 있는지 모를 때

A Bonjour madame, je peux vous aider?

B Oui, s'il vous plaît, 장난감 코너가 어디 있나요?

A Au fond du magasin, juste après le rayon papeterie.

B Je vous remercie.

2. 길을 잃었을 때

A Pardon, excusez-moi, je suis un peu perdu.

B Qu'est-ce que vous cherchez?

A 고속도로 입구가 어디 있나요?

B Juste après la zone commerciale.

1 A 안녕하세요 사모님. 도와드릴까요?[어서 오세요.]
　B 예, 부탁해요, où se trouve le rayon des jouets?
　A 가게 끝에, 문구류 코너 바로 다음이에요.
　B 감사합니다.

2 A 실례합니다. 제가 길을 좀 잃었는데요.
　B 뭘 찾으세요?
　A Où se trouve l'accès à l'autoroute?
　B 쇼핑센터 구역 바로 지나서요.

•Lexique•

ascenseur 엘리베이터
bureau de change 환전소
rayon 광선, 빛, 범위, 선반, 코너
jouet 장난감, 완구
sortie de secours 비상구
autoroute 고속도로
papeterie 제지(업), 문구(점)
zone commerciale 쇼핑 센터 구역

modèle 053 Où sont(est) les(le) … ?

~가 어디 있나요?

항상 복수형으로만 쓰는 명사들이 있습니다. 예를 들어 화장실은 원래 un cabinet de toilettes인데, 이때 화장을 뜻하는 toilettes가 복수죠. 이 표현을 짧게 만들기 위해 toilettes만을 취하다 보니 les toilettes가 된 겁니다. 그래서 '화장실이 어디예요?'는 'Où sont les toilettes?'라고 해야 합니다.

ÉTAPE 1

1	화장실이 어디 있나요?	**Où sont les** toilettes?
2	안내 데스크가 어디 있나요?	**Où sont les** renseignements?
3	계단이 어디 있나요?	**Où sont les** escaliers?
4	사무용품이 어디 있나요?	**Où sont les** fournitures de bureau?
5	세제가 어디 있나요?	**Où est le** liquide vaisselle?

ÉTAPE 2

1. 설거지를 해야 할 때

A Tu veux m'aider à faire la vaisselle?

B Si tu veux. 세제가 어디 있니?

A Juste sous l'évier.

B Est-ce que tu as des gants en plastique?

2. 사무용품 코너를 찾을 때

A Excusez-moi, 사무용품이 어디 있죠?

B Dans le rayon suivant, sur votre gauche.

A Je cherche une agrafeuse.*

B Vous en trouverez juste à l'entrée du rayon.

---

1 A 설거지 좀 도와줄래?
   B 원한다면. Où est le liquide vaisselle?
   A 싱크대 바로 아래에.
   B 고무장갑 있니?

2 A 실례합니다, où sont les fournitures de bureau?
   B 다음 코너, 왼쪽에요.
   A 스테이플러는 어디 있나요?
   B 코너 바로 입구에 있어요.

•Conseils•

* '스테이플러'는 '호치키스'라고도 많이 하죠. '호치키스'라는 말은 일본에서 제일 먼저 수입한 스테이플러의 브랜드명이 'Hotchkiss' 제품이었기 때문입니다. 일본에서 '호치키스'를 일반명사로 활용하기 시작했고 한국도 이를 받아들여 쓰고 있는 것이라는 설이 유력합니다. 프랑스어로는 'agrafeuse'라고 합니다. '철하다'라는 동사 'agrafer'의 명사형이죠.

•Lexique•

renseignement 안내 데스크
fournitures de bureau 사무용품
liquide vaisselle 식기 세척제
faire la vaisselle 설거지하다
évier 싱크대, 개수대
gants en plastique 고무장갑
agrafer 철하다, 클립으로 묶다

Où puis-je ... ?

~하는 곳이 어디예요?

장소를 알고 싶을 때 '세차장이 어디예요?'와 같이 물을 수도 있지만 '세차하는 곳이 어디예요?'와 같이 묻는 경우도 있습니다. 또 '자동차 렌트하는 곳'이나 '신청하는 곳' 같은 경우에는 그러한 장소를 가리키는 말이 잘 안 쓰이거나 없죠. 그래서 '~하는 곳이 어디예요?'에 해당하는 'Où puis-je ... ?'(직역하면, '어디에서 제가 ~할 수 있나요?'의 뜻)와 같은 패턴을 알아 두어야 하겠습니다.

ÉTAPE 1

1 자동차 렌트하는 곳이 어디예요?　**Où puis-je** louer une voiture?

2 주차하는 곳이 어디예요?　**Où puis-je** garer ma voiture?

3 세차하는 곳이 어디예요?　**Où puis-je** faire laver ma voiture?

4 복사하는 곳이 어디예요?　**Où puis-je** faire des photocopies?

5 신청하는 곳이 어디예요?　**Où puis-je** faire la demande?

•Conseils•

'Où puis-je ... ?' 대신에 'Où est-ce qu'on peut ... ?'나 좀 더 공손한 표현으로 'Où pourrais-je ... ?'를 쓸 수도 있습니다.

ÉTAPE 2

1. 처음 방문한 도시에서 차를 빌릴 때

A　Bienvenue à Bruxelles.

B　Merci, c'est la première fois que je viens.

A　Vous allez sûrement vous y plaire.

B　자동차 렌트하는 곳이 어딘가요?

2. 체류증을 신청할 때

A　Je dois renouveler mon titre de séjour.

B　C'est une formalité pénible.

A　신청하는 곳이 어딘가요?

B　Au bureau de l'immigration de la préfecture.

1　A 브뤼셀에 오신 것을 환영합니다.
　　B 감사합니다. 여기 처음 왔거든요.
　　A 틀림없이 좋아하시게 될 겁니다.
　　B Où puis-je louer une voiture?

2　A 제 체류증을 갱신해야 해요.
　　B 고통스런 절차죠.
　　A Où puis-je faire la demande?
　　B 경찰청의 이민국이에요.

•Lexique•

faire des photocopies 복사하다
sûrement 틀림없이
renouveler 갱신하다
formalité 절차
titre de séjour 체류증
pénible 고통스러운
préfecture 경찰청, 도청

modèle 055

Où puis-je trouver … ?

~가 어디 있나요? / ~를 어디서 구하나요?

찾으려는 것이 어디에 있는지 모를 때, 상대에게 '~가 어디 있나요?' 또는 '~를 어디서 구하나요?'라고 묻겠죠. 이때 쓰는 표현이 'Où puis-je trouver … ?'입니다. 직역하면 '제가 어디에서 ~를 찾을 수 있나요?'라는 표현입니다. 이는 격식을 차린 표현이고 편하게 'Où est-ce que je peux trouver … ?'라고 해도 됩니다. 주어를 좀 더 일반적인 on으로 써서 'Où est-ce qu'on peut trouver … ?'라고 할 수도 있습니다.

ÉTAPE 1

1 택시가 어디에 있나요?　　**Où puis-je trouver** un taxi?

2 카트가 어디에 있나요?　　**Où puis-je trouver** les chariots?

3 부탄가스 어디서 구하나요?　　**Où puis-je trouver** du gaz butane?

4 전화 걸려는데 동전을　　**Où puis-je trouver** de la monnaie pour
 어디서 구하나요?　　téléphoner?

5 그거 (어디서 구하나요?　　**Où puis-je** (le / la) **trouver**?
 / 어디에 있나요?)?

ÉTAPE 2

1. 택시 타는 곳을 물을 때

A Est-ce que c'est loin, le jardin des plantes?

B Oui, c'est un peu loin. Vous feriez mieux de prendre un taxi.

A 택시 타는 곳이 어딘가요?

B Vous voyez l'arrêt de taxi, là-bas?

2. 셔틀 버스 타는 곳을 물을 때

A Pardon, Monsieur, qu'est-ce que vous me conseillez pour aller au centre-ville?

B Il y a une navette qui fait le tour des grands hôtels.

A 셔틀 버스는 어디에 있나요?

B Juste à côté de la sortie.

1 A 식물원이 먼가요?
　B 네, 조금 멀어요. 택시를 타는 게 나으실 걸요.
　A Où puis-je trouver un taxi?
　B 저기, 택시 정류장 보이죠?

2 A 실례합니다만, 시내로 들어가려면 어떻게 하는 게 좋은가요?
　B 큰 호텔들을 도는 셔틀 버스가 있어요.
　A Où est-ce qu'on peut trouver la navette?
　B 출구 바로 옆에요.

•Lexique•

chariot 수레, 유모차, 카트
monnaie 잔돈, 동전, 화폐, 통화
jardin des plantes 식물원
conseiller 충고하다
sortie 출구

85

modèle 056

Je cherche … / Pour aller à …

~를 찾고 있는데요

길을 찾을 때, 앞에서 본 바와 같이, '~가 어디 있나요?'에 해당하는 'Où se trouve … ?'나 'Où sont … ?'과 같은 표현들을 쓸 수도 있지만, '~를 찾고 있는데요'에 해당하는 'Je cherche … '와 같은 표현도 많이 씁니다. 만일 차를 몰다가 세우고 행인에게 물으려면 시간이 없으므로 'Pour aller à … '라고만 말하는 패턴, 즉 문장을 끝맺지 않는 표현도 많이 씁니다.

ÉTAPE 1

1 약국을 찾는데요. 　　**Je cherche** une pharmacie.

2 슈퍼마켓을 찾는데요. 　**Je cherche** un supermarché.

3 지하철역을 찾는데요. 　**Je cherche** la station de métro.

4 시청을 찾는데요. 　　**Je cherche** la mairie.

5 이비스 호텔을 찾는데요. **Je cherche** l'hôtel Ibis.

ÉTAPE 2

1. 길을 물을 때

A S'il vous plaît!* 슈퍼마켓을 찾는데요.

B Un supermarché … Ah oui, continuez tout droit, et vous verrez la cathédrale. Il y a un supermarché à côté.

A C'est loin?

B Non, c'est tout près.

2. 차를 몰다 길을 물을 때

A Pardon, madame. 시청을 찾는데요 …

B Continuez tout droit, et vous prenez la première rue à droite. Vous la verrez.

A Est-ce que je peux me garer à proximité?

B Ça, je ne sais pas.

1　A　실례합니다! Je cherche un supermarché.
　　B　슈퍼마켓이라 … 아 네, 똑바로 계속 가시면 성당이 보이는데요. 그 옆에 슈퍼가 있어요.
　　A　먼가요?
　　B　아뇨, 아주 가까워요.

2　A　실례합니다, 부인. Pour aller à la mairie?
　　B　똑바로 계속 가시다가, 첫 번째 길에서 우회전하세요. 그럼 시청이 보일 거예요.
　　A　근처에 주차할 수 있나요?
　　B　그건 모르겠네요.

•Conseils•

* 길 가는 사람에게 무엇을 물어볼 때, 다짜고짜 무엇이 어디 있냐고 하면 안 되겠죠? '실례합니다만 … '이라고 먼저 해야 할 텐데, 이럴 때 쓰는 표현이 'Pardon', 'Excusez-moi'나 'S'il vous plaît!'입니다. 물론 그 뒤에 'monsieur', 'madame', 'mademoiselle' 중 하나를 덧붙이는 것이 좋습니다. 특히 'S'il vous plaît!'는 길 가는 사람을 불러 세울 때도 쓸 수 있습니다. 즉 우리말의 '저기요' 같은 표현입니다.

•Lexique•

pharmacie 약국
supermarché 슈퍼마켓
mairie 시청
cathédrale 성당
se garer 주차하다
à proximité 근처에

modèle 057

Il est à ...

~ 거리예요

거리를 표현할 때 '3km 거리이다' 혹은 '3km 거리에 있다'라는 식으로 표현할 수 있죠. 이를 프랑스어에서는 '주어 + est à 3 km'라는 식으로 표현합니다. 그런데 이처럼 직접 거리 단위로 나타내는 방식뿐 아니라 '20분 거리이다'라고 표현하기도 하는데, 프랑스어도 마찬가지입니다. '주어 + est à 20 minutes'라고 합니다.

ÉTAPE 1

1 그 도시는 여기서 7킬로미터 떨어진 거리에 있습니다.

La ville **est à** 7 kilomètres d'ici.

2 영화관은 우리 집 부근에 있습니다.

Le cinéma **est à** proximité de chez moi.

3 그 섬은 남위 30도에 위치하고 있습니다.

L'île **est à** 30° de latitude sud.

4 그곳은 걸어서 20분 거리예요.

Il est à vingt minutes à pied.

5 그곳은 차로 10분 거리예요.

Il est à dix minutes en voiture.

ÉTAPE 2

1. 집을 구할 때

A La maison est jolie, mais un peu isolée, non?

B 시내가 여기서 7킬로미터 거리밖에 안 돼.

A Ce n'est pas beaucoup, mais je n'ai pas de voiture.

B Il y a des bus qui passent tout près d'ici.

2. 영화를 보기 위해 약속을 잡을 때

A Où est-ce qu'on se retrouve?

B Au cinéma si tu veux. 영화관이 우리 집에서 가까운 곳이거든.

A D'accord, vers quelle heure?

B Disons ... 20 heures?

1 **A** 그 집은 예쁘지만 좀 외지지 않아?
   B La ville n'est qu'à 7km d'ici.
   A 멀지 않군. 하지만 난 차가 없어.
   B 여기서 가까운 곳에 버스가 다녀.

2 **A** 어디서 만날까?
   B 괜찮다면 영화관에서. Il est à proximité de chez moi.
   A 좋아, 몇 시경에?
   B 그러니까 … 오후 8시?

•Lexique•

proximité 가까움, 임박, 인접, 근접
latitude 위도, 기후, 풍토
à pied 걸어서, 도보로
isolé(e) 고립된, 고독한
retrouver 다시 발견하다
se retrouver 서로 다시 만나다, 재회하다

Unité 11

quand과 시간 표현

시간에 관한 표현은 일상적으로 매우 자주 사용하죠? 행사가 언제 있는지, 언제 만날지, 일이 언제 시작하고 끝나는지, 상점이 몇 시에 문을 열고 닫는지, 일을 언제까지 해야 하는지 등등. 이런 표현들을 공부해 보도록 하죠.

Remue-méninges

1 네 생일이 언제니? Ton anniversaire, c'est quand?

2 다음 열차는 몇 시에 있나요? À quelle heure y a-t-il un prochain train?

3 축제가 언제 시작하죠? Quand commence le festival?

4 수업이 몇 시에 끝나니? À quelle heure finit ton cours?

5 여기 사신 지 얼마나 됐나요? Depuis quand habitez-vous ici?

modèle 058 · Quand a lieu … ? / … , c'est quand?

~가 언제 열리나요? / ~가 언제인가요?

어떤 일이나 행사가 언제 있는지 궁금할 때, '행사가 언제 열리나요?'라고 묻죠? 프랑스어로 어떤 일이나 행사가 '있다', '열리다'라고 할 때 avoir lieu를 쓰니까, 'Quand a lieu l'événement?'이라고 하면 됩니다. 그러나 더 간단히, '행사가 언제야'라는 식의 'L'événement, c'est quand?'이라고 할 수도 있습니다.

ÉTAPE 1

1 결승전은 언제 열리나요?　　**Quand a lieu** la finale?

2 도서 축제가 언제 열리나요?　**Quand a lieu** le festival du livre?

3 '투르 드 프랑스'가 언제 열리나요?　**Quand a lieu** le Tour de France?*

4 대회가 언제인가요?　　La compétition, **c'est quand?**

5 네 생일이 언제니?　　Ton anniversaire, **c'est quand?**

•Conseils•

*'투르 드 프랑스'(Tour de France)는 세계적인 도로 사이클 경주 대회로 매년 7월에 프랑스 전역을 3주 동안 도는 대회입니다.

ÉTAPE 2

1. 경기가 언제 열리는지 물어볼 때

A '투르 드 프랑스'가 언제 열리나요?

B Dans les premières semaines de juillet.

A Est-ce toujours aussi populaire?

B L'événement sportif de l'été, c'est le Tour de France.

2. 생일이 언제인지 물어볼 때

A 베아트리스의 생일이 언제니?

B Le 30 novembre.

A Alors, on se réunit ce jour-là.

B Je ne peux pas, je suis en déplacement à l'étranger.

1 A Quand a lieu le Tour de France?
　B 7월 초순이에요.
　A 여전히 그렇게 인기가 있나요?
　B 여름 스포츠 이벤트 하면 '투르 드 프랑스'죠.

2 A L'anniversaire de Béatrice, c'est quand?
　B 11월 30일.
　A 그럼 그날 모이자.
　B 난 안 돼, 외국에 출장 중이거든.

•Lexique•

festival du livre 도서 축제
compétition 대회
populaire 인기 있는
événement 행사, 이벤트
se réunir 모이다, 집결하다
déplacement 이동, 출장

modèle 059 À quelle heure y a-t-il … ?

~가 몇 시에 있나요?

앞에서 어떤 일이나 행사가 '있다', '열리다'라고 할 때 'avoir lieu'를 쓴다고 했는데, 이 표현 대신 'il y a'를 쓸 수도 있습니다. 그리고 'quand'(언제)보다 더 구체적인 표현인 'à quelle heure'(몇 시에)도 경우에 따라 더 많이 쓰입니다. 따라서 '~가 몇 시에 있나요?'는 'À quelle heure y a-t-il … ?'이라고 하면 됩니다.

ÉTAPE 1

1 다음 뉴스가 몇 시에 있나요?   À quelle heure y a-t-il un prochain journal?

2 다른 버스는 몇 시에 있나요?   À quelle heure y a-t-il un autre bus?

3 다음 열차는 몇 시에 있나요?   À quelle heure y a-t-il un prochain train?

4 다른 타임은 몇 시에 있나요?   À quelle heure y a-t-il une autre séance?

5 다른 준결승은 몇 시에 있나요?   À quelle heure y a-t-il l'autre demi-finale?

ÉTAPE 2

1. 좌석표를 구입할 때

A Il n'y a plus de place pour le film de 19 heures.

B 다른 타임은 몇 시에 있나요?

A 21 heures 15, il reste quelques places.

B Alors, trois tickets, deux adultes et un enfant, s'il vous plaît.

2. 경기 시간을 문의할 때

A Comment s'est passé le match de Kevin?

B Il s'est qualifié pour la finale!

A Super! 다른 준결승은 몇 시에 있어?

B À 18 heures.

---

1 A 19시 영화는 자리가 없습니다.
    B À quelle heure y a-t-il une autre séance?
    A 21시 15분이요, 몇 자리 남아 있어요.
    B 그럼, 3장 주세요, 성인 둘 하고, 아이 하나요.

2 A 케빈 경기가 어떻게 되었어?
    B 결승에 올라갔대!
    A 와 잘됐다! À quelle heure y a-t-il l'autre demi-finale?
    B 오후 6시에.

•Lexique•

prochain(e) 다음, 다음 차례의
journal 신문, 뉴스, 일기
séance 상영, 상영시간
demi-finale 준결승
qualifier 출전자격을 주다
se qualifier 출전자격을 얻다

🎧 060.mp3

modèle 060

Quand est-ce qu'on ... ?

우리 언제 ~ 하죠? / 우리 언제 ~ 할까요?

'우리 언제 ~하게 되나요?' 혹은 '우리 언제 ~하기로 되어 있나요?'라고 사실을 확인할 때 'Quand est-ce qu'on ... ?'이라고 하죠. 그런데 '우리 언제 ~할까요?'라고 상대방에게 의향을 물을 때도 같은 형태를 씁니다. 그러니까 반대로 상대가 이런 표현을 쓰면 둘 중에 어떤 의미인지를 생각해 봐야 하겠죠?

ÉTAPE 1

1 우리 언제 (출발하죠? / 출발할까요?) **Quand est-ce qu'on** part?

2 우리 언제 (시작하죠? / 시작할까요?) **Quand est-ce qu'on** commence?

3 우리 언제 (만나죠? / 만날까요?) **Quand est-ce qu'on** se voit?

4 우리 언제 (먹죠? / 먹을까요?) **Quand est-ce qu'on** mange?

5 우리 언제 (이륙하죠? / 이륙할까요?) **Quand est-ce qu'on** décolle?

•Conseils•

'Quand est-ce qu'on ... '에서 물론 on 대신 nous를 써도 됩니다만, 현대 프랑스어에서는 on을 더 많이 씁니다.

* 예고 없이 치는 쪽지시험을 'un test surprise' 혹은 'un devoir surprise'라고 해요.

** 어떤 일이나 행사가 잘 끝났는지, 잘 치러졌는지 물어볼 때 'Ça s'est bien passé?'라고 하죠. (modèle 072를 참조하세요.)

ÉTAPE 2

1. 비행기가 연발할 때

A J'en ai marre d'attendre.

B Moi aussi, 언제 이륙할까요?

A Normalement, dans 10 minutes.

B Mais, tous les passagers n'ont pas encore embarqué.

2. 골치 아픈 화제를 피하고자 할 때

A Bonsoir, tu as passé une bonne journée?

B Non, nous avions un test surprise* en maths.

A Ça s'est bien passé?**

B Bof! Parlons d'autres choses! 밥 언제 먹을까?

1 A 기다리는 데 지쳤어요.
　 B 저도요. quand est-ce qu'on décolle?
　 A 보통이라면 10분 후에요.
　 B 하지만, 승객이 아직 모두 탑승하지 않아서요.

2 A 안녕! 오늘 하루 잘 보냈어?
　 B 아니, 예고 없이 수학 쪽지시험을 봤거든.
　 A 잘했어?
　 B 어휘! 다른 얘기하자! Quand est-ce qu'on mange?

•Lexique•

décoller 이륙하다. (붙은 것을)떼다
en avoir marre 지긋지긋하다
normalement 보통, 정상적이라면
passager 승객
embarquer (비행기, 배, 기차에) 타다

modèle 061

Quand commence … ? / À quelle heure commence … ? ~가 언제[몇 시에] 시작해요?

어떤 일이 언제 시작하는지 알고자 할 때 'Quand commence' 다음에 그 일에 해당하는 명사를 쓰면 됩니다. 물론 '몇 시에'라고 할 때는 'À quelle heure commence … ?'라고 하면 되겠죠.

ÉTAPE 1

1 영화가 언제 시작하죠? — **Quand commence** le film?

2 축제가 언제 시작하죠? — **Quand commence** le festival?

3 뉴스가 몇 시에 시작하지? — **À quelle heure débute** le journal (télévisé)?*

4 공연이 몇 시에 시작하죠? — **À quelle heure commence** le spectacle?

5 회의가 몇 시에 시작하죠? — **À quelle heure commence** la réunion?

•Conseils•

commence 대신 débute라고도 많이 합니다. débuter는 그 명사형인 début(데뷔)가 우리에게 잘 알려져 있죠. 우리말에서는 연예계에 데뷔한다는 식으로 쓰잖아요? 원래 프랑스어에서는 꼭 연예계 경력만의 시작이 아니라 단지 '시작'이라는 뜻이에요.

* 프랑스어로 뉴스는 'les infos'라고도 해요. (뉴스) 속보는 'les flash d'informations', 혹은 줄여서 'les flash d'infos'라고 합니다.

** 'Il y a trop de circulation.'은 '교통량이 너무 많다.'는 뜻입니다.

ÉTAPE 2

1. 회의 시작 시간을 물어볼 때

A L'assemblée générale aura lieu lundi.
B 회의가 몇 시에 시작하죠?
A Très tôt, vers 8 heures.
B Vous connaissez l'ordre du jour?

2. 교통체증으로 시간이 지체될 때

A On n'arrivera jamais à l'heure.
B Mais si! Ne vous inquiétez pas.
A Il y a trop de circulation.**
B 공연이 몇 시에 시작하죠?

1 A 총회가 월요일에 있을 겁니다.
　B À quelle heure commence la réunion?
　A 아주 일찍이요, 8시경이요.
　B 예정 의제를 아세요?

2 A 제 시간에 도착 못하겠어요.
　B 아니에요! 걱정하지 마세요.
　A 차가 너무 막히네요
　B À quelle heure commence le spectacle?

•Lexique•

débuter 시작하다
assemblée générale 총회, 전체회의
circulation 교통, 통행, 통행량
réunion 회의, 모임
spectacle 공연, 광경

modèle 062

Quand finit … ? / À quelle heure finit … ? ~가 언제[몇 시에] 끝나나요?

언제 혹은 몇 시에 시작하는지를 물어보는 표현을 배웠으니, 이제 언제 혹은 몇 시에 끝나는지도 물어볼 수 있어야겠지요? 'Quand finit … ?'와 'À quelle heure finit … ?'라고 하면 됩니다.

ÉTAPE 1

1	장마가 언제 끝나요?	**Quand finit** la saison des pluies?
2	시험이 언제 끝나요?	**Quand finit** l'examen?
3	영화가 몇 시에 끝나죠?	**À quelle heure finit** le film?
4	수업이 몇 시에 끝나니?	**À quelle heure finit** ton cours?
5	저 사람 연설이 언제 끝나나요?	**À quelle heure finit** son discours?

•Conseils•

＊다른 약속이 있다고 할 때, 'J'ai un autre rendez-vous.'라고 해도 되지만 'Je suis déjà pris(e).'라는 표현도 많이 씁니다.

＊＊시간이 어느 정도 걸린다고 할 때 'en avoir pour + 시간'의 패턴을 씁니다.

🔊 J'en ai pour dix minutes.
10분 걸려. / 10분이면 돼.

Je n'en ai pas pour longtemps.
오래 안 걸려.

ÉTAPE 2

1. 수업 끝난 후에 영화를 보려 할 때

A 수업이 몇 시에 끝나니?

B Dans deux heures. Pourquoi?

A On va voir un film?

B Désolé, je suis déjà pris.＊

2. 연설이 너무 오래 끌 때

A Je déteste la politique.

B Moi aussi, c'est un peu ennuyeux.

A 저 사람 연설 몇 시에 끝나니?

B Il en a encore pour＊＊ une vingtaine de minutes.

1 A À quelle heure finit ton cours?
  B 두 시간 안에. 왜?
  A 영화 한 편 보러 갈까?
  B 미안해, 다른 약속이 있거든.

2 A 난 정치가 싫어.
  B 나도 그래, 좀 지겨워.
  A À quelle heure finit son discours?
  B 아직 한 20분 남았을 걸.

•Lexique•
cours 수업
discours 연설
détester 싫어하다
ennuyeux(se) 지루한, 지겨운

modèle 063 Quand ouvre … ? / À quelle heure ouvre … ? ~는 언제[몇 시에] 여나요?

은행이나 관공서, 가게, 사무실 등이 언제 여는지 물어야 할 때가 많이 있지요? 이럴 때는 우리말처럼 연다는 뜻의 ouvrir를 써서 간단히 'Quand ouvre … ?'라고 하면 됩니다. 물론 '몇 시에 여나요?'라고 하려면 'À quelle heure ouvre … ?'라고 하면 되죠.

ÉTAPE 1

1 식당이 언제 여나요?	**Quand ouvre** le restaurant?
2 박물관은 언제 여나요?	**Quand ouvre** le musée?
3 은행이 몇 시에 여나요?	**À quelle heure ouvre** la banque?
4 수영장이 몇 시에 여나요?	**À quelle heure ouvre** la piscine?
5 아침엔 몇 시에 문을 여시나요?	**À quelle heure ouvrez-vous** le matin?

ÉTAPE 2

1. 은행에 볼일이 있을 때

A Tu dois renouveler ta carte de crédit.

B 은행이 몇 시에 열지?

A À 9 heures, normalement.

B Même le samedi?

2. 영업시간을 문의할 때

A 아침에 몇 시에 문을 여시나요?

B À 8 heures et demie.

A Et le soir?

B Dix-huit heures trente.

1 A 너 신용카드 갱신해야겠구나.
　B À quelle heure ouvre la banque?
　A 보통은 9시인데.
　B 토요일에도?

2 A À quelle heure ouvrez-vous le matin?
　B 8시 반이요.
　A 저녁에는요?
　B 오후 6시 30분입니다.

Quand ferme … ? / À quelle heure ferme … ? ~는 언제[몇 시에] 닫나요?

modèle 064

앞서 배운 것의 반대, 즉 은행이나 관공서, 가게, 사무실 등이 언제 닫는지를 물을 때 쓰는 표현을 배워 보죠. 이것은 'Quand ferme … ?'라고 하는데, '몇 시에 닫나요?'라고 할 때가 더 많으므로 'À quelle heure ferme … ?'라는 표현을 알아 두시기 바랍니다.

ÉTAPE 1

1 학교는 언제 닫나요? **Quand ferme** l'école?

2 박물관은 언제 닫나요? **Quand ferme** le musée?

3 은행은 몇 시에 닫나요? **À quelle heure ferment** les banques?

4 투표소는 몇 시에 닫나요? **À quelle heure ferment** les bureaux de vote?

5 나이트클럽은 몇 시에 닫나요? **À quelle heure ferme** la boîte de nuit?

•Conseils•

＊ '정각에'라고 할 때는 précisément 이나 juste를 뒤에 붙여요. 구어에서 는 pile을 뒤에 붙이는 경우도 많습니다.

ÉTAPE 2

1. 나이트클럽에서

A J'ai trop bu!

B Et moi j'ai trop dansé!

A 나이트클럽이 몇 시에 닫지?

B Vers 3 heures, je crois.

2. 투표를 해야 할 때

A J'ai oublié ma pièce d'identité.

B Il faut que tu retournes la chercher à la maison?

A Oui, 투표소가 몇 시에 닫지?

B À 18 heures, précisément.*

1 A 너무 많이 마셨어!
   B 난 춤을 너무 많이 추었어!
   A À quelle heure ferme la boîte de nuit?
   B 내가 알기로는 3시경이야.

2 A 신분증을 잊고 왔어.
   B 찾으러 집에 돌아가야 돼?
   A 그래, à quelle heure ferment les bureaux de vote?
   B 오후 6시 정각에.

•Lexique•

bureaux de vote 투표소
boîte de nuit 나이트클럽
pièce d'identité 신분증
retourner 돌아오다, 다시 가다
précisément 정확하게

95

modèle 065

Quand voulez-vous que … ?

언제 ~하는 것이 좋으세요?

어떤 일을 하기로 했는데, 언제 그 일을 하는 것이 좋은지 상대방에게 물어볼 때가 있죠? 직역하면 좀 어렵게 느껴지기도 하지만, 이럴 때는 '언제 ~하기를 당신이 원하느냐?'라는 식으로 표현하면 됩니다. 'Quand voulez-vous que … ?'의 패턴이 되는 거죠. 이때 주의할 것은 vouloir와 같이 바람을 나타내는 동사 다음의 que절에는 접속법을 쓴다는 점입니다.

ÉTAPE 1

1 언제 우리가 돌아오는 게 좋으세요?
Quand voulez-vous que nous revenions?

2 언제 저희가 일을 마치는 게 좋으세요?
Quand voulez-vous que nous terminions le travail?

3 언제 공사를 시작하는 게 좋으세요?
Quand voulez-vous que les travaux commencent?

4 가구를 언제 배달해 드리는 게 좋으세요?
Quand voulez-vous que l'on vous livre votre meuble?

5 (예약을) 언제로 잡아 드릴까요?
Quand voulez-vous que l'on vous prenne?

•Conseils•

* '날이[날씨가] 더 좋을 거예요.'는 'Le temps sera meilleur.' 말고도 'Les jours seront meilleurs.'라고도 할 수 있어요.

ÉTAPE 2

1. 집을 지을 때

A Les plans sont prêts, et le devis me convient.

B 언제 공사를 시작하는 게 좋으세요?

A Au début du printemps?

B Oui, le temps sera meilleur.*

2. 미용실을 예약할 때

A Allo? Bonjour, j'aimerais prendre rendez-vous pour une permanente.

B 언제로 잡아 드릴까요?

A Le plus tôt serait le mieux.

B Nous sommes très chargés en ce moment …

1 A 설계도도 준비됐고 견적도 마음에 드네요.
 B Quand voulez-vous que nous commencions les travaux?
 A 초봄에요?
 B 그래요, 날씨가 더 좋을 겁니다.

2 A 여보세요? 안녕하세요. 파마를 하려는데) 예약을 하고 싶습니다.
 B Quand voulez-vous que l'on vous prenne?
 A 빠를수록 좋지요.
 B 요즘 너무 바빠서요 …

•Lexique•

livrer 배달하다
meuble 가구
devis 견적, 견적서
permanente 파마

modèle 066

Depuis quand ... ?

~하신 지 얼마나 됐나요? / 언제부터 ~하셨나요?

depuis는 '~이래로', '~부터 지금까지'라는 뜻이죠. 여기에 quand을 붙이면, '언제부터 (지금까지)'라는 뜻이 되겠죠. 그래서 '언제부터 ~하셨나요?' 혹은 '~하신 지 얼마나 됐나요?'라고 물을 때 'Depuis quand + 절' 의 패턴을 쓰면 됩니다.

ÉTAPE 1

1 한국에 오신 지 얼마나 됐나요? **Depuis quand** êtes-vous en Corée?

2 여기 사신 지 얼마나 됐나요? **Depuis quand** habitez-vous ici?

3 기다리신 지 얼마나 됐나요? **Depuis quand** attendez-vous?

4 프랑스어 공부하신 지 얼마나 됐나요? **Depuis quand** étudiez-vous le français?

5 케이크를 오븐에 넣으신 지 얼마나 됐나요? **Depuis quand** le gâteau est au four?

ÉTAPE 2

1. 케이크를 오븐에 넣고

A Ça sent le brûlé …

B Vraiment? Je ne trouve pas.

A 케이크를 오븐에 넣으신 지 얼마나 됐나요?

B 11 heures 30! … Oh, mon Dieu!

2. 항공 노선에 대해 이야기할 때

A Les moyens de transport ont beaucoup progressé.

B 파리-서울 노선이 직항이 된 지 얼마나 되었나요?

A Depuis les années 80, je crois.

B Le temps de trajet s'est beaucoup raccourci!

1 A 탄내가 나는데요 …
   B 정말요? 난 모르겠는데.
   A Depuis quand le gâteau est au four?
   B 11시 30분에요! … 원 세상에!

2 A 교통수단이 많이 발전했어요.
   B Depuis quand la ligne Paris-Séoul est-elle directe?
   A 제 생각엔 80년대부터요.
   B 소요시간이 많이 짧아졌어요!

•Lexique•

habiter 살다, 거주하다
attendre 기다리다
four 화덕, 오븐
brûler 불태우다, 타다
brûlé 타는 냄새, 태운 맛
progresser 발전하다
trajet 여정, 코스
raccourcir 줄이다, 단축하다

modèle 067

Jusqu'à quand ... ?

언제까지 ~해야 하나요?

'언제'를 뜻하는 quand과 '~까지'를 뜻하는 jusqu'à가 결합해서 '언제까지'를 나타내는 표현인데 아주 자주 쓰입니다. 예를 들어, '언제까지 기다려야 하나요?'라고 할 때도 이 표현이 쓰입니다. 그런데 이런 표현은 단순히 몰라서 물어볼 때도 쓰지만 항의할 때도 쓰이므로 억양을 조심해야겠죠?

ÉTAPE 1

1 언제까지 여기에 계실 건가요? **Jusqu'à quand** resterez-vous ici?

2 언제까지 저희와 같이 있으실 건가요? **Jusqu'à quand** serez-vous avec nous?

3 언제까지 기다려야 하나요? **Jusqu'à quand** faudra-t-il attendre?

4 언제까지 이 일을 계속해야 하나요? **Jusqu'à quand** dois-je continuer ce travail?

5 언제까지 이걸 반복해야 하나요? **Jusqu'à quand** devrai-je répéter cela?

ÉTAPE 2

1. 어학연수를 위해 현지에 도착해서

A Je viens d'arriver à Paris pour des cours de langues.

B 언제까지 여기에 계실 건가요?

A Jusqu'à la fin de cette année.

B Dans quel quartier êtes-vous installée?

2. 외국어 공부가 어렵다는 것을 느낄 때

A Il faut ajouter '-yo' à la fin des phrases en coréen, c'est plus poli.

B Oui, pardon, j'ai encore oublié.

A Ce n'est pas facile d'apprendre une langue étrangère!

B 언제까지 그것을 반복해야 할까요?

1 A 어학연수 받으려고 파리에 막 도착했어요.
   B Jusqu'à quand resterez-vous ici?
   A 연말까지요.
   B 어느 동네에 정착하셨나요?

2 A 한국어 문장 끝에는 '요'를 붙여야 해요. 더 공손한 표현이에요.
   B 네, 죄송해요, 제가 또 잊었네요.
   A 외국어 배우는 게 쉽지 않죠!
   B Jusqu'à quand devrai-je le répéter?

•Lexique•

rester 머물다
continuer 계속하다
poli(e) 공손한, 예의바른, 잘 닦인
répéter 반복하다
installer 정착하다
apprendre 배우다

modèle 068

Il est temps de ... / c'est l'heure de ...

이제 ~할 시간이에요

'이제 ~할 시간이에요'라고 할 때 흔히 쓰는 표현은 'Il est temps de + 부정법 동사' 혹은 'C'est l'heure de + 부정법 동사'예요. 다만 'C'est le temps de + 부정법 동사' 형태는 안 쓰니 피하세요. 자, 이 두 가지 표현을 반복학습 해보세요.

ÉTAPE 1

1 이제 출발해야 할 시간입니다.   **Il est temps de / C'est l'heure de** partir.*

2 이제 일을 해야 할 시간입니다.   **Il est temps de / C'est l'heure de** travailler.

3 이제 잘 시간입니다.   **Il est temps de / C'est l'heure de** dormir.

4 이제는 돌아가야 할 시간입니다.   **Il est temps de / C'est l'heure de** rentrer.

5 이제 결산을 해야 할 시간입니다.   **Il est temps de / C'est l'heure de** faire le bilan.

ÉTAPE 2

1. 아이가 컴퓨터에 빠져 있을 때

A Allez, il faut éteindre maintenant!

B Encore une minute, il me reste une page.

A 이제 잘 시간이야.

B Oui, j'ai presque fini.

2. 헤어지기 아쉬울 때

A Vous partez déjà?

B Oui, nous risquons de rater le dernier métro.

A Alors, ciao, tout le monde! 이제 돌아갈 시간이네.

B Bonne nuit, rentrez bien!

1 A 자, 이제 불 꺼야지!
   B 1분만 더요, 한 페이지 남았거든요.
   A C'est l'heure de dormir.
   B 알았어요, 거의 끝냈어요.

2 A 너희들 벌써 가니?
   B 그래, 마지막 지하철을 놓칠지도 몰라.
   A 그럼, 모두들 잘 가! C'est l'heure de rentrer.
   B 잘 자, 잘들 들어가!

•Conseils•

'C'est l'heure de + 부정법 동사'나 'C'est le temps de + 부정법 동사' 말고 'C'est l'heure de + 명사' 패턴도 많이 씁니다.
🎧 이제 손님들이 밀어닥칠 시간이에요.
C'est l'heure d'affluence des clients.
이제 운명의 시간이에요.[결과가 나올, 결과를 발표할 시간이에요.]
C'est l'heure de vérité. 혹은 C'est l'heure fatidique.

* 'Il est temps de partir' 대신에 'Il est temps que + 접속법' 형태를 쓸 수도 있어요. 즉 'Il est temps que nous partions.'이라고도 해요.

•Lexique•

bilan 결산
presque 거의
risquer 위험이 있다, 우려가 있다
affluence 인파, 군중

Unité 12

combien과 수량 표현

의문사 combien은 어떤 것의 수량을 물어볼 때 긴요한 표현입니다. 예를 들어 가격이 얼마인지, 물건의 개수나 양이 얼마인지 등을 물어볼 때 쓰이죠. 또 시간을 물어볼 때도 쓰입니다. 어떤 사람을 만난 지 얼마나 되었는지, 한국에 온 지 얼마나 됐는지 등을 물어보는 경우가 그렇죠. 여기서는 이 같은 표현들을 배워 보도록 하죠.

Remue-méninges

1 입장료가 얼마예요? Combien coûte l'entrée?

2 1박에 얼마입니까? Combien coûte la nuit?

3 20분 정도 걸려요. Ça prend à peu près 20 minutes.

4 시간이 많이 걸리나요? Ça prend beaucoup de temps?

5 그 사람 못 본 지 오래됐어. Ça fait longtemps que je ne l'ai pas vu.

modèle
069

Combien coûte ... ?

~는 얼마입니까?

가격을 물어볼 때 가장 흔히 사용하는 표현이 'Ça coûte combien?'(저거[이거, 그거] 얼마예요?)인 것은 아시죠? 무엇이든 가리키며 이렇게 물어보면 되죠. 그런데 주어를 구체적인 대상으로 넣어서 표현할 때, 즉 '가입비가 얼마예요?'라고 할 때는 어떻게 할까요? 'Combien coûte + 주어?'의 패턴을 써서, 'Combien coûte l'abonnement?'이라고 하면 됩니다.

ÉTAPE 1

1 입장료가 얼마예요?　　　　　Combien coûte l'entrée?

2 리용 가는 표가 얼마입니까?　　Combien coûte le billet pour Lyon?

3 편도편은 얼마입니까?　　　　Combien coûte un aller simple?*

4 1박에 얼마입니까?　　　　　Combien coûte la nuit?

5 초고속 인터넷 가입비가 얼마예요?　Combien coûte l'abonnement pour le haut débit?**

•Conseils•

* 왕복편은 'un aller-retour'라고 하지요.

** 초고속 인터넷은 정식으로 하면 'internet à haut débit'이죠. 광케이블은 'câble à fibre optique' 혹은 'câble optique'입니다.
'광케이블 가입비 얼마예요?'는 'Combien coûte l'abonnement pour de la fibre optique?'라고 할 수 있어요.

ÉTAPE 2

1. 인터넷을 설치할 때

A　Internet est vraiment cher ici.

B　초고속 인터넷 가입비가 얼마인데?

A　Environ 20€ par mois.

B　Si cher que ça?

2. 항공권 구입할 때

A　J'aimerais connaître le prix d'un Paris-Séoul.

B　Nous avons des billets à 1300€.

A　그럼 편도편은 얼마인가요?

B　Quasiment aussi cher qu'un aller-retour.

1　A　여긴 인터넷이 정말 비싸.
　　B　Combien coûte l'abonnement pour le haut débit?
　　A　월 20유로 정도 해.
　　B　그렇게 비싸?

2　A　파리-서울 왕복편 가격을 알고 싶은데요.
　　B　1300유로짜리 표가 있습니다.
　　A　Et combien coûte un aller simple?
　　B　왕복편과 거의 비슷합니다.

•Lexique•

aller simple 편도
aller-retour 왕복편
abonnement 가입비, 정기구독
quasiment 거의

Ça prend ...
~ 걸립니다

어떤 일을 하는 데 시간이 얼마가 소요된다고 할 때, 'Ça prend ... '을 씁니다. 예를 들어 '10분 걸려요.' 할 때는 'Ça prend 10 minutes.'라고 하면 되지요. 그러면 '얼마나 걸리나요?'는 어떻게 할까요? 'Ça prend combien de temps?'이라고 하면 됩니다.

ÉTAPE 1

1	20분 정도 걸려요.	**Ça prend** à peu près 20 minutes.
2	걸어서 10분 정도 걸려요.	**Ça prend** environ dix minutes à pied.
3	시간이 많이 걸리나요?	**Ça prend** beaucoup de temps?
4	한 시간은 족히 걸려요.	**Ça prend** une bonne heure.
5	예상보다 조금 더 걸려요.	**Ça prend** un peu plus de temps que prévu.

ÉTAPE 2

1. 컴퓨터를 업데이트할 때

A J'aimerais faire une mise à jour de mon PC.

B Oui, maintenant, si vous voulez.

A Ça prend combien de temps?

B 한 시간은 족히 걸려요.

2. 일이 잘 진척되지 않을 때

A Vous êtes dans les temps?*

B Non, 예상보다 조금 더 걸려요.

A Vous pensez finir pour la mi-avril?

B Nous verrons bien.

1 A 컴퓨터를 업데이트하고 싶은데요
  B 예. 원하신다면 지금 됩니다.
  A 얼마나 걸리지요?
  B Ça prend une bonne heure.

2 A 예정대로 잘 진행되고 있나요?
  B 아뇨, ça prend un peu plus de temps que prévu.
  A 4월 중순에 끝내실 것 같아요?
  B 그때 가 봐야 알겠는데요.

•Conseils•

'Ça prend ... '에서는 prendre 대신 faire를 써도 됩니다.
Ça (prend / fait) à peu près 20 minutes.
Ça (prend / fait) environ dix minutes à pied.

소프트웨어(프로그램)는 'logiciel', 바이러스퇴치 프로그램은 'un anti-virus'라고 해요.

* '예정대로 잘 진행되고 있나요?'는 'Vous êtes dans le bon rythme?'이라고도 해요.

•Lexique•

prévu(e) 예정된
mise à jour 업데이트
mi-avril 4월 중순

modèle 071 Ça fait longtemps que ...

~한 지 오래됐군요. / 오랜만에 ~했어요.

'~한 지 오래됐군요' 혹은 '오랜만에 ~했어요'라고 할 때 'Ça fait longtemps que + 절' 패턴을 씁니다. 이 것은 '~한 지 얼마의 시간이 지났다'라는 의미의 'Ça fait + 시간 + que + 절' 패턴에서 '시간'의 자리에 '오랫 동안'을 뜻하는 'longtemps'이 들어간 것입니다.

ÉTAPE 1

1 우리 만난 지 오래됐군요.
/ 오랜만입니다.

Ça fait longtemps qu'on s'est vus.*

2 이 여행을 기다린 지
엄청 오래됐어요.

Ça fait si longtemps que j'attends ce voyage.

3 밖에 나온 지 오래됐군요.
/ 오랜만에 밖에 나왔네요.

Ça fait longtemps qu'on n'est pas sortis.

4 그는 오래 전부터 나를
귀찮게 했어.

Ça fait longtemps qu'il me casse les pieds.**

5 그 사람 못 본 지 오래됐어.

Ça fait longtemps que je ne l'ai pas vu.

•Conseils•

* '만난 지 오래됐군요.'는 '못 만난 지 오래됐군요'라고 해도 같은 뜻이죠. 따라서 프랑스어에서도 부정형으로 써도 됩니다.
Ça fait longtemps qu'on ne s'est pas vus!

** 'casser les pieds à qn'은 누구를 귀찮게 한다는 뜻의 숙어로 구어에서 많이 쓴답니다.
⑩ 제발 귀찮게 좀 하지 마!
Arrête de me casser les pieds!

ÉTAPE 2

1. 대학수학능력시험 결과가 나왔을 때

A Est-ce que les résultats sont bons?

B Oui, 이 날을 기다린 지 정말 오래됐어.

A Tu penses être acceptée dans une bonne université?

B Nous verrons bien. J'espère!

2. 이웃집 아이 때문에 골치가 아플 때

A Le fils du voisin joue au ballon contre le mur.

B Tu devrais lui demander d'aller jouer plus loin.

A Oui, 그 아이는 오래 전부터 나를 귀찮게 했어.

B Il est encore petit, il faut être patient.

1 A 결과(점수)가 좋아?
B 응, ça fait vraiment longtemps que j'attends ce jour.
A 좋은 대학에 입학할 거라고 생각해?
B 두고 보면 알겠지. 기대해!

2 A 옆집 아들내미가 벽에다 대고 공놀이를 해.
B 그 아이한테 더 멀리 가서 놀라고 얘기해야겠네.
A 그래, ça fait longtemps qu'il me casse les pieds.
B 아직 어리니까, 네가 참아 줘라.

•Lexique•

se voir 서로 만나다
espérer 기대하다
jouer au ballon 공놀이하다
patient(e) 참을성 있는

Unité 13

comment과 방법 표현

이제 방법의 표현을 공부해 볼까요? '어떻게'는 프랑스어에서 comment이죠?
이제 '~는 어떻게 됐나요?', '~하려면 어떻게 해야 하나요?', '~를 어떻게 부르나요
[뭐라고 하나요]?' 같은 표현들을 살펴보겠습니다.

Remue-méninges

1 그 경기 어떻게 됐지? Comment s'est passé le match?

2 오늘 하루 어떻게 보내셨나요? Comment s'est passée votre journée?

3 공항에 가려면 어떻게 해야 하나요? Comment puis-je aller à l'aéroport?

4 프랑스어를 배우려면 어떻게 해야 하나요? Comment puis-je apprendre
le français?

5 그 식당 이름이 뭐죠? Comment s'appelle le restaurant?

modèle 072

Comment s'est passé(e) … ?

~는 어떻게 됐나요?

앞서 modèle 060의 Conseils 부분에서 설명했듯이, 어떤 일이나 행사가 잘 끝났는지, 잘 치러졌는지 물어볼 때 'Ça s'est bien passé?'라고 합니다. 이때 '~는 어떻게 됐나요?' 하고 물어보려면 'Comment s'est passé … ?'라고 하고 … 부분에 주어를 넣으면 됩니다.

ÉTAPE 1

1 회의가 어떻게 됐어?	Comment s'est passée la réunion?
2 건강검진은 어떻게 되었나요?	Comment s'est passé l'examen médical?*
3 그 경기 어떻게 됐지?	Comment s'est passé le match?
4 그 사람들 면담이 어떻게 됐어요?	Comment s'est passée leur entrevue?
5 오늘 하루 어떻게 보내셨나요?	Comment s'est passée votre journée?

•Conseils•

'그 일 어떻게 됐어요?'라고 하려면 'Comment ça s'est passé?'라고 하면 되겠죠?

* '건강검진'을 뜻하는 'l'examen médical'은 'la visite médicale'이라고도 해요.

ÉTAPE 2

1. 회의결과가 궁금할 때

A 회의가 어떻게 됐어?

B Pas très bien.

A Pourquoi?

B Notre compagnie a des difficultés financières.

2. 건강검진 결과가 궁금할 때

A Salut, ça va?

B Et toi, 건강검진은 어떻게 되었니?

A Plutôt bien, ils n'ont rien trouvé de grave.

B Tant mieux, c'est rassurant.

1 A Comment s'est passée la réunion?
　B 별로 안 좋게 됐어.
　A 왜?
　B 회사가 재정적 어려움이 있어서.

2 A 안녕, 잘 지내?
　B 너는? comment s'est passé l'examen médical?
　A 잘된 쪽이야. 심각한 건 안 나왔어.
　B 잘됐다, 안심이다.

•Lexique•

examen médical 건강검진
entrevue 면담, 회담, 대담
compagnie 회사
financier / financière 금전상의, 재정의
grave 심각한
rassurant(e) 안심이 되는

🎧 073.mp3

modèle 073 Comment puis-je … ?

~하려면 어떻게 해야 하나요?

공항에 가야 하는데 방법을 잘 모르겠으면, '공항 가려면 어떻게 해야 하나요?'라고 물으면 되겠죠? 이때 쓸 수 있는 패턴이 'Comment puis-je … ?'입니다. 이 패턴은 직역하면 '어떻게 ~할 수 있나요?'라는 뜻으로, 이 경우에는 '어떻게 공항을 갈 수 있나요?'라는 뜻이죠.

ÉTAPE 1

1 공항에 가려면 어떻게 해야 하나요? **Comment puis-je** aller à l'aéroport?

2 안내를 부르려면 어떻게 해야 하나요? **Comment puis-je** appeler les renseignements?

3 프랑스어를 배우려면 어떻게 해야 하나요? **Comment puis-je** apprendre le français?

4 가입을 해지하려면 어떻게 해야 하나요? **Comment puis-je** résilier mon abonnement?

5 비밀번호를 바꾸려면 어떻게 해야 하나요? **Comment puis-je** changer mon mot de passe?

•Conseils•

'Je me sens perdu.'는 직역하면 '길을 잃은 것 같아.'라는 뜻인데 비유적으로 '어찌할 바를 모르겠다.'는 뜻이에요.

*opérateur는 여기서 'opérateur de télécommunication'을 일컫는 것으로 인터넷 서비스 제공사를 말합니다. 'fournisseur d'accès'도 'fournisseur d'accès à Internet'의 준말이에요.

ÉTAPE 2

1. 공항 가는 길을 문의할 때

A 공항에 가려면 어떻게 해야 하나요?

B Je vous propose de prendre le bus.

A Où puis-je prendre le bus?

B En face de l'hôtel.

2. 인터넷 서비스를 해지하고 싶을 때

A Il y a des offres promotionnelles chez cet opérateur.*

B Tu veux changer de fournisseur d'accès?

A 하지만 가입을 해지하려면 어떻게 해야 하지?

B Appelle le service clientèle.

1 A Comment puis-je aller à l'aéroport?
  B 버스 타시는 게 좋을 것 같은데요.
  A 버스는 어디서 탈 수 있나요?
  B 호텔 맞은편에서요.

2 A 이 인터넷 업체에서 판촉상품이 나왔네.
  B 인터넷 서비스 제공사를 바꾸고 싶니?
  A Mais comment puis-je résilier mon abonnement?
  B 고객센터에 전화해 봐.

•Lexique•

résilier 해지하다
mot de passe 비밀번호
offre 제공(물)
promotionnel(le) 판매 촉진의
founisseur 제공사, 공급자
service clientèle 고객센터

modèle 074 — Comment s'appelle … ?

~를 뭐라고 하나요? / ~가 이름이 뭔가요?

어떤 대상의 이름을 모르거나 잊었을 때 쓸 수 있는 표현입니다. 물론 다른 언어로 뭐라고 하는지 알고 싶을 때도 유용하게 쓸 수 있습니다.

ÉTAPE 1

1 오토바이를 영어로 뭐라고 하나요? Comment s'appelle une moto en anglais?

2 pot-au-feu를 한국어로 뭐라고 하나요? Comment s'appelle un 'pot-au-feu' en coréen?

3 닭의 새끼를 뭐라고 하나요? Comment s'appelle le petit de la poule?

4 저 건축물은 이름이 뭐죠? Comment s'appelle ce monument?

5 그 식당 이름이 뭐죠? Comment s'appelle le restaurant?

•Conseils•

'Comment s'appelle … ?'은 'Comment appelle-t-on … ?'이라고도 해요.

'그거 뭐라고 해요[불러요]?'라고 하려면 'Comment ça s'appelle en français?'라고 하면 됩니다.

ÉTAPE 2

1. 관광지에서 건축물의 이름을 물어볼 때

A Paris est une très jolie ville.

B Oui, surtout au printemps.

A 왼쪽의 건축물은 이름이 뭐죠?

B C'est le Palais du Luxembourg.

2. 외국어로 주문해야 할 때

A J'ai beaucoup de mal à choisir.

B Dépêche-toi, j'ai très faim.

A pot-au-feu를 한국어로 뭐라고 해?

B Je ne sais pas! On peut demander en anglais?

1 A 파리는 아주 예쁜 도시예요.
  B 그래요, 특히 봄에 더 좋죠.
  A Comment s'appelle ce monument sur notre gauche?
  B 뤽상부르 궁입니다.

2 A 고르기 정말 힘드네.
  B 빨리 골라. 배가 많이 고파.
  A Comment s'appelle un 'pot-au-feu' en coréen?
  B 모르겠어! 영어로 주문할까?

•Lexique•

moto 오토바이
pot-au-feu 고기와 채소를 넣고 끓인 스튜 형태의 요리
poule 암탉
monument 건축물
(se)dépêcher 서두르다

Unité 14

quel을 포함한 표현

상대방과 관련된 정보를 물어볼 때, 예를 들어 '전화번호가 뭐죠?', '성함이 어떻게 되죠?', '취미가 뭐죠?' 등과 같이 물어볼 때가 있죠? 혹은 '어떤 종류의 음식을 좋아하시죠?', '어떤 머리 모양을 원하시는지?', '둘 중 어느 것을 더 좋아하시는지?' 등을 물어보고 싶을 때가 있죠? 이럴 때 쓰는 표현이 quel과 lequel이에요. 이 어휘들을 사용하는 표현들을 살펴봅시다.

Remue-méninges

1 환율이 어떻게 되죠? Quel est le taux de change?

2 선생님의 의도가 뭔가요? Quelles sont vos intentions?

3 어떤 종류의 맥주가 있나요? Quelle sorte de bière vous avez?

4 어떤 패키지를 원하시나요? Quel forfait voulez-vous?

5 두 배우 중 누구를 더 좋아하세요? Lequel des deux acteurs préférez-vous?

modèle 075

Quel est … ?

~가 뭐죠? / ~가 어떻게 되나요?

전화번호나 주소, 요금, 가격 등의 공통점이 뭘까요? 모두 숫자로 된 것이죠. 이런 것들을 물어볼 때 한국어에서는 '~가 뭐죠? / ~가 어떻게 되나요?'라고 하죠? 다만 요금이나 가격의 경우에는 '~가 얼마죠?'라고도 합니다. 하지만 이들을 프랑스어로 할 때는 모두 '~가 뭐죠?'에 해당하는 'Quel est … ?'를 사용합니다. 'Combien est … ?'를 사용하면 안 됩니다.

ÉTAPE 1

1 한국의 국가번호가 뭐죠?
Quel est l'indicatif pour la Corée?

2 자동차등록번호가 뭐죠?
Quel est le numéro d'immatriculation de votre voiture?

3 환율이 어떻게 되죠?
Quel est le taux de change?

4 시간당 요금이 어떻게 되죠?
Quel est le tarif par heure?

5 TV 수상기 평균 가격이 어떻게 되죠?
Quel est le prix moyen d'un poste de télévision?

ÉTAPE 2

1. 환전할 때

A Je voudrais changer des euros.

B 환율이 어떻게 되지?

A Je ne sais pas, il faut que je cherche sur Internet.

B Il vaut peut-être mieux passer par ta banque.

2. 국제전화 걸 때

A 한국의 국가번호가 뭐죠?

B Il faut taper le 82 avant ton numéro.

A Et pour la France?

B C'est le 33.

---

1 A 유로를 바꾸고 싶은데.
B Quel est le taux de change?
A 몰라, 인터넷에 찾아봐야겠는데.
B 아마 은행에 들르는 게 더 나을 걸.

2 A Quel est l'indicatif pour la Corée?
B 번호 누르기 전에 82를 눌러야 해요.
A 그럼 프랑스는?
B 33이에요.

•Lexique•

indicatif 지역 번호, 호출 번호
immatriculation 등록, 등기
taux de change 환율
tarif 가격(표), 요금(표)
peut-être 아마도, 어쩌면
taper 누르다

modèle 076 — Quel est votre ... ?

선생님의 ~가 뭐죠? / 선생님의 ~가 어떻게 되시죠?

사람과 사귀다 보면 상대방에 관한 정보를 많이 묻게 되죠. 전화번호나 생일 같은 것들 말이에요. 이럴 때 'Quel est (le/la) 명사'의 형식에서 le 혹은 la 대신 votre만 쓰면 됩니다. 한국어에서는 '뭐죠?'라는 표현보다 예의를 갖춘 '어떻게 되시죠?'라는 표현이 더 많이 쓰이죠.

ÉTAPE 1

1 이름이 뭐죠? / 성함이 어떻게 되시죠?
Quel est votre prénom?

2 전화번호가 뭐죠? / 어떻게 되시죠?
Quel est votre numéro de téléphone?

3 생(년월)일이 어떻게 되시죠?
Quelle est votre date de naissance?

4 좋아하는 가수가 어떻게 되시죠?
Quel est votre chanteur préféré?

5 그 질문에 대한 의견이 어떻게 되시죠?
Quel est votre avis sur la question?

ÉTAPE 2

1. 회원카드가 없을 때

A Vous avez une carte d'abonnement?
B Oui, mais je l'ai oubliée à la maison.
A 그럼, 전화번호가 어떻게 되시죠?
B Une seconde, je ne le connais pas par coeur.

2. 생년월일을 물어볼 때

A Il me semble que je suis plus âgé que vous.
B Vous êtes sûr?
A 생년월일이 어떻게 되시나요?
B Je suis de septembre 1984.

1 A 회원카드 갖고 계신가요?
　 B 네, 하지만 집에 놔두고 왔습니다.
　 A Alors, quel est votre numéro de téléphone?
　 B 잠깐만요, 외우질 못하는데요.

2 A 제가 댁보다 나이가 많은 것 같은데요.
　 B 확신하세요?
　 A Quelle est votre date de naissance?
　 B 1984년 9월생이에요.

•Lexique•
date de naissance 생년월일
chanteur(se) 가수
carte d'abonnement 회원카드
par coeur 외워서, 속속들이
âgé(e) 나이든, 나이가 많은

modèle 077

Quel(le)s sont vos … ?

선생님의 ~가 뭐죠? / 선생님의 ~가 어떻게 되세요?

방금 앞에서 배운 표현의 복수형입니다. 명사를 주로 복수로 써야 하는 경우에 쓰죠. 아시다시피 프랑스어는 단수/복수 구분이 있는 언어인데, 이런 언어에서는 복수를 써야 더 자연스러운 경우가 있습니다. 굳이 꼭 단수로 써야 할 이유가 없다면 복수를 쓰는 것이 좋다고 생각하면 돼요. 예를 들어 취미나 좋아하는 노래가 딱 하나라고 볼 수 없잖아요?

ÉTAPE 1

1 선생님의 취미가 어떻게 되세요? **Quels sont vos** loisirs?

2 선생님의 좋아하는 노래가 뭔가요? **Quelles sont vos** chansons préférées?

3 선생님의 (새해) 계획이 뭔가요? **Quels sont vos** projets (pour la nouvelle année)?

4 선생님의 마케팅 목표가 뭔가요? **Quels sont vos** objectifs marketing?

5 선생님의 의도가 뭔가요? **Quelles sont vos** intentions?

•Conseils•

＊ sympa는 sympathique의 약어로서 구어에서 많이 쓰여요. sympathique는 말 그대로 '공감 가다'라는 뜻에서 '기분 좋은', '호감 가는'의 뜻이에요.

ÉTAPE 2

1. 금연의 어려움

A 선생님의 새해 계획이 뭔가요?

B Je voudrais arrêter de fumer.

A Vous avez déjà essayé?

B Oui, plusieurs fois, mais cette fois-ci sera la bonne.

2. 좋아하는 가수와 노래

A J'aime beaucoup Serge Gainsbourg.

B Vraiment? 좋아하는 노래가 뭔가요?

A La Javanaise et Marilou.

B Oui, c'est sympa,* mais un peu rétro.

---

1 A Quels sont vos projets pour la nouvelle année?
 B 담배를 끊고 싶어요.
 A 전에 시도해 보셨나요?
 B 예, 여러 번이요, 하지만 이번에는 될 거예요.

2 A 저는 세르쥬 갱스부르를 좋아해요.
 B 정말이에요? Quelles sont vos chansons préférées?
 A '라 자바내즈'와 '마릴루'요.
 B 그래요, 아주 좋은 노래죠, 하지만 좀 복고풍이네요.

•Lexique•

loisir 여가, 취미
préféré(e) 선호하는
intention 의도
plusieurs fois 여러 번
rétro 복고풍, 복고 취미

modèle 078 Quelle(s) sorte(s) de … ?

어떤 종류의 ~ ?

'어떤 종류의 ～를 좋아하세요?'는 상대방이 무엇을 좋아하는지 물어볼 때 흔히 쓰는 표현이죠? 'quelle sorte de + 명사'를 많이 쓰지만 'quel type de + 명사' 혹은 'quel genre de + 명사'도 많이 씁니다.

ÉTAPE 1

1	어떤 종류의 꽃을 좋아하세요?	**Quelle sorte de** fleur aimez-vous?
2	어떤 종류의 자동차를 찾으세요?	**Quelle sorte de** véhicule recherchez-vous?
3	어떤 종류의 맥주가 있나요?	**Quelle sorte de** bière vous avez?
4	어떤 종류의 생수가 있나요?	**Quelle sorte d'**eau minérale avez-vous?
5	어떤 종류의 과자를 좋아하세요?	**Quelle sorte de** pâtisserie vous préférez?

•Conseils•

＊ citadine는 시내주행용 소형차를 말합니다. 'petite citadine'은 거의 경차에 가까운 소형차를 말해요.

자동차 유형을 살펴볼까요?
une berline : 세단
un break : 웨곤, 라이트밴
un SUV : SUV
petite citadine : 도시용 경차
un coupé : 쿠페
un cabriolet : 카브리올레형 자동차, 컨버터블
une limousine : 리무진

ÉTAPE 2

1. 구입하려는 차종을 물어볼 때

A Je voudrais changer de voiture.

B 어떤 종류의 차를 찾으세요?

A Une petite citadine hybride.＊

B Vous devriez aller chez un concessionnaire Kia.

2. 좋아하는 과자의 취향을 물어볼 때

A Est-ce que vous aimez les desserts français?

B Passionnément!

A 어떤 종류의 과자를 좋아하세요?

B Celles qui contiennent beaucoup de crème.

1 A 차를 바꾸고 싶어요.
   B Quelle sorte de véhicule recherchez-vous?
   A 시내주행용 소형차요.
   B 기아 딜러에 가 보셔야겠네요.

2 A 프랑스 디저트 좋아하세요?
   B 엄청 좋아하죠!
   A Quelle sorte de pâtisserie vous préférez?
   B 크림이 많이 들어있는 거요.

•Lexique•

véhicule 자동차
eau minérale 생수
pâtisserie 과자, 제과점
concessionnaire 딜러, 판매 독점권자
dessert 디저트
passionnément 열정적으로, 엄청나게
contenir 포함하다

modèle 079

Quel(le) ... voulez-vous?
어떤 ~를 원하시나요?

미용실에서 '어떤 머리모양을 원하시나요?'라고 할 때 'Quelle coupe voulez-vous?'라고 하죠. 이처럼 '어떤 ~를 원하시나요?'는 'Quel + 명사 + voulez-vous?'라는 패턴으로 표현하시면 됩니다. 그런데 우리말의 경우 이런 표현보다 '머리를 어떻게 잘라 드릴까요?'와 같이 '~를 어떻게 해 드릴까요?'라는 식의 표현이 더 많이 쓰이죠.

ÉTAPE 1

1 어떤 패키지를 원하시나요?   **Quel forfait voulez-vous?**

2 어떤 옵션을 원하시나요?   **Quelles options voulez-vous?**

3 어떤 머리모양을 원하시나요?   **Quelle coupe voulez-vous?**
/ 머리 어떻게 잘라 드릴까요?

4 어떤 행선지를 원하시나요?   **Quelle destination voulez-vous?**
/ 어느 곳으로 가고 싶으세요?

5 어떤 굽기를 원하시나요?   **Quelle cuisson voulez-vous?***
/ 어떻게 구워 드릴까요?

•Conseils•

＊고기를 익히는 정도를 다음과 같이 말합니다.

Bien cuit. (Well done, 많이 익혀 주세요)
Cuit. (Medium well, 조금 많이 익혀 주세요)
À point. (Medium, 중간 정도로 익혀 주세요)
Saignant. (Medium rare, 살짝 익혀 주세요)
Bleu. (Rare, 아주 살짝만 익혀 주세요)

ÉTAPE 2

1. 선호하는 관광지를 물어볼 때

A Quel type de voyage voulez-vous faire?
B Je désire voyager sac à dos.
A 어느 곳으로 가고 싶으세요?
B J'hésite entre l'Europe et l'Amérique.

2. 식당에서 스테이크를 주문할 때

A Une entrecôte, s'il vous plaît.
B 어떻게 구워 드릴까요?
A À point.
B Très bien. Je vous l'apporte tout de suite.

1 A 어떤 종류의 여행을 하고 싶으세요?
   B 배낭여행을 하고 싶은데요.
   A Quelle destination voulez-vous?
   B 유럽과 미주 사이에서 망설이고 있어요.

2 A 등심스테이크 하나 주세요.
   B Quelle cuisson voulez-vous?
   A 보통으로요.
   B 좋습니다. 곧 갖다 드리겠습니다.

•Lexique•

forfait 패키지
destination 행선지, 용도
cuisson 굽기
hésiter 망설이다
sac à dos 배낭
apporter 가져오다
tout de suite 곧, 바로

modèle 080
Lequel des deux ...?

둘 중 어느 것이 더 ~한가요?

살다 보면 선택을 해야 할 경우가 많죠. 예컨대 둘 중 어느 것이 더 어떠한지 상대에게 물어보고 싶을 때 의문사 lequel(여성형은 laquelle)을 쓰면 됩니다. 이때 비교 대상이 남성명사이면 lequel을 여성명사이면 laquelle을 쓰죠.

ÉTAPE 1

1 두 배우 중 누구를 더 좋아하세요?
Lequel des deux acteurs préférez-vous?

2 둘 중 어느 것을 보관해야 하나요?
Lequel[Laquelle] des deux faut-il conserver?

3 둘 중 어느 쪽이 이겼어?
Lequel[Laquelle] des deux a gagné?

4 둘 중 어느 게[누가] 더 예쁘지?
Laquelle des deux est (la) plus jolie?

5 두 남자[여자] 중 누구와 결혼하고 싶으세요?
Lequel[Laquelle] des deux voudriez-vous épouser?

•Conseils•

＊la plus ancienne은 '정관사 + 비교급 형용사'로 되어 있지만, '가장 오래된 것'이라는 뜻이 아니라 '더 오래된 것'을 뜻합니다. 비교급 형용사 앞에 정관사를 붙여 명사화한 것일 뿐이죠.

ÉTAPE 2

1. 사진을 선택할 때

A 두 사진 중 어느 게 더 예쁘지?

B La plus ancienne.＊

A 둘 중 어느 것을 액자에 넣을까?

B La plus récente. Ne me demandez pas pourquoi!

2. 응원하는 축구팀을 물어볼 때

A Hier soir il y avait un match Manchester contre Barcelone.

B En finale de la coupe des champions?

A Oui, ce sont deux supers équipes.

B 둘 중 어느 쪽이 이겼어?

1　A Laquelle des deux photos est (la) plus jolie?
　　B 더 오래된 것
　　A Laquelle des deux voudriez-vous encadrer?
　　B 더 최근 것. 왜인지는 묻지 마!

2　A 어제 저녁에 맨체스터와 바르셀로나의 경기가 있었어.
　　B 챔피언컵 결승에서?
　　A 그래. 두 최강팀이지.
　　B Laquelle des deux a gagné?

•Lexique•

conserver 보관하다
épouser 결혼하다
ancien(ne) 오래된
récent(e) 최근의, 새로운
encadrer (액자에) 끼우다

Unité 15

qui(누구)를 포함한 표현

여기서는 '누구'를 뜻하는 qui를 포함한 표현을 살펴보겠습니다. 목적어형 '누구를', 주어형 '누가', 그리고 '누가 ~할까요'와 같은 표현들입니다.

Remue-méninges

1 누구를 찾으세요? Qui est-ce que vous cherchez?

2 누구를 기다리세요? Qui est-ce que vous attendez?

3 누가 노래를 제일 잘하나요? Qui (est-ce qui) chante le mieux?

4 누가 거기에 가기로 할까? Qui va y aller?

5 누가 설거지하기로 할까? Qui va faire la vaisselle?

Qui est-ce que ... ?

누구를 ~?

'누구'를 뜻하는 의문사는 qui입니다. 그런데 '누구를'은 qui est-ce que, '누가'는 qui est-ce qui를 쓰죠. 좀 혼동되죠? 우선 '누구를'을 먼저 보겠습니다.

ÉTAPE 1

1 누구를 찾으세요?　　　　　**Qui est-ce que** vous cherchez?

2 누구를 기다리세요?　　　　　**Qui est-ce que** vous attendez?

3 누구를 가장 존경하니?　　　　**Qui est-ce que** tu respectes le plus?

4 누구를 추천해 주시겠어요?　　**Qui est-ce que** vous me conseillez?

5 누구에게 자문을 구해야 하죠?　**Qui est-ce que** je dois consulter?*
／누구에게 물어봐야 하죠?

•Conseils•

* consulter는 누구에게 자문을 구한다는 뜻인데, 프랑스어에서는 직접 목적어를 요구하는 동사예요. 그래서 우리말과 달리 전치사 à 없이 직접 'qui est-ce que'를 쓰지요.

ÉTAPE 2

1. 사람을 만나러 갔을 때

A　누구를 찾으세요?

B　Est-ce que M. Bertin est là?

A　Il vient de sortir.

B　Ah bon? Je suis arrivé trop tard.

2. 집을 팔려고 할 때

A　Je voudrais vendre ma maison.

B　As-tu besoin d'aide?

A　누구에게 물어봐야 하지?

B　Tu peux consulter une agence immobilière près de chez toi.

1　A　Qui est-ce que vous cherchez?
　　B　베르탱 씨 계신가요?
　　A　방금 나가셨는데요.
　　B　아 그래요? 제가 너무 늦게 왔군요.

2　A　집을 팔고 싶은데.
　　B　도움이 필요해?
　　A　Qui est-ce que je dois consulter?
　　B　집 근처 부동산 중개소에 물어봐.

•Lexique•

chercher 찾다, 검색하다
respecter 존경하다
conseiller 추천하다
sortir 나가다
vendre 팔다
avoir besoin de ~ ~을 필요로 하다
agence immobilière 부동산 중개소

🎧 082.mp3

modèle 082 Qui est-ce qui ... ?

누가 ~?

'누구를'은 'qui est-ce que', '누가'는 'qui est-ce qui'라고 한다고 했죠? 그런데 '누가'는 단순히 qui라고 해도 됩니다. 그다음에 동사를 놓아요.

ÉTAPE 1

1 누가 아메리카 대륙을 발견했나요? **Qui (est-ce qui)** a découvert l'Amérique?

2 누가 노래를 제일 잘하나요? **Qui (est-ce qui)** chante le mieux?

3 누가 수준이 가장 높은가요? **Qui (est-ce qui)** a le meilleur niveau?

4 누가 반대되는 말을 할까요? **Qui (est-ce qui)** pourra dire le contraire?

5 누가 한몫 잡을 꿈을 안 꿨겠어요? **Qui (est-ce qui)** n'a jamais rêvé de faire fortune?*

•Conseils•

* '돈을 벌다'는 프랑스어로 'se faire de l'argent'이라고 하고 '큰돈을 벌다. 큰 재산을 모으다'는 'faire fortune'라고 해요.

ÉTAPE 2

1. 로또를 사는 마음

A Voilà dix ans que je joue au loto.

B Et vous avez déjà gagné quelque chose?

A Absolument rien, mais je continue à jouer.

B 누가 한몫 잡을 꿈을 안 꿨겠어요?

2. 역사에 관한 질문

A Tu connais Vasco da Gama?

B Oui, c'était un navigateur portugais.

A 그럼 아메리카 대륙은 누가 발견했지?

B C'est un autre navigateur: Christophe Colomb, évidemment!

1 A 로또를 한 지 10년이 됐어요.
  B 그래서 뭔가 좀 따셨나요?
  A 정말 아무것도 못 땄어요. 하지만 계속할 거예요.
  B Qui n'a jamais rêvé de faire fortune?

2 A 바스코 다 가마 아니?
  B 그럼. 포르투갈 항해사였지.
  A Et qui (est-ce qui) a découvert l'Amérique?
  B 다른 항해사야. 물론 크리스토프 콜럼버스지!

•Lexique•
découvrir 발견하다
rêver 꿈꾸다
niveau 수준, 층
jouer au loto 로또를 하다
contraire 반대의
absolument 절대적으로, 꼭
continuer 계속하다
navigateur 뱃사람, 항해사
portugais(e) 포르투갈어, 포르투갈인
évidemment 확실히, 틀림없이

modèle 083

Qui va ... ?

누가 ~하기로 할까?

어떤 일을 해야 하는데 누가 그 일을 하기로 할지 결정해야 할 때가 있죠? 그럴 때 쓰는 표현이 'Qui va + 부정법 동사?' 패턴입니다.

ÉTAPE 1

1	누가 이거 하기로 할까?	**Qui va** faire ça?
2	누가 거기에 가기로 할까?	**Qui va** y aller?
3	누가 식탁 치우기로 할까?	**Qui va** débarrasser la table?
4	누가 설거지하기로 할까?	**Qui va** faire la vaisselle?
5	누가 쓰레기 버리기로 할까?	**Qui va** descendre les poubelles?

ÉTAPE 2

1. 설거지 당번을 정할 때

A 누가 설거지하기로 할까?

B Pas moi, je l'ai faite hier.

A Alors tu descendras les poubelles?

B D'accord, mais il pleut.

2. 집안일에 지쳤을 때

A J'ai passé ma journée à faire du rangement.

B Pas trop fatiguée?

A Si! 하지만 누가 다림질을 하기로 할까?

B Moi, je peux t'aider.

1 A Qui va faire la vaisselle?
　B 난 아냐. 난 어제 했거든.
　A 그럼 쓰레기 버려 줄래?
　B 좋아, 한데 비가 오네.

2 A 정리하는 데 꼬박 하루가 걸렸네.
　B 너무 피곤하지 않니?
　A 피곤하지! Mais qui va faire le repassage?
　B 내가 도와줄 수 있어.

•Lexique•

débarrasser 치우다
poubelle 쓰레기통
descendre les poubelles 쓰레기를 버리다(쓰레기통을 비우다)
rangement 정리, 정돈
fatigué(e) 피로한, 지친
repassage 다림질, 갈음질

qu'est-ce que
(무엇)를 포함한 표현

여기서는 의문사 'qu'est-ce que'(무엇)를 활용하는 패턴을 살펴보겠습니다.
가방 안에 무엇이 있는지, 뭘 해야 하는지, 무엇을 하면 좋을지, 무엇을 하고 싶은지
등 대상에 관한 정보를 얻거나, 상대방의 기호를 파악할 때 또는 상대방에게 충고를
원할 때 'qu'est-ce que'를 활용한 다양한 패턴을 씁니다.

Remue-méninges

1 가방 안에 뭐가 있나요? Qu'est-ce qu'il y a dans le sac?

2 제가 뭘 해야 하나요? Qu'est-ce que je dois faire?

3 어떤 차를 갖고 계세요? Qu'est-ce que vous avez comme voiture?

4 무엇을 사고 싶으세요? Qu'est-ce que vous voulez acheter?

5 어떤 영화를 원하세요? Qu'est-ce que vous voulez comme film?

modèle 084

Qu'est-ce qu'il y a ... ?

~에 무엇이 있나요?

'qu'est-ce que'는 '무엇'이고 'il y a'는 '있다'이니 어떤 장소나 공간에 무엇이 있는지를 물어보려 할 때 쓰는, 매우 자주 쓰는 기본적인 패턴입니다

ÉTAPE 1

1 가방 안에 뭐가 있나요?   **Qu'est-ce qu'il y a** dans le sac?

2 봉투 안에 뭐가 있나요?   **Qu'est-ce qu'il y a** dans l'enveloppe?

3 상자 안에 뭐가 있나요?   **Qu'est-ce qu'il y a** dans la boîte?

4 그 안에 뭐가 있나요?   **Qu'est-ce qu'il y a** dedans?*

5 USB에 뭐가 들어 있나요?   **Qu'est-ce qu'il y a** sur cette clé USB?

•Conseils•

'개인적인 소지품'은 'mes affaires personnelles'이라고 하면 돼요.

* '그 안에 뭐가 있나요?'는 프랑스어로 'Qu'est-ce qu'il y a à l'intérieur?'라고 해도 돼요.

ÉTAPE 2

1. 공항 세관에서

A Bonjour madame, puis-je inspecter vos bagages?

B Allez-y!

A 가방 안에 뭐가 있나요?

B Un ordinateur portable.

2. 선물을 줄 때

A Tiens, c'est pour toi!

B Qu'est-ce que c'est?

A Un petit cadeau pour toi.

B 그 안에 뭐가 있어?

1 A 안녕하세요 사모님. 짐을 검사해도 되겠습니까?
   B 그러세요!
   A Qu'est-ce qu'il y a dans ce sac?
   B 노트북 컴퓨터요.

2 A 자, 이거 네 거야!
   B 그게 뭐야?
   A 작은 선물이야.
   B Qu'est-ce qu'il y a dedans?

•Lexique•

enveloppe 봉투
boîte 상자
inspecter 검사하다
ordinateur portable 노트북
cadeau 선물

modèle 085

Qu'est-ce que je dois ... ?

제가 뭘 ~해야 하나요?

내가 무엇을 해야 하는지를 상대에게 물을 때 쓰는 패턴입니다. 매우 자주 사용하는 표현이니 꼭 알아 두어야겠지요?

ÉTAPE 1

1 시험을 위해 뭘 공부해야 하지?

Qu'est-ce que je dois savoir pour l'examen?

2 제가 그 사람한테 뭘[뭐라고] 말해야 하나요?

Qu'est-ce que je dois lui dire?

3 서류로는 뭘 가져가야 하나요?

Qu'est-ce que je dois porter comme document?

4 약은 뭘 먹어야 하나요?

Qu'est-ce que je dois prendre comme médicaments?

5 제가 뭘 해야 하나요?

Qu'est-ce que je dois faire?

•Conseils•

* 알약은 'un comprimé', 시럽은 'du sirop'이라고 해요.

** 'contrôle'은 '수시로 보는 시험'을 말해요.

ÉTAPE 2

1. 약 복용 방법에 대해

A Je suis passé chez le pharmacien.

B 그럼, 약은 뭘 먹어야 해?

A Ces comprimés* blancs trois fois par jour.

B Est-ce qu'il y a des antibiotiques?

2. 시험에 대해

A Le contrôle** est prévu pour quelle date?

B Le 20 avril.

A 시험을 위해 뭘 공부해야 하지?

B Tout le chapitre 8.

1 A 약국에 다녀왔어.
  B Alors, qu'est-ce que je dois prendre comme médicaments?
  A 이 흰색 알약을 하루 세 번 먹어야 해.
  B 항생제가 있어?

2 A 수시 시험이 며칠로 예정되어 있지?
  B 4월 20일이야.
  A Qu'est-ce que je dois savoir pour l'examen?
  B 챕터 8 전체야.

•Lexique•

médicament 약
passer 들르다
pharmacien 약사
chez le pharmacien 약국, 약국에
antibiotique 항생제

121

modèle 086 Qu'est-ce que vous avez comme ... ?

~로 뭐가 있어요? / 어떤 ~를 갖고 계세요?

어떤 것이 필요할 때 조금 더 자세한 정보를 얻기 위해 쓰는 표현이에요. 예컨대 양념이 필요한데 어떤 양념이 있는지, 상대방이 차가 있는데 어떤 종류의 차가 있는지를 물어볼 때 쓰는 패턴이죠.

ÉTAPE 1

1 양념류로 뭐가 있어요?	**Qu'est-ce que vous avez comme** sorte(s) d'épices?
2 소독제로 뭐가 있어요?	**Qu'est-ce que vous avez comme** désinfectants?
3 어떤 차를 갖고 계세요?	**Qu'est-ce que vous avez comme** voiture?
4 어떤 교통수단이 있나요?	**Qu'est-ce que vous avez comme** moyen de transport?
5 어떤 브랜드의 맥주가 있나요?	**Qu'est-ce que vous avez comme** marques de bières?

ÉTAPE 2

1. 요리를 할 때

A Je voudrais préparer un plat traditionnel.

B Qu'est-ce qu'il vous faut?

A 양념류로 뭐가 있나요?

B Venez avec moi, nous allons regarder.

2. 할인에 관한 문의를 할 때

A 파리-보르도 표에 어떤 할인이 있나요?

B Moins 20% pour un départ après 22 heures.

A Très bien. Je vais prendre un ticket.

B Couloir ou fenêtre?

1 A 전통 음식을 차리고 싶습니다.
B 뭐가 필요하시죠?
A Qu'est-ce que vous avez comme sortes d'épices?
B 이리 오세요, 함께 보시죠.

2 A Qu'est-ce que vous avez comme réduction pour un Paris-Bordeaux?
B 오후 10시 이후 출발편에 20% 할인이요.
A 아주 좋습니다. 표 한 장 끊겠습니다.
B 복도쪽이요 창쪽이요?

•Lexique•

épice 양념, 향신료
désinfectant 소독제, 살균제
plat traditionnel 전통 음식
réduction 할인
couloir 복도
fenêtre 창, 창문

Qu'est-ce que vous me recommandez de ... ? 무엇을 ~하면 좋을지 추천해 주시겠어요?

modèle 087

상대방에게 추천을 받고 싶을 때 우리는 '제가 무엇을 하면 좋을까요?'와 같이 돌려서 표현하는데, 이것은 그보다 직접적인 표현이에요. 프랑스 사람들은 이렇게 직접적인 표현을 많이 씁니다.

ÉTAPE 1

1 무엇을 먹으면 좋을지 추천해 주시겠어요?
Qu'est-ce que vous me recommandez de manger?

2 무엇을 하면 좋을지 추천해 주시겠어요?
Qu'est-ce que vous me recommandez de faire?

3 무엇을 보면 좋을지 추천해 주시겠어요?
Qu'est-ce que vous me recommandez de voir?

4 무엇을 사면 좋을지 추천해 주시겠어요?
Qu'est-ce que vous me recommandez d'acheter?

5 어딜 가면 좋을지 추천해 주시겠어요?
Qu'est-ce que vous me recommandez de visiter?

ÉTAPE 2

1. 친구들이 방문을 할 때

A Nous viendrons du 12 au 19 avril.
B Très bien. Je vais modifier mon emploi du temps en conséquence..
A 무엇을 보면 좋을지 추천해 주겠니?
B Il y a beaucoup de sites touristiques très intéressants.

2. 피부 트러블에 좋은 로션을 문의할 때

A J'ai un problème de peau, ça m'inquiète beaucoup.
B À votre âge, l'acné est un problème sérieux.
A 무엇을 하면 좋을지 추천해 주시겠어요?
B Je vous recommande d'utiliser cette lotion.

1 A 4월 12일부터 19일까지 (일정으로) 갈게.
B 아주 좋아. 거기에 맞추어 내 스케줄을 변경할게.
A Qu'est-ce que tu nous recommandes de voir?
B 아주 흥미로운 관광지가 많아.

2 A 피부 트러블이 있는데, 고민이에요.
B 그 나이에는 여드름이 정말 문제죠.
A Qu'est-ce que vous me recommandez de faire?
B 이 로션을 써 보세요

•Lexique•
recommander 추천하다
emploi du temps 시간표, 일정
conséquence 결과, 결론
en conséquence 그러므로, 따라서
peau 피부
acné 뾰루지, 여드름
sérieux(se) 심각한
utiliser 이용하다, 쓰다

modèle 088 Qu'est-ce que vous voulez ... ?

무엇을 ~하고 싶으세요?

상대방이 무엇을 하고 싶은지 알고 싶을 때 쓰는 표현인데, 프랑스어에서는 '무엇을 하기를 원하세요?'와 같이 '원하다'라는 뜻의 vouloir 동사를 써서 표현합니다.

ÉTAPE 1

1 무엇을 드시고 싶으세요? **Qu'est-ce que vous voulez** manger ce soir?

2 내일 무엇을 하고 싶으세요? **Qu'est-ce que vous voulez** faire demain?

3 무엇을 마시고 싶으세요? **Qu'est-ce que vous voulez** boire?

4 무엇을 사고 싶으세요? **Qu'est-ce que vous voulez** acheter?

5 무엇을 사진 찍고 싶으세요? **Qu'est-ce que vous voulez** photographier?

ÉTAPE 2

1. 외식을 하고 싶을 때

A Je n'ai pas envie de cuisiner ce soir, nous allons sortir.

B Si vous voulez.

A 무엇을 드시고 싶으세요?

B J'aimerais bien manger chinois.*

2. 식당에서 주문할 때

A Je peux prendre votre commande.**

B Deux menus à quinze euros.

A 음료는 무엇으로 하실래요?

B Deux cocas.

1 A 오늘 저녁에는 요리하고 싶지 않아요. 나가죠.
   B 원한다면.
   A Qu'est-ce que vous voulez manger?
   B 중국 음식을 먹고 싶어요.

2 A 주문하시겠어요?
   B 15유로짜리 정식 둘 주세요.
   A Qu'est-ce que vous voulez boire?
   B 콜라 2개요.

* '중국음식을 먹다'를 'manger un plat chinois'라고 할 수 있는데, 이때 'un plat'(음식)를 생략할 수 있어요. 마찬가지로 'manger vietnamien', 'manger coréen'이라고 할 수 있겠죠?

** 'Je peux prendre votre commande.'는 직역하면 '당신의 주문을 받을 수 있습니다.'라는 뜻이에요.

•Lexique•

photographier 사진 찍다
avoir envie de qch ～을 (가지고 / 하고) 싶다
cuisiner 요리하다
menu 정식, 세트
boire 마시다

modèle 089

Qu'est-ce que vous voulez comme ... ? ~(로)는 무엇을 원하세요? / 어떤 ~를 원하세요?

바로 앞에서 '무엇을 하기를 원하세요', 즉 부정법 동사를 쓰는 표현을 보았죠? 여기서는 '무엇을 원하세요?'와 같이 명사를 쓰는 표현을 공부해 보죠. 이때 '~로서'를 뜻하는 comme를 앞세웁니다. 즉 우리말에서 '음료수로는 무엇을 원하세요?', 혹은 '어떤 음료수를 원하세요?'와 같이 표현할 때 프랑스어로는 'Qu'est-ce que vous voulez comme boisson?'이라고 하면 돼요.

ÉTAPE 1

1 음료(로)는 무엇을 원하세요? **Qu'est-ce que vous voulez comme** boisson?

2 색깔은 무엇을 원하세요? **Qu'est-ce que vous voulez comme** couleur?

3 사이즈는 무엇을 원하세요? **Qu'est-ce que vous voulez comme** taille?

4 (여행) 목적지로 어디를 원하세요? **Qu'est-ce que vous voulez comme** destination?

5 어떤 영화를 원하세요? **Qu'est-ce que vous voulez comme** film?

•Conseils•

* 'Celui avec Depardieu'에서 celui는 film을 가리키는 대명사입니다.

ÉTAPE 2

1. 여행사에서

A Nous aimerions partir quelques jours au soleil.

B Oui, (여행) 목적지로 어디를 원하세요?

A Nous avions pensé aux Seychelles.

B En cette saison, c'est une très bonne idée.

2. 영화 보러 갈 때

A 어떤 영화를 보고 싶어?

B Comme tu veux. Ça m'est égal.

A Celui avec Depardieu,* ça te dirait?

B Si tu veux! Pourquoi pas?

1 A 날씨 좋은 곳으로 며칠 떠나고 싶은데요.
　B 네, qu'est-ce que vous voulez comme destination?
　A 세셸을 생각하고 있습니다.
　B 지금 계절에는 아주 좋은 생각이에요.

2 A Qu'est-ce que tu veux voir comme film?
　B 네가 원하는 대로, 난 상관없어.
　A 드파르디외가 나오는 거 어때?
　B 네가 원한다면! 안될 것 없지?

•Lexique•

boisson 음료(수)
couleur 색깔
saison 계절
égal(e) 공평한
ça m'est égal. 상관없다.
dire = plaire 마음에 들다
Pourquoi pas. 안될 것 없지.

125

modèle 090

Qu'est-ce que vous avez fait de … ?

~를 어떻게 했나요?

'faire A de B'는 직역하면 'B를 가지고 A를 만들다', 'A를 B로 만들다'의 뜻입니다. 예컨대 'Je vais faire un jardin de ce terrain.'이라고 하면 '나는 이 땅을 갖고 정원을 만들거야', 즉 '나는 이 땅을 정원으로 만들거야.'라는 뜻입니다. 'Qu'est-ce que vous avez fait de … ?'는 'faire A de B'에서 A 자리에 'qu'est-ce que'가 들어간 구조입니다. 즉 B를 갖고 무엇을 했느냐, 다시 말해 B를 어떻게 했느냐는 뜻이 되지요.

ÉTAPE 1

1 그 돈 어떻게 하셨나요?
Qu'est-ce que vous avez fait de l'argent?

2 표 어떻게 하셨나요?
/ 표 어디다 두셨나요?
Qu'est-ce que vous avez fait des billets?

3 열쇠 어떻게 하셨나요?
/ 열쇠 어디다 두셨나요?
Qu'est-ce que vous avez fait de vos clés?

4 제 휴대폰 어떻게 하셨나요?
/ 제 휴대폰 어디다 두셨나요?
Qu'est-ce que vous avez fait de mon téléphone portable?

5 나머지는 어떻게 하셨나요?
Qu'est-ce que vous avez fait du reste?

•Conseils•

그렇다면 '(내가) ~를 어떻게 했더라?'를 어떻게 표현할까요?
⓪ (내가) 휴대폰을 어떻게 했더라? / 어디다 뒀더라?
Qu'est-ce que j'ai fait de mon téléphone portable?
(내가) 열쇠를 어떻게 했더라? / 어디다 뒀더라?
Qu'est-ce que j'ai fait de mes clés?

ÉTAPE 2

1. 휴대폰이 없어졌을 때

A   Vous cherchez quelque chose?
B   Oui. 제 휴대폰 어떻게 하셨나요?
A   Je l'ai mis sur votre sac.
B   Merci, j'avais peur qu'il ait disparu.

2. 친구가 돈을 빌려 달라고 할 때

A   Est-ce que tu peux me prêter cinquante euros, s'il te plaît?
B   Encore? 그 돈은 어떻게 했니?
A   J'ai tout dépensé hier.
B   Débrouille-toi!

1 A 뭐 찾으세요?
   B 예. Qu'est-ce que vous avez fait de mon téléphone portable?
   A 선생님 가방 안에 넣었습니다.
   B 고마워요. 없어졌을까 봐 겁이 났어요.

2 A 미안하지만 50유로로 좀 빌려 줄래?
   B 또? Qu'est-ce que tu as fait de l'argent?
   A 어제 다 썼어.
   B 네가 알아서 해!

•Lexique•

téléphone portable 휴대전화, 휴대폰
reste 나머지
mettre 넣다
disparaître 사라지다
disparu 사라진
prêter 빌리다
se débrouiller 해결되다, 처리하다

Unité 17

pourquoi와 이유 표현

여기서는 이유를 묻는 표현들을 살펴보겠습니다. 우리는 이유를 물을 때 '왜 ~하세요?' 하고 묻죠? 이에 대한 답변으로는 '그건 ~이기 때문이에요.'라고 합니다. 또 때로는 '그것이 ~한 이유예요 / 그 때문에 ~한 거예요' 하면서 이유를 설명하기도 하죠. 이런 표현들을 프랑스어로 어떻게 하는지 알아봅시다.

Remue-méninges

1 왜 그렇게 하세요? Pourquoi vous faites ça?

2 왜 웃으세요? Pourquoi riez-vous?

3 그건 제가 아팠기 때문이에요. C'est parce que j'étais malade.

4 그래서 사람이 많은 거예요. C'est pourquoi il y a du monde.

5 그래서 소음이 많은 거예요. C'est pourquoi il y avait autant de bruit.

Pourquoi vous … ?

왜 ~하세요?

상대방의 행동이나 의견에 대해 그 이유를 물어보고 싶을 때가 있죠? 그럴 때 쓰는 패턴으로 '왜'를 뜻하는 의문사 pourquoi를 쓰고 상대방을 뜻하는 vous를 결합한 것이죠. 이때 원칙적으로 의문문이므로 주어인 vous와 동사를 도치해야 하지만 속어에서는 도치를 안 하기도 합니다.

ÉTAPE 1

1 왜 그렇게 하세요? **Pourquoi vous** faites ça?

2 왜 웃으세요? **Pourquoi riez-vous?**

3 왜 여기서 쇼핑을 하세요? **Pourquoi vous** faites vos courses* ici?

4 왜 그렇게 운동을 많이 하세요? **Pourquoi vous** faites autant de sport?

5 왜 그렇게 조심을 하세요? **Pourquoi** prenez-**vous** autant de précautions?

•Conseils•

*'쇼핑'은 courses라고 하는데, 대체로 복수로만 씁니다.
'쇼핑을 하다'는 'faire des[les, ses] courses'라고 해요.
ⓔ Elle est sortie pour faire des courses.
J'ai quelques courses à faire.

'홈쇼핑'은 'courses à domicile'이라고 합니다.
단수로 course라 쓰면 '달리기'가 되며, '달리기를 하다'는 'faire de la course'라고 합니다.

ÉTAPE 2

1. 쇼핑의 이유

A 왜 여기서 쇼핑을 하세요?
B Parce qu'il y a toujours des promotions.
A Vraiment?
B Oui, moins 10% en moyenne, moins 30% pendant les soldes!

2. 조심을 해야 하는 이유

A Est-ce que l'horlogerie est un métier difficile?
B Disons que c'est un métier très précis.
A 왜 그렇게 조심을 하세요?
B Parce que ces anciennes montres sont très délicates.

1 A Pourquoi vous faites vos courses ici?
　B 여기는 항상 판촉행사를 하거든요.
　A 정말요?
　B 그래요, 평균 10% 할인하고요, 세일 때는 30% 할인해요!

2 A 시계 제조는 어려운 일인가요?
　B 아주 정밀한 일이라고 할 수 있죠.
　A Pourquoi prenez-vous autant de précautions?
　B 이 오래된 손목시계는 아주 민감하거든요.

•Lexique•
rire 웃다
autant de ~ 그렇게도, 그만큼
précaution 조심
en moyenne 평균적으로
pendant ~동안
promotion 촉진, 판매촉진 상품
solde 세일, 염가 판매
horlogerie 시계 제조업 시계류, 시계점
délicat(e) 예민한, 섬세한

modèle 092 — C'est parce que ...

그건 ~이기 때문이에요

상대방이 어떤 일에 대한 이유를 물어오면 거기에 답변을 해야겠지요. 그럴 때 쓰는 표현이 'C'est parce que … '이에요. 물론 'C'est'를 생략하고 'Parce que … '라고 해도 되겠지요.

ÉTAPE 1

1 그건 제가 그녀를 못 알아봤기 때문이에요.

C'est parce que je ne l'ai pas reconnue.

2 그건 제가 아팠기 때문이에요.

C'est parce que j'étais malade.

3 그건 실화이기 때문이에요.

C'est parce que c'est une histoire vraie.

4 그건 물과 기름이 섞이지 않기 때문이에요.

C'est parce que l'eau et l'huile ne se mélangent pas.

5 그건 전쟁이 격화되기 때문이에요.

C'est parce que les combats font rage.

•Conseils•

이유가 뭔지 잘 모를 때나 이유를 말하고 싶지 않을 때 우리는 '그냥'이라고 하죠. 이것을 프랑스어로 하면? 'Parce que!'나 'Juste parce que!'라고 해요.

ÉTAPE 2

1. 인사를 안 한 이유

A Pourquoi tu ne lui as pas dit bonjour?

B 그건 내가 그녀를 못 알아봤기 때문이야.

A Je crois qu'elle a été un peu déçue.

B Elle a vraiment beaucoup changé.

2. 흥행 성공의 이유

A Le film Titanic a eu énormément de succès.

B Oui, 그건 실화이기 때문이에요.

A Et peut-être aussi à cause de Leonardo di Caprio.

B C'est vrai qu'il était très beau.

1 A 너 왜 그 아가씨한테 인사 안 했니?
　B C'est parce que je ne l'ai pas reconnue.
　A 그 아가씨가 조금 상심하는 것 같던데.
　B 그녀는 정말 엄청 변했더라구.

2 A 영화 타이타닉은 흥행에 엄청 성공했어요.
　B 그래요, c'est parce que c'est une histoire vraie.
　A 그리고 그건 레오나르도 디카프리오 때문이기도 하죠.
　B 그래요, 정말 잘생겼어요.

•Lexique•

malade 아픈
histoire 이야기, 역사
vrai(e) 진짜
renonnaître 알아보다, 기억해 내다
mélanger 섞다
combat 전투
se mélanger 섞이다
rage 격노, 맹렬한 위세
faire rage 맹위를 떨치다
déçu(e) 실망한
énormément 엄청나게

modèle 093

C'est pourquoi ... / C'est pour ça que ...

그것이 ~한 이유예요 / 그 때문에 ~한 거예요

'A 때문에 B하다'는 프랑스어에서 'A, parce que B'라고 하죠? 그런데, 그 반대의 경우, 즉 'B하다. 그것이 A 한 이유이다'의 경우에는 어떻게 할까요? 'B, c'est pourquoi A'라고 하죠. 이때 'C'est pour ça que A' 혹은 'C'est la raison pour laquelle A'라고도 할 수 있습니다.

ÉTAPE 1

1	그래서 그게 취소된 거예요.	**C'est pour ça qu'**elle a été annulée.
2	그래서 조심해야 하는 거예요.	**C'est pourquoi** il faut être prudent.
3	그래서 사람이 많은 거예요.	**C'est pourquoi** il y a du monde.
4	그래서 소음이 많은 거예요.	**C'est pourquoi** il y avait autant de bruit.
5	그래서 그 사람이 안 온 거예요.	**C'est pourquoi** il n'est pas venu.

ÉTAPE 2

1. 소풍이 취소된 이유

A Finalement, la randonnée n'a pas eu lieu?

B Non, il pleuvait des cordes!

A 그 때문에 취소된 건가요?

B Oui, elle est reportée au week-end prochain.

2. 아이들에게 신경을 써야 하는 이유

A Il y a beaucoup de monde cette année au festival.

B Oui, il faudra faire attention aux enfants.

A Ils pourraient se perdre dans la foule.

B 그 때문에 조심해야 하는 거죠.

1   A   결국 소풍은 안 갔나요?
     B   예. 비가 억수 같이 내렸거든요!
     A   C'est pour ça qu'elle a été annulée?
     B   네. 다음 주말로 연기되었어요.

2   A   올해 축제에 사람들이 많군요.
     B   네, 아이들에게 신경 써야 할 거예요.
     A   군중 속에서 길을 잃을 수 있죠.
     B   C'est pour ça qu'il faut être prudent.

•Lexique•

annuler 취소하다
prudent(e) 신중한, 조심하는
bruit 소음, 잡음
randonnée 긴 산책, 긴 나들이
avoir lieu 일어나다, 개최되다
pleuvoir 비가 오다
reporter 연기하다, 미루다
perdre 잃다
se perdre 길을 잃다
foule 군중, 사람들

Partie III

나의 의도와 감정을
표현하는 패턴들

Unité 18 의도 표현하기

Unité 19 관심·흥미 표현하기

Unité 20 욕구 표현하기

Unité 21 느낌과 기분의 표현

Unité 22 좋은 감정 표현하기

Unité 23 나쁜 감정 표현하기

Unité 24 후회와 아쉬움의 감정 표현하기

Unité 18

의도 표현하기

상대와 대화를 나누다 보면 자신의 의도를 나타내야 할 때가 있죠. 단순히 '~할 생각
입니다'에서부터 '그냥 ~만 할게요'라든지, '~하러 들를게요', '~하러 왔습니다', '~
로 여기 왔습니다', '~하려고 전화했습니다', '그냥 ~하고 싶었어요' 등 일상생활에서
자주 쓰는 의도 표현을 살펴봅시다.

Remue-méninges

1 시내로 갈 생각이었습니다. Je pensais aller dans le centre.

2 그냥 지나가는 길이에요. Je ne fais que passer.

3 마중하러 공항에 나갈게요. Je passerai vous chercher à l'aéroport.

4 사진 찍으러 여기 왔습니다. Je suis ici pour faire des photos.

5 그냥 사랑한다고 말하고 싶었어. Je voulais juste te dire que je t'aime.

modèle 094

Je pense ... / Je pensais ...

~할 생각입니다 / ~할 생각이었습니다

자신의 의도를 나타내는 가장 단순한 표현은 '~할 생각입니다'라는 직접적 표현이죠. 이때 뒤에 부정법 동사를 씁니다. 물론 때로는 반과거형으로 '~할 생각이었습니다'라고 표현할 때도 있겠죠? 이럴 때 쓰는 표현이 'Je pense ... '와 'Je pensais ... '입니다. 물론 뒤에 que절을 놓을 수도 있는데, 이때는 의도가 아니라 의견 ('~라고 생각합니다')을 표현하므로 뒤에서 따로 다룹니다.

ÉTAPE 1

1 사표를 낼 생각입니다.
Je pense démissionner.

2 아파트에 공사를 좀 할 생각입니다.
Je pense faire quelques travaux dans mon appartement.

3 회의를 빨리 열 생각이었습니다.
Je pensais organiser une réunion rapidement.

4 시내로 갈 생각이었습니다.
Je pensais aller dans le centre.

5 제 일의 성과를 거둘 생각이었습니다.
Je pensais récolter les fruits* de mon travail.

•Conseils•

'할 생각입니다'는 'Je pense ... ' 대신 'Je compte ... '라고 해도 됩니다.

* récolter les fruits는 '열매를 따다'라는 뜻으로 비유적으로 '결실을 보다'로 많이 쓰입니다.

** 'Tu as d'autres propositions?' 은 직역하면 '다른 제안이 있어?'로 다른 곳으로부터 제안을 받은 것이 있냐는 뜻입니다.

ÉTAPE 2

1. 회사를 떠나고 싶을 때

A 사표를 낼 생각이야.

B Pourquoi? Tu ne te plais plus dans ton travail?

A J'ai l'impression que mes efforts ne servent à rien.

B Tu as d'autres propositions?**

2. 식당이 모두 문을 닫았을 때

A À cette heure-ci, tout est fermé par ici.

B Mais nous n'avons pas dîné.

A 좋은 식당 찾으러 시내로 갈 생각이었는데.

B Je vais chercher ma voiture, je te retrouve devant l'hôtel.

1 A Je pense démissionner.
　 B 왜? 일이 마음에 안 드니?
　 A 노력해도 소용이 없다는 느낌이야.
　 B 오라는 데 있니?

2 A 여긴 이 시간에 모두 닫혔구나.
　 B 하지만 우린 저녁을 못 먹었는데.
　 A Je pensais aller dans le centre pour trouver un bon restaurant.
　 B 차 가지러 갈게, 호텔 앞에서 만나자.

•Lexique•

démissionner 사직하다
rapidement 신속히, 빨리
impression 인상, 느낌
effort 수고, 노력
proposition 제안

modèle 095 Je ne fais que ...
그냥 ~만 할게요[해요]

옷가게 같은 곳에 들어갔을 때 점원이 'Puis-je vous aider?' 하며 다가오면 부담스러울 때가 있죠? 그럴 때 '그냥 둘러보기만 할게요.'라고 말하면 될 텐데, 이럴 때 쓸 수 있는 패턴입니다. 이처럼 '그냥 ~만 할게요.' 혹은 '그냥 ~만 해요.' 같은 표현을 할 때 이 'Je ne fais que + 부정법 동사' 패턴을 씁니다.

ÉTAPE 1

1 그냥 보기만 할게요.　　　　　**Je ne fais que** jeter un coup d'oeil.

2 요즘은 그냥 잠만 자요.　　　　**Je ne fais que** dormir ces temps-ci.

3 그냥 살만 쪄요.　　　　　　　**Je ne fais que** grossir.

4 저는 그냥 명령을 집행할 뿐이에요.　**Je ne fais qu'**appliquer la consigne.

5 그냥 지나가는 길이에요.　　　　**Je ne fais que** passer.

•Conseils•

* 'Quelle bonne surprise!'는 예상하지 못한 즐거운 일이 일어났을 때 쓰는 표현입니다.

ÉTAPE 2

1. 우연히 친구를 만났을 때

A　Quelle bonne surprise!*

B　Oui, cela fait longtemps!

A　Tu as le temps de prendre un café?

B　아쉽게도 나는 그냥 지나가는 길이라서 …

2. 그림을 사고 싶은데 돈이 없을 때

A　Cette toile vous intéresse?

B　그냥 보기만 할게요.

A　Le prix est négociable.

B　Je ne suis pas sûr d'avoir les moyens.

1　A 이게 누구신가!
　　B 그래, 오랜만이군!
　　A 커피 한 잔할 시간 있어?
　　B Malheureusement, je ne fais que passer …

2　A 이 그림 관심 있으세요?
　　B Je ne fais que jeter un coup d'œil.
　　A 가격은 협상 가능합니다.
　　B 제가 살 돈이 있을지 확신이 안 드네요

•Lexique•

dormir 자다
grossir 살찌다
appliquer 실행하다, 적용하다
consigne 명령, 지시
négociable 협상 가능한

135

Je passerai …

~하러 들를게요

'한 번 뵈러 들를게요.'라고 할 때 프랑스어로 어떻게 할까요? 우선 '들르다'가 passer니까 'Je passerai'라고 하면 되죠. 그런 다음에는 바로 부정법 동사를 씁니다. '～하러'라고 해서 pour를 쓰지 않습니다. 이제부터 '～하러 들를게요'라고 할 때 'Je passerai + 부정법 동사'의 패턴을 써 보세요.

ÉTAPE 1

1 커피 한 잔하러 들를게요. **Je passerai** prendre un café avec* vous.

2 마중하러 공항에 나갈게요. **Je passerai** vous chercher à l'aéroport.

3 차로 모시러 호텔에 들를게요. **Je passerai** vous prendre en voiture à l'hôtel.

4 돌아오는 길에 인사하러 들를게요. **Je passerai** vous dire bonjour à mon retour.

5 열쇠 돌려 드리러 들를게요. **Je passerai** vous rendre les clés.

•Conseils•

* avec는 부사로도 쓰여서 명사 없이도 쓰일 수 있습니다.
🇰🇷 내 펜 돌려줘, 네가 가지고 가려고 했어.
Rend-moi mon stylo, tu allais partir avec!

ÉTAPE 2

1. 상대방을 차로 태우러 갈 때

A On se retrouve à quelle heure?

B Vers quatre heures de l'après-midi.

A Où est-ce qu'on se retrouve?

B 차로 데리러 호텔에 들를게.

2. 열쇠를 돌려 주어야 할 때

A Je rentre samedi.

B Surtout, n'oubliez pas de fermer l'appartement.

A 그럼요, 열쇠 돌려 드리러 들를게요.

B Oui, ne partez pas avec.

1 A 몇 시에 만날까?
　B 오후 네 시경에.
　A 어디서 만날까?
　B Je passerai vous prendre en voiture à l'hôtel.

2 A 토요일에 돌아가요.
　B 아파트 문 잠그는 것 절대 잊지 마세요.
　A Bien sûr, je passerai vous rendre les clés.
　B 그래요, 열쇠 갖고 가 버리시면 안 돼요.

•Lexique•

retour 돌아옴, 귀로
retrouver 다시 만나다
se retrouver 서로 다시 만나다, 재회하다
surtout 특히
oublier 잊다

Je suis venu(e) ...
~하러 왔습니다

바로 앞에서 '~하러 들를게요'라고 할 때 'Je passerai + 부정법 동사'의 패턴을 쓴다는 것을 배웠죠? 그렇다면 '~하러 왔습니다'라고 할 때는 어떻게 표현할까요? 맞습니다. 마찬가지로 'Je suis venu(e) + 부정법 동사'의 패턴을 씁니다. 이때 부정법 앞에 **pour**를 써도 좋습니다.

ÉTAPE 1

1 인사드리러 왔습니다.　　**Je suis venu(e)** vous dire bonjour.

2 등록을 연장하러 왔습니다.　**Je suis venu(e)** renouveler mon inscription.

3 좋은 소식을 알려 드리러 왔습니다.　**Je suis venu(e)** pour vous annoncer une bonne nouvelle.

4 제안을 하나 하러 왔습니다.　**Je suis venu(e)** pour vous faire une proposition.

5 제 신용카드가 없어져서 신고하러 왔습니다.　**Je suis venu(e)** vous signaler que ma carte de crédit a disparu.

ÉTAPE 2

1. 등록을 연장하려 할 때

A 등록을 연장하러 왔습니다.

B Oui, adressez-vous au bureau de la scolarité.

A Où se trouve-t-il, s'il vous plait?

B Au même étage, porte 210. Bonne journée!

2. 좋은 소식이 있을 때

A Un peu de silence, s'il vous plaît!

B 좋은 소식을 알려 드리러 왔습니다.

A Le prof est absent?

B Oui, et le test est annulé!

1　A　Je suis venu renouveler mon inscription.
　　B　네, 교무과에 문의하세요.
　　A　죄송하지만, 어디 있나요?
　　B　같은 층, 210호요. 좋은 하루 보내세요!

2　A　조금만 조용히 해 주시겠습니까?
　　B　Je suis venu vous annoncer une bonne nouvelle.
　　A　선생님이 결근하셨나요?
　　B　그래요, 그리고 시험이 취소되었습니다!

•Lexique•

inscription 등록
annoncer 알리다
nouvelle 소식, 뉴스
scolarité 취학, 재학
bureau de la scolarité 교무과
signaler 고발하다, 신고하다
étage 층

modèle 098 Je suis ici pour ...

~로 여기 왔습니다

방금 배운 'Je suis venu(e) + 부정법 동사'와 거의 같은 뜻의 패턴입니다. 다만 이 패턴은 문맥에 따라 '어떠한 일로 여기에 와 있습니다.'라는 의미로 많이 쓰입니다.

ÉTAPE 1

1 도와 드리러 여기 왔습니다. **Je suis ici pour** vous aider.

2 프랑스어를 배우러 여기 왔습니다. **Je suis ici pour** étudier le français.

3 사진 찍으러 여기 왔습니다. **Je suis ici pour** faire des photos.

4 너하고 얘기 좀 하러 여기 왔어. **Je suis ici pour** te parler.

5 네 이야기를 들으러 여기 왔어. **Je suis ici pour** t'écouter.

•Conseils•

pour 다음에 명사를 쓰는 다음과 같은 표현도 익혀 둡시다.
어학연수로 여기 와 있습니다.
Je suis ici pour un cours de langue.
사업차 여기에 와 있습니다.
Je suis ici pour affaires.

ÉTAPE 2

1. 서울에 온 이유

A C'est votre premier séjour à Séoul?

B 네, 사진 찍으러 여기 왔습니다.

A Vous êtes journaliste?

B Non, je travaille pour une agence de voyage.

2. 낭뜨에 온 이유

A C'est votre premier séjour à Nantes?

B Oui, je trouve la ville magnifique.

A Vous êtes ici en vacances?

B 아뇨, 프랑스어를 배우러 여기 온 거예요.

1 A 서울에 처음 머무시는 거예요?
  B Oui, je suis ici pour faire des photos.
  A 기자세요?
  B 아뇨, 저는 여행사에 근무하고 있습니다.

2 A 낭뜨에 처음 머무시는 거예요?
  B 네, 도시가 훌륭하네요.
  A 휴가차 여기 계시는 거예요?
  B Non, je suis ici pour étudier le français.

•Lexique•

faire des photos 사진을 찍다
parler 말하다
écouter 듣다
premier / première 처음의, 첫번째의
séjour 체류
agence de voyage 여행사
magnifique 멋진, 매우 아름다운

modèle 099 Je vous appelle pour ...

~하려고 전화했습니다

상대방에게 전화를 건 의도를 밝히는 표현입니다. 우리는 전화를 건 다음 인사를 나누고 덕담도 주고받은 뒤 본론을 얘기하죠. 그러나 프랑스인들은 바로 용건을 이야기해도 결례로 생각하지 않습니다. '~하려고 전화 드렸어요'라고 할 때 'Je vous appelle pour + 부정법 동사'의 패턴을 가장 많이 쓰니 활용해 보세요.

ÉTAPE 1

1 뭐 좀 여쭈어 보려고 전화했습니다.　**Je vous appelle pour** vous poser une question.

2 약속을 잡으려고 전화했습니다.　**Je vous appelle pour** prendre rendez-vous.

3 근황을 여쭈어 보려고 전화했습니다.　**Je vous appelle pour** prendre de vos nouvelles.

4 생일 축하드리려고 전화했습니다.　**Je vous appelle pour** vous souhaiter un bon anniversaire.

5 제가 참석 못한다는 말씀드리려고 전화했습니다.　**Je vous appelle pour** vous dire que je serai absent(e).

ÉTAPE 2

1. 예약을 위해 전화할 때

A 안녕하세요, 파마 예약을 하려고 전화했습니다.

B Oui, demain à 14 h cela vous convient?

A Parfait.

B Alors à demain.

2. 안부 전화를 할 때

A 근황을 여쭈어 보려고 전화했습니다.

B C'est gentil, de penser à moi.

A Vous ne vous sentez pas trop seul?

B Un peu, depuis que la neige a bloqué toutes les routes.

1　A Bonjour, je vous appelle pour prendre rendez-vous pour une permanente.
　　B 네, 내일 오후 2시 어떠세요?
　　A 좋아요.
　　B 그럼 내일 봬어요.

2　A Je vous appelle pour prendre de vos nouvelles.
　　B 제 생각해 주셔서 감사합니다.
　　A 너무 외롭지 않으세요?
　　B 조금요. 눈 때문에 도로가 모두 막힌 이후로 그러네요.

•Lexique•

appeler 부르다, 전화하다
poser une question 질문하다
prendre rendez-vous 약속을 잡다
souhaiter 기원하다
absent(e) 불참한, (에) 없는, 결석한
seul(e) 혼자인, 외로운
bloquer 묶다, 집중하다, 봉쇄하다, 정지시키다

Je voulais juste ...

modèle 100

그냥 ~하고 싶었어요

상대방이 나의 의도가 무엇이었는지 분명하게 밝히라고 요구할 경우 당황스러울 때가 있죠? 그럴 때 우리는 흔히 '그냥 ~하고 싶었어요'라고 말하곤 하죠. 이럴 때 쓰는 프랑스어 표현이 'Je voulais juste ... '입니다. 뒤에 부정법 동사를 쓰면 되죠.

ÉTAPE 1

1 그냥 당신과 함께 있고 싶었어요.　**Je voulais juste** être avec vous.

2 그냥 놀라게 해 드리고 싶었어요.　**Je voulais juste** faire une surprise.

3 그냥 집에 돌아가고 싶었어요.　**Je voulais juste** rentrer chez moi.

4 그냥 잘 지내시는지 알고 싶었어요.　**Je voulais juste** savoir si vous alliez mieux.

5 그냥 사랑한다고 말하고 싶었어.　**Je voulais juste** te dire que je t'aime.

ÉTAPE 2

1. 억울하게 사건에 연루되었을 때

A Expliquez-moi ce qui s'est passé …

B 전 그냥 집에 돌아가고 싶었는데, lorsque j'ai été pris dans la manifestation.

A Et la police vous a emmené?

B Oui, mais je n'ai rien à voir avec tout ceci!

2. 본의 아니게 상대를 겁나게 만들었을 때

A Tu aurais dû faire attention!

B 그냥 놀라게 해 주고 싶었어!

A Oui, mais tu m'as faite peur.

B Je n'ai pas fait exprès.

1 A 무슨 일이 일어났는지 설명해 주세요 …
　B Je voulais juste rentrer chez moi, 시위대에 휩쓸렸어요.
　A 그리고 경찰이 당신을 데려간 건가요?
　B 그래요, 하지만 전 이 일과 아무런 관련이 없어요!

2 A 주의를 기울였어야지!
　B Je voulais juste faire une surprise!
　A 그래, 하지만 너 때문에 겁났잖아.
　B 일부러 그런 게 아닌데.

•Lexique•

savoir 알다, 지식을 갖추다
expliquer 설명하다, 해명하다
manifestation 집회, 시위
emmener 데리고 가다
faire attention 주의하다
exprès 일부러, 고의로

modèle 101

Il est prévu que ...

~하기로 되어 있습니다

예정되어 있는 내용을 표현할 때, 우리는 흔히 '(원래) ~하기로 되어 있습니다'라고 하죠. 이럴 때 프랑스어에서는 'Il est prévu que ... '라고 하고 que절에 접속법을 씁니다. 물론 일이란 것이 예정대로 될 수도 있고 예정대로 안 될 수도 있겠죠. 만일 예정대로 안 된다면 '하지만'(mais) 하면서 다른 얘기를 할 수 있겠죠?

ÉTAPE 1

1 6월에 공사를 마치기로
되어 있습니다.

Il est prévu que nous finissions les travaux en juin.

2 그분 따님은 프랑스에서
공부하기로 되어 있습니다.

Il est prévu que sa fille aille étudier en France.

3 사촌들이 방학 때 오기로
되어 있습니다.

Il est prévu que mes cousins viennent pour les vacances.

4 대출로 공사비를 충당하기로
되어 있습니다.

Il est prévu que les travaux soient financés par un emprunt.

5 위성이 바다에서 운행을 다하는
것으로 되어 있습니다.

Il est prévu que le satellite finisse sa course dans l'océan.

•Conseils•

예정대로 안 될 때는 예를 들어 다음과 같이 표현할 수 있겠죠?

🇰🇷 제가 내일 오후 기차를 타기로 되어 있습니다만, 이틀 늦추고 싶습니다.
Il est prévu que je prenne le train de demain après-midi, mais je voudrais le remettre deux jours plus tard.

ÉTAPE 2

1. 공사비가 많이 들어갈 때

A La construction va coûter cher?

B Oui, plus cher que l'achat du terrain.

A Comment allez-vous financer le projet?

B 대출로 공사비를 충당하기로 되어 있습니다.

2. 위성이 운행을 다할 때

A La NASA a prévenu la population?

B Oui, mais les scientifiques sont quand même un peu inquiets!

A 위성이 바다에서 운행을 다하는 것으로 되어 있습니다, 그렇죠?

B Oui, sauf erreur de calculs.

1 A 공사비가 비싸게 들까요?
B 네, 대지 매입비보다 더 비쌀 겁니다.
A 그 계획의 자금은 어떻게 대실 건가요?
B Il est prévu que les travaux soient financés par un emprunt.

2 A NASA가 사람들에게 통보했나요?
B 네, 하지만 과학자들은 그래도 좀 걱정하고 있어요!
A Il est prévu que le satellite finisse sa course dans l'océan, n'est-ce pas?
B 네, 계산에 실수만 없다면요.

•Lexique•

cousin 사촌
financer 출자하다, 조달하다
emprunt 차용, 모방, 대출
population 인구, 국민, 주민
satellite 위성
scientifique 과학자
sauf ~을 제외하고, ~이 아니라면
erreur 실수
calcul 계산

Unité 19

관심 · 흥미 표현하기

자신이 어떤 것에 관심과 흥미가 있는지 또는 없는지 상대방에게 알리고 싶을 때가 있죠? 혹은 어떤 것에 전혀 개의치 않음을 알릴 필요도 있겠지요. 이럴 때 쓰는 표현들을 살펴보죠.

Remue-méninges

1 역사에 흥미를 느껴요. Je m'intéresse à l'histoire.

2 저는 정치에 흥미가 없어요. Je ne m'intéresse pas à la politique.

3 색깔은 상관없어요. Peu importe la couleur.

4 가격은 상관없어요. Peu importe le prix.

5 그 일을 하는 것이라면 저도 관심이 있는데요. Ça m'intéresserait de le faire.

modèle 102

Je m'intéresse à ...

~에 흥미를 느껴요 / ~에 관심이 있어요

intéressant이라는 단어를 아시지요? 보통 '재미있는'으로 알려져 있죠. 감각적으로 재미있을 경우에는 amusant을 쓰고, 관심으로 말미암아 흥미로울 경우에는 intéressant을 쓰시면 됩니다. 그런데 내가 어떤 것에 흥미를 느낀다고 할 때는 어떻게 표현할까요? 'Je m'intéresse à'를 쓰시면 됩니다.

ÉTAPE 1

1 컴퓨터 공학에 흥미를 느껴요.　　**Je m'intéresse à** l'informatique.

2 패션에 흥미를 느껴요.　　**Je m'intéresse à** la mode.

3 역사에 흥미를 느껴요.　　**Je m'intéresse à** l'histoire.

4 스포츠에 흥미를 느껴요.　　**Je m'intéresse aux** sports.

5 당신의 제안에 흥미를 느껴요.　　**Je m'intéresse à** votre proposition.

ÉTAPE 2

1. 관심분야를 물을 때

A　Que voulez-vous faire comme études plus tard?

B　Je ne sais pas, je n'ai pas encore décidé.

A　Qu'est-ce qui vous plaît dans la vie?

B　컴퓨터 공학에 흥미를 느껴요.

2. 여행의 이유를 물을 때

A　Comment s'est passé votre voyage à Versailles?

B　C'était formidable, les visites étaient fantastiques.

A　Mais d'où vient cette passion?

B　전 역사에 흥미가 있어요, voilà tout!

1　A 나중에 어떤 공부를 하고 싶으세요?
　　B 모르겠어요, 아직 결정 안 했거든요.
　　A 관심분야가 뭐예요?
　　B Je m'intéresse à l'informatique.

2　A 베르사이유 여행은 어떻게 되었어요?
　　B 굉장했어요, 방문한 곳들이 환상적이었어요.
　　A 도대체 그런 열정은 어디서 오는 건가요?
　　B Je m'intéresse à l'histoire, 그냥 그게 다예요!

•Lexique•

informatique 컴퓨터 공학
mode 패션(여), 방법(남)
formidable 어마어마한, 놀라운
fantastique 환상적인
passion 열정
voilà tout 그게 다예요

143

modèle 103 · Je ne m'intéresse pas à ...

저는 ~에 흥미가 없어요 / ~에 관심이 없어요

앞의 패턴의 부정형입니다. 흥미나 관심이 없다는 것을 나타낼 때 쓰면 되겠죠?

ÉTAPE 1

1 저는 정치에 흥미가 없어요.   Je ne m'intéresse pas à la politique.

2 저는 그 문제들에는 흥미가 없어요.   Je ne m'intéresse pas à ces problèmes.

3 저는 다른 사람들에게는 흥미가 없어요.   Je ne m'intéresse pas aux autres.

4 저는 여자에 관심 없어요.   Je ne m'intéresse pas aux femmes.

5 저는 소문에 관심 없어요.   Je ne m'intéresse pas aux rumeurs.

•Conseils•

'아무것에도 흥미가 없어요.'는 'Je ne m'intéresse à rien.'이라고 하면 됩니다.

ÉTAPE 2

1. 정치에 관심이 없을 때

A On dit que c'est l'opposition qui va remporter les élections.

B Moi, je ne crois pas.

A On dit beaucoup de choses à propos de ce candidat.

B 저는 소문에 관심 없어요.

2. 정치에 흥미가 없는 상대에게 반박할 때

A 저는 정치에 흥미가 없어요.

B Tu as tort, tu devrais.

A Pourquoi?

B C'est un principe de base d'une démocratie.

1   A   선거에서 야당이 이길 거라고들 하죠.
    B   저는 그렇게 생각하지 않아요.
    A   그 후보에 대해 말들이 많아요.
    B   Je ne m'intéresse pas aux rumeurs.

2   A   Je ne m'intéresse pas à la politique.
    B   틀렸어, 관심을 가져야 돼.
    A   왜?
    B   민주주의의 기본 원칙이니까.

•Lexique•

rumeur 소문
opposition 대립, 대조, 상반, 야당
remporter 획득하다, 가져가다
élection 선거
candidat 후보
principe 원칙
démocratie 민주주의

Peu importe ...

~는 상관없어요 / ~는 상관 안 해요

상대방이 무언가를 물어 오는데, 그것에 관해서는 아무런 관심이 없어서 이래도 좋고 저래도 좋은 경우가 있지요. 그럴 때 우리는 '~는 상관없어요 / ~는 상관 안 해요'라고 하죠? 여기에 해당하는 프랑스어 표현이 'Peu importe ... '입니다. '거의 중요하지 않다'라는 뜻이죠. 뒤에 명사를 쓰면 되고 이것이 주어가 됩니다.

ÉTAPE 1

1 색깔은 상관없어요. **Peu importe** la couleur.

2 가격은 상관없어요. **Peu importe** le prix.

3 방법은 상관없어요. **Peu importe** les moyens.

4 결과는 상관없어요. **Peu importe** le résultat.

5 누가 오든 상관없어요. **Peu importe** la personne qui va venir.

•Conseils•

＊'coup de soleil'은 일사병을 가리킬 때 쓰이기도 하지만, 햇볕에 심하게 노출되어 입은 화상을 말하기도 합니다.

ÉTAPE 2

1. 가위를 살 때

A Bonjour madame, j'aurais voulu une paire de ciseaux.

B Oui, quelle couleur voulez-vous?

A 색깔은 상관없어요.

B Tenez. 12.50 euros, s'il vous plaît.

2. 선크림을 살 때

A Je voudrais de la crème solaire, j'ai attrapé un coup de soleil.＊

B Quelle crème voulez-vous?

A 가격은 상관없어요, tant qu'elle est efficace. J'ai trop mal.

B Voilà, celle-ci est très bien.

1 A 안녕하세요 아주머니, 가위 하나 주실래요?
 B 네, 어떤 색을 원하세요?
 A Peu importe la couleur.
 B 여기요, 12유로로 50쌍팀입니다.

2 A 선크림 좀 주세요, 햇볕에 화상을 입었거든요.
 B 어떤 크림 원하세요?
 A Peu importe le prix, 효과적이기만 하면요. 너무 아프거든요.
 B 여기요, 이거 아주 좋습니다.

•Lexique•

ciseaux 가위
une paire de ciseaux 가위 한 개 (한 쌍: 가위는 두 개의 날로 이루어지므로 '한 쌍'으로 표현)
prix 가격
crème solaire 선크림
attraper (질병 따위에) 걸리다, 붙잡다
efficace 효과적인

modèle 105 Ça m'intéresserait de …

~하는 것이라면 저도 관심이 있는데요

앞에서 'Je m'intéresse à + 명사' 패턴을 배웠죠? 그런데 동사가 오면 'Ça m'intéresse de + 부정법 동사'의 패턴을 씁니다. 그래서 '그 사람을 만나는 것은 저도 관심 있어요.'는 'Ça m'intéresse de le voir.'라고 하면 되죠. 또한, '만일 그 사람을 만날 수 있다면 (그 사람을 만나는 것이라면) 저도 관심이 있는데요.'라고 말할 때도 이와 같은 표현을 씁니다.

ÉTAPE 1

1 그녀를 보는 것이라면 저도 관심이 있는데요.

Ça m'intéresserait de la voir.

2 그 일을 하는 것이라면 저도 관심이 있는데요.

Ça m'intéresserait de le faire.

3 당신하고 함께 떠나는 것이라면 저도 생각이 있는데요.

Ça m'intéresserait de partir avec vous.

4 그를 만나는 것이라면 저도 관심이 있는데요.

Ça m'intéresserait de le rencontrer.

5 사용법을 배우는 것이라면 저도 관심이 있는데요.

Ça m'intéresserait d'apprendre à m'en servir.

ÉTAPE 2

1. 사용법에 대한 관심을 나타낼 때

A Je viens d'acheter une imprimante 3D.

B Pour quoi faire?

A Construire de petits objets.

B 사용법을 배우는 것이라면 저도 관심이 있는데요.

2. 사람을 만나는 데 대한 관심을 표명할 때

A Est-ce que vous connaissez l'ambassadeur actuellement en poste?

B Pas encore, mais 그분을 만나는 것이라면 저도 관심이 있는데요.

A Il paraît qu'il connaît très bien la région.

B Oui, il a vécu en Asie pendant une quinzaine d'années.

1 A 3D프린터를 방금 샀어요.
   B 뭐 하시려고요?
   A 작은 인쇄물들을 제작하려고요.
   B Ça m'intéresserait d'apprendre à m'en servir.

2 A 현직에 있는 대사 아세요?
   B 아직은 몰라요, 하지만 ça m'intéresserait de le rencontrer.
   A 그분은 이 지역을 매우 잘 안다고 해요.
   B 그래요, 한 15년 동안 아시아에서 살았대요.

•Lexique•

apprendre 배우다
imprimante 프린터
construire 제작하다
ambassadeur 대사 (여성형: Madame l'ambassadeur)
actuellement 현재, 현실적으로
en poste 현직에

욕구 표현하기

자신의 욕구를 표현하는 법을 배워 봅시다. 무엇을 하고 싶다든지, 무엇을 하는 게 더 좋다든지, 아니면 매우 강한 욕구, 즉 무엇을 하고 싶어 죽겠다든지, 혹은 무엇을 하고 싶지 않다든지 등을 프랑스어로 어떻게 표현하는지 배워 보도록 하죠.

Remue-méninges

1 요리를 하고 싶어요. J'ai envie de faire la cuisine.

2 당신과 머무는 게 더 좋아요. Je préfère rester avec vous.

3 구내식당에서 먹는 게 더 좋아요. Je préfère manger à la cantine.

4 더워 죽겠어요. Je meurs de chaud.

5 그 병에 걸리고 싶지 않아요. Je n'aimerais pas contracter cette maladie.

modèle 106 J'ai envie de ...

~하고 싶어요

가장 기본적인 욕구 표현법입니다. envie는 영어의 envy(부러워하다)와 비슷하죠? '욕망'이라는 뜻이죠. 그래서 'avoir envie' 하면 '욕망을 가지다'라는 뜻으로 '~하고 싶다'라는 표현이 됩니다.

ÉTAPE 1

1 그렇게 하고 싶어요.   **J'ai envie de** le faire.

2 거기에 가고 싶어요.   **J'ai envie d'**y aller.

3 머리모양을 바꾸고 싶어요.   **J'ai envie de** changer de tête.

4 요리를 하고 싶어요.   **J'ai envie de** faire la cuisine.

5 화장실이 엄청 급해요.   **J'ai très envie d'**aller aux toilettes.

•Conseils•

envie가 명사이지만 'avoir envie' 전체가 숙어로 쓰이므로 강조하려면 예외적으로 'avoir très envie'를 쓴다는 점 알아 두세요.

ÉTAPE 2

1. 미용실에서 커트를 할 때

A   Qu'est-ce que vous voulez comme coupe?

B   Je ne sais pas, 그냥 머리모양을 바꾸고 싶어요.

A   Une permanente? Une coloration?

B   Je vous fais confiance, faites au mieux.

2. 여행 중에 화장실이 급할 때

A   Il reste encore une heure de voyage.

B   C'est sympa le bus, mais c'est long.

A   화장실이 엄청 급해요.

B   Tu veux que je demande au chauffeur de s'arrêter?

1   A   커트를 어떻게 해 드릴까요?
    B   모르겠어요, seulement j'ai envie de changer de tête.
    A   파마요? 염색이요?
    B   믿을 테니까, 최대한 좋게 해 주세요.

2   A   아직도 한 시간 더 가야 돼.
    B   버스 여행은 좋긴 한데, 너무 오래 걸려.
    A   J'ai très envie d'aller aux toilettes.
    B   기사에게 정차해 달라고 부탁할까?

•Lexique•

coupe 커트, 이발
coloration 염색
confiance 신뢰
chauffeur 운전기사, 운전자

modèle 107

J'aimerais / je voudrais ...

~하고 싶어요

무언가 하고 싶을 때 'J'ai envie de ... '를 쓴다고 했습니다. 이것은 단지 자신의 욕망을 표현하는 것입니다. 이와 비슷한 표현으로 'J'aimerais / Je voudrais ... '가 있습니다. 다만 차이점이 있다면 이것이 더 공손한 표현이고, 특히 상대에게 무언가를 요청하거나 이해를 구한다는 의미가 더 들어가 있다는 점입니다.

ÉTAPE 1

1 중국에 가고 싶어요.　　　**(J'aimerais / Je voudrais)** aller en Chine.

2 한동안 바람을 쐬고 싶어요.　**(J'aimerais / Je voudrais)** prendre l'air quelque temps.

3 그 문제에 관한 당신의 의견을 듣고 싶어요.　**(J'aimerais / Je voudrais)** avoir votre avis sur la question.

4 오늘 저녁식사에 당신을 초대하고 싶어요.　**(J'aimerais / Je voudrais)** bien vous inviter à dîner ce soir.

5 내일 아침 6시에 일어나고 싶어요.　**(J'aimerais / Je voudrais)** être réveillé(e) à 6 heures demain matin.

ÉTAPE 2

1. 안식년을 떠날 때

A Avez-vous des projets pour votre année sabbatique?

B 네, 한동안 바람을 쐬고 싶어요.

A Séjourner en France?

B Oui, pourquoi pas dans le Sud?

2. 함께 여행을 하고 싶을 때

A Pourquoi pas voyager ensemble?

B Et tu veux aller où?

A 너랑 같이 중국에 가고 싶어.

B C'est une bonne idée!

1　A　안식년에 대한 계획 있으신가요?
　　B　Oui, j'aimerais bien prendre l'air quelque temps.
　　A　프랑스에 머무실 건가요?
　　B　네, 남프랑스가 어떨까요?

2　A　같이 여행하는 거 어때?
　　B　너 어디 가고 싶어?
　　A　Je voudrais aller en Chine avec toi.
　　B　좋은 생각이야!

•Lexique•

prendre l'air 바람을 쐬다
réveiller 잠을 깨우다, 잠을 깨다
année sabbatique 안식년
séjourner 체류하다

Je préfère / J'aime mieux …

modèle 108

~하는 게 더 좋아요[좋겠어요]

이번에는 무엇을 하고 싶다는 것에서 더 나아가, 선호를 나타내는 표현을 알아보아요. '~하는 게 더 좋아요[좋겠어요]'에 해당하는 프랑스어 표현은 'Je préfère … ' 혹은 'J'aime mieux … '이에요. 뒤에 부정법 동사를 놓지요.

ÉTAPE 1

1 당신과 머무는 게 더 좋겠어요.　**Je préfère** rester avec vous.

2 구내식당에서 먹는 게 더 좋겠어요.　**Je préfère** manger à la cantine.

3 제 자신만 믿는 게 더 좋겠어요.　**Je préfère** ne compter que sur moi.

4 관여하지 않는 게 더 좋겠어요.　**Je préfère** ne pas m'en mêler.

5 난 화장(火葬)이 더 좋겠어.　**Je préfère** être incinéré(e).

ÉTAPE 2

1. 화장을 더 선호할 때

A　As-tu déjà pensé à tes obsèques?

B　Parfois, cela m'arrive.

A　Tu préfèrerais être enterré ou incinéré?

B　난 화장이 더 좋겠어.

2. 스스로 해결하고 싶을 때

A　Si tu veux, je peux t'aider.

B　Non merci, je vais me débrouiller.

A　Comme tu voudras.

B　Je te remercie, 하지만 내 자신만 믿는 게 더 좋겠어.

1　A　네 장례에 대해 생각해 본 적 있어?
　　B　이따금 생각하게 돼.
　　A　매장이나 화장 중 어떤 것을 선호해?
　　B　Je préfère être incinéré.

2　A　원한다면 도와줄 수 있어.
　　B　아니 고마워, 내가 알아서 할게.
　　A　좋을 대로 해.
　　B　고마워, mais je préfère ne compter que sur moi.

•Lexique•

se mêler 섞이다, 가담하다, 개입하다
compter 계산하다, 평가하다
compter sur ~ ~을 믿다, 기대하다
cantine 구내식당, 간이식당
incinérer 소각하다, 화장하다
obsèque 장례
parfois 가끔, 이따금
enterrer 묻다, 매장하다

Je meurs de ...
~해 죽겠어요

우리말 표현에 매우 강한 욕구를 나타내는 표현으로 '~해 죽겠어요'가 있죠. 그런데 이것은 거의 모든 언어에 존재합니다. 보편적인 정서겠지요. 그래서 프랑스어에서도 'Je meurs de … '라고 하지요.

ÉTAPE 1

1 배고파 죽겠어요.   **Je meurs de** faim.

2 목말라 죽겠어요.   **Je meurs de** soif.

3 지겨워 죽겠어요.   **Je meurs d'**ennui.

4 더워 죽겠어요.   **Je meurs de** chaud.

5 그 사람을 만나고 싶어 죽겠어요.   **Je meurs d'**envie de le rencontrer.

•Conseils•

'추워 죽겠어요.'는 'Je meurs de froid.'라고 하면 됩니다.

ÉTAPE 2

1. 난방이 너무 더울 때

A   Je déteste prendre le bus l'hiver.

B   Pourquoi donc?

A   Le chauffeur laisse toujours le chauffage au maximum. 더워 죽겠어요.

B   Ah bon?

2. 작가가 사인회를 하러 올 때

A   J'adore cet écrivain, j'ai lu toutes ses oeuvres.

B   Tu sais qu'il vient faire une dédicace sur le campus?

A   그래, 그 사람 만나고 싶어 죽겠어.

B   J'espère que tu ne seras pas déçue.

•Lexique•

ennui 권태, 지겨움
détester 싫어하다
laisser 남기다, 내버려두다, 맡기다, ~인 채 두다
chauffage 난방
au maximum 최대한으로
écrivain 작가, 글쓰는 사람
oeuvre 작품
dédicace 헌정, 헌사
faire une dédicace 사인회를 하다
déçu(e) 실망한

1   A   겨울에는 버스 타는 것이 싫어요.
    B   왜요?
    A   기사가 난방을 최대한으로 틀어 놓고 있거든요. Je meurs de chaud.
    B   아 그래요?

2   A   나는 이 작가를 너무나 좋아해. 그 사람 작품 다 읽었어.
    B   너 그 사람이 캠퍼스에 사인회를 하러 오는 거 아니?
    A   Oui, je meurs d'envie de le rencontrer.
    B   네가 실망 안 했으면 좋겠다.

modèle 110

Je n'aimerais pas ... / Je ne voudrais pas ... ~하고 싶지 않아요

살다 보면 상대방에게 하고 싶지 않다는 표현도 해야 겠죠? 'J'aimerais ... '의 부정형입니다.

ÉTAPE 1

1 혼자 돌아가고 싶지 않아요.　　**Je n'aimerais pas** rentrer tout(e) seul(e).

2 그녀와 함께 있고 싶지 않아요.　**Je n'aimerais pas** me retrouver avec elle.

3 그 병에 걸리고 싶지 않아요.　　**Je n'aimerais pas** contracter cette maladie.

4 병원에서 생의 마지막을　　　　**Je n'aimerais pas** finir mes jours à
　 보내고 싶지 않아요.　　　　　　l'hôpital.

5 이런 경험을 다시는　　　　　　**Je n'aimerais pas** revivre cette expérience.
　 하고 싶지 않아요.

ÉTAPE 2

1. 끔찍한 경험을 했을 때

A　Comment s'est passée votre captivité?

B　Les ravisseurs étaient calmes avec moi.

A　Votre détention était terrible, j'imagine?

B　네, 이런 경험을 다시는 하고 싶지 않아요.

2. 병에 대한 두려움을 표현할 때

A　La médecine a fait beaucoup de progrès.

B　Oui, mais Alzheimer touche encore trop de personnes.

A　그렇죠, 저는 치매로 고통받고 싶지 않아요.

B　Moi non plus.

1　A　억류기간 동안 어떻게 지냈나요?
　　B　납치범들은 제게 아무 짓도 안 했어요.
　　A　억류가 끔찍했겠죠?
　　B　Oui, je n'aimerais pas revivre cette expérience.

2　A　의학이 많이 발전했어요.
　　B　그래요, 하지만 아직도 너무 많은 사람들이 알츠하이머에 걸리죠.
　　A　Oui, je n'aimerais pas souffrir de cette maladie.
　　B　저도요.

•Lexique•

contracter (계약 등을) 맺다, 체결하다, (병에) 걸리다
maladie 병, 질병
captivité 포로 상태
ravisseur 납치범, 유괴범
détention 억류, 구류
terrible 끔찍한
imaginer 상상하다
revivre 다시 살다, 다시 체험하다
souffrir 견디다, 고통을 느끼다

Unité 21

느낌과 기분의 표현

여기서는 느낌과 기분을 표현하는 법을 배워 봅시다. 우선 '~ 것 같은 느낌이에요' 혹은 '기분이 ~해요'와 같이 자신의 느낌이나 기분을 나타내는 표현을 알아보죠. 그리고 '그 사람은 기분이 ~해요'와 같이 남의 기분을 나타내는 표현도 살펴보죠.

Remue-méninges

1 여름이 벌써 온 것 같은 느낌입니다. J'ai l'impression que l'été est enfin là.

2 기분이 안 좋아요. Je me sens mal.

3 편안해요. Je me sens à l'aise.

4 그 사람은 기분이 좋아요. Il[Elle] est de bonne humeur.

5 그 사람은 기분이 나빠요. Il[Elle] est de mauvaise humeur.

modèle 111 J'ai l'impression que ...

~ 것 같은 느낌이에요

확실하지는 않지만 어떤 느낌이 들 때가 있지요. 그럴 때 쓰는 표현입니다. 단지 느낌을 갖고 있다고 하는 표현이므로 부담 없이 쓸 수가 있지요.

ÉTAPE 1

1 여름이 벌써 온 것 같은 느낌입니다.   **J'ai l'impression que** l'été est enfin là.

2 우리가 예전에 만난 듯한 느낌입니다.   **J'ai l'impression** que nous nous sommes déjà rencontrés.

3 그 사람이 나를 바보 취급하는 것 같은 느낌이에요.   **J'ai l'impression** qu'il me prend pour un(e) imbécile.

4 그녀가 더 머물지 않을 것 같은 느낌입니다.   **J'ai l'impression** qu'elle ne va pas rester longtemps.

5 그 친구는 새로운 부서장이랑 잘 못 지내는 느낌이에요.   **J'ai l'impression** qu'il ne s'entend pas avec le nouveau chef de service.

ÉTAPE 2

1. 나를 무시하는 느낌이 들 때

A   J'aime beaucoup ce professeur.
B   Moi, un peu moins.
A   Pourquoi?
B   그분은 나를 바보 취급하는 것 같은 느낌이야.

2. 아는 사람인 것 같은 느낌이 들 때

A   Pardon, est-ce que cette chaise est libre?
B   Oui, je vous en prie, installez-vous.
A   우리가 예전에 본 것 같은 느낌인데요.
B   Moi aussi.

1   A   난 그 선생님이 정말 좋아.
    B   나는 좀 별로.
    A   왜?
    B   J'ai l'impression qu'il me prend pour un imbécile.

2   A   실례합니다, 이거 빈 의자인가요?
    B   네, 앉으세요.
    A   J'ai l'impression que nous nous sommes déjà rencontrés.
    B   저도요.

•Lexique•

imbécile 멍청한, 어리석은
s'entendre 서로 통하다, 서로 이해하다
chaise 의자
être libre 자유로운, 비어있는
s'installer 자리 잡다

Je me sens ...

기분이 ~해요

자신의 기분이나 컨디션이 어떻다고 말할 때 쓰는 기본적인 표현입니다. Je me sens 다음에 형용사나 부사 상당어를 쓰면 되죠.

ÉTAPE 1

1 기분이 좋아요.   **Je me sens** bien.*

2 피곤해요.   **Je me sens** fatigué(e).

3 편안해요.   **Je me sens** à l'aise.

4 불편해요.   **Je me sens** mal à l'aise.

5 기분이 안 좋아요.   **Je me sens** mal.

•Conseils•

* '기분이 더 좋군요.'라고 하려면 bien의 비교급을 써서 'Je me sens mieux.'라고 하면 됩니다.

** '금방'은 'tout de suite', 'dans un instant', 'en un rien de temps' 등으로 써서 표현해 보세요.

ÉTAPE 2

1. 피곤할 때

A Comment vous sentez-vous?

B 얼마 전부터 좀 피곤한 느낌이 듭니다.

A Prenez ce médicament et vous vous sentirez mieux en un rien de temps.**

B Ah bon? Merci.

2. 갑갑할 때

A Vous n'avez pas l'air bien.

B 온종일 집에 있었더니 갑갑해서요.

A Pourquoi pas prendre l'air?

B Oui, et je devrais aussi faire du sport.

1 A 기분이 어때세요?
   B Je me sens un peu fatigué depuis un certain temps.
   A 이 약을 드세요. 그러면 금방 기분이 좋아질 거예요.
   B 아 그래요? 감사합니다.

2 A 별로 안 좋아 보이시네요.
   B Je me sens étouffé, car je suis resté à la maison toute la journée.
   A 바람 좀 쐬지 그래요?
   B 예, 운동도 해야죠.

•Lexique•

fatigué(e) 피곤한
aise 편함, 안락함
étouffé(e) 갑갑한, 숨이 막히는
toute la journée 하루 종일

155

modèle 113 — Il[Elle] est d'une humeur ...

그 사람은 기분이 ~해요

기분이 어떻다고 할 때는 'être d'une humeur + 형용사' 패턴을 씁니다. 그래서 '그 사람은 기분이 울적해요.'라고 할 때 'Il[Elle] est d'une humeur noire.'라고 하죠. 그런데 '기분이 좋다, 나쁘다'라고 할 때는 'être de bonne / mauvaise humeur'라고 하니 주의하세요.

ÉTAPE 1

1 그 사람은 기분이 울적해요. **Il[Elle] est d'une humeur** noire.

2 그 사람은 기분이 최악이에요. **Il[Elle] est d'une humeur** exécrable.

3 그 사람은 기분이 잘 바뀌어요. **Il[Elle] est d'une humeur** changeante.

4 그 사람은 기분이 좋아요. **Il[Elle] est de** bonne **humeur.**

5 그 사람은 기분이 나빠요. **Il[Elle] est de** mauvaise **humeur.**

•Conseils•

'저는 기분이 좋아요.'는 'Je suis de bonne humeur.'라고 하고, '저는 기분이 나빠요.'는 'Je suis de mauvaise humeur.'라고 합니다.

* 'soupe au lait'는 구어에서 우유 수프처럼 쉽게 끓어오르는 사람, 즉 걸핏하면 화를 내는 사람을 말합니다. 점잖은 표현으로는 'Il s'emporte facilement.'(그 사람은 쉽게 화를 내요.)라고 합니다.

ÉTAPE 2

1. 그 사람이 몹시 기분이 안 좋을 때

A Depuis qu'il est rentré, il n'a pas dit un mot.
B La réunion s'est mal passée?
A Je ne sais pas, 하지만 그 사람은 기분이 최악이야.
B Ne t'inquiète pas, ça va passer.

2. 그 사람이 화를 잘 낼 때

A Tu ne trouves pas qu'il est un peu 'soupe au lait'?*
B Oui, c'est vrai. 그 사람은 기분이 잘 바뀌어.
A Cela complique un peu nos rapports.
B Il faut savoir le prendre.

1 A 그 친구 돌아온 이후에 말을 전혀 안 해.
  B 회의에서 안 좋았나?
  A 모르겠어, mais il est d'une humeur exécrable.
  B 걱정하지 마, 좋아질 거야.

2 A 너 그 사람 좀 '다혈질'이라고 생각하지 않니?
  B 응, 사실이야. Il est d'une humeur très changeante.
  A 그러면 우리 관계가 좀 복잡해지는데.
  B 그 사람 마음을 알아야 하겠어.

•Lexique•
exécrable 끔찍한, 최악의
changeant(e) 변덕스러운
compliquer 복잡하게 하다, 복잡해지다
rapport 이야기, 보고(서), 관계

좋은 감정 표현하기

자신의 감정을 표현해야 할 때가 있죠? 우선 좋은 감정부터 살펴보죠. 기쁘다든지 반갑다든지 하는 감정 표현에서부터 마음에 든다든지, 기분이 좋다든지 하는 감정을 표현해 보죠. 또 내가 좋아하는 노래나 가수, 책 등을 표현하는 방법, 그리고 어떤 일이 무척 좋았다든지, 무척 아쉽거나 유감스럽다든지 하는 표현들, 마지막으로 감탄을 표현하는 법 등을 살펴보죠.

Remue-méninges

1 소식 들으니 반갑다. Ça me fait plaisir d'avoir de tes nouvelles.

2 음식이 마음에 들 거예요. La nourriture vous plaira.

3 음악회가 마음에 드셨나요? Le concert vous a plu?

4 한 잔하니 기분이 좋군요. Ça me fait du bien de boire un verre.

5 그 이야기가 무척 좋았어요. J'ai beaucoup aimé cette histoire.

modèle 114

Je suis content(e) de ... / je suis heureux(se) de ... ~해서 기쁩니다

heureux(se)는 '행복하다', content(e)은 '만족하다'라고 사전에 나와 있죠? 이 같은 우리말 표현은 구어에서 자주 쓰이지 않죠. 하지만 프랑스어에서는 매우 자주 쓰이니 '기쁩니다' 정도라고 생각하고 자주 쓰시기 바랍니다. 다음에 'de + 부정법 동사'를 쓰거나 'que절(접속법)'을 쓸 수 있어요.

ÉTAPE 1

1 여기 와서 기쁩니다.	**Je suis (heureux(se)/content(e)) d'être venu(e) ici.**
2 만나 뵙게 되어 기쁩니다.	**Je suis (heureux(se)/content(e)) de faire votre connaissance.**
3 다시 보게 되어 기쁩니다.	**Je suis (heureux(se)/content(e)) de vous revoir.**
4 저희와 자리를 함께해 주셔서 기쁩니다.	**Je suis (heureux(se)/content(e)) de vous avoir parmi nous.**
5 그가 학업을 마쳐서 기뻐.	**Je suis (heureux(se)/content(e)) qu'il ait fini ses études.**

ÉTAPE 2

1. 상대를 오랜만에 만났을 때

A 다시 보게 되어 기쁩니다.

B Moi aussi. Ça fait très longtemps qu'on ne s'est pas vus!

A Oui. Votre femme va bien?

B Elle va très bien. Merci.

2. 아들이 졸업을 했을 때

A Comment va ton fils?

B 그 녀석이 학업을 마쳐서 기뻐.

A Félicitations! Qu'est-ce qu'il va faire?

B Il cherche un emploi dans une banque.

1 A Je suis heureux de vous revoir.
  B 저도요. 우리 못 본 지 정말 오래되었죠!
  A 그래요. 부인께선 잘 지내시죠?
  B 잘 지내요. 감사합니다.

2 A 아들내미 어떻게 지내?
  B Je suis très heureux qu'il ait fini ses études.
  A 축하해! 뭐 할 거래?
  B 은행에 일자리를 구하고 있어.

•Lexique•
revoir 다시 보다, 또 만나다
féliciter 축하하다
chercher 찾다
emploi 일자리, 직장
banque 은행

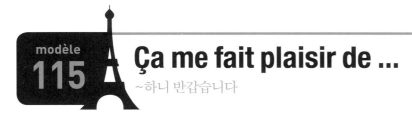

modèle 115

Ça me fait plaisir de ...

~하니 반갑습니다

어떤 일을 하게 되어 반갑다는 말을 할 때 쓰는 패턴입니다. 다음에 'de + 부정법 동사'를 쓰거나 'que절(접속법)'을 쓸 수 있어요. 강조할 때는 très나 grand을 써서, 'Ça me fait (très / grand) plaisir'라고 합니다.

ÉTAPE 1

1	너하고 말하니 반갑다.	**Ça me fait plaisir de** te parler.
2	만나 뵙게 되어 반갑습니다.	**Ça me fait plaisir de** vous rencontrer.
3	소식 들으니 반갑다.	**Ça me fait plaisir d'**avoir de tes nouvelles.
4	목소리 들으니 반갑습니다.	**Ça me fait plaisir de** vous entendre.
5	와 줘서 반가워.	**Ça me fait plaisir que** tu sois venu(e).

ÉTAPE 2

1. 처음 만났을 때

A J'ai beaucoup entendu parler de vous.

B 저도요, 만나서 반갑습니다.

A Vraiment, tout le plaisir est pour moi.

B Je pense que nous allons faire du bon travail ensemble.

2. 바쁜 사람이 와 주었을 때

A 와 줘서 기뻐.

B Moi aussi, mais je ne vais pas pouvoir rester longtemps.

A Tu es trop chargé en ce moment.

B Il vaut mieux cela que l'inverse.

---

1 A 말씀 많이 들었습니다.
  B Moi aussi, ça me fait plaisir de vous rencontrer.
  A 정말입니다, 제가 반가운 걸요.
  B 함께 일을 잘 할 수 있을 것 같습니다.

2 A Ça me fait très plaisir que tu sois venu.
  B 나도, 하지만 오래 머물 수는 없을 거야.
  A 네가 요즘 일이 너무 많구나.
  B 반대의 경우보다는[일이 없는 것보다는] 낫지.

•Lexique•

vraiment 정말로, 진실로
plaisir 기쁨
ensemble 함께
chargé(e) 짐을 실은, 일(책임)이 있는
en ce moment 지금, 현재
inverse 반대, 역

modèle 116 ... vous plaira

~가 마음에 들 거예요

어떤 것이 '마음에 들다'라고 할 때 plaire à qn을 쓰죠. 예를 들어 '그거 내 마음에 들어'라고 할 때 'Cela me plaît.'라고 하죠. '당신의 마음에 들 거예요.'라고 하려면 미래형을 쓰면 되겠죠? 'Cela vous plaira.' 이처럼 상대에게 어떤 것이 마음에 들 거라고 말할 때 ' … vous plaira' 패턴을 쓰세요.

ÉTAPE 1

1 분위기가 마음에 들 거예요.   L'ambiance **vous plaira.**

2 기후가 마음에 들 거예요.   Le climat **vous plaira.**

3 음식이 마음에 들 거예요.   La nourriture **vous plaira.**

4 생활방식이 마음에 들 거예요.   Le mode de vie **vous plaira.**

5 공연이 마음에 드실 겁니다.   Les spectacles et les concerts **vous plairont.**

•Conseils•
' … vous plaira'에서 plaire 대신 aimer를 쓸 수도 있는데, 이럴 경우 주어와 목적어의 위치가 바뀌는 데 유의하세요.
L'ambiance vous plaira.
= Vous allez aimer l'ambiance.

ÉTAPE 2

1. 호주에 처음 가는 사람에게

A Je n'ai jamais visité l'Australie.
B C'est un très beau pays.
A J'aimerais bien passer quelques jours à Sydney.
B 기후가 마음에 들 거예요.

2. 아비뇽 축제에 가는 사람에게

A Cette année, j'ai décidé d'aller au festival d'Avignon.
B C'est une très bonne idée.
A Je vais y rester pendant une semaine.
B 공연들이 틀림없이 아주 마음에 들 거예요.

1 A 오스트레일리아에 가 본 적이 없어요.
  B 아주 아름다운 나라죠.
  A 시드니에 며칠 들르고 싶어요.
  B Le climat vous plaira.

2 A 올해 아비뇽 축제에 가기로 결정했어요.
  B 아주 좋은 생각이에요.
  A 거기서 일주일간 머물 거예요.
  B Les spectacles vous plairont sûrement beaucoup.

•Lexique•
ambiance 분위기
climat 기후
nourriture 음식
le mode de vie 생활 방식
(le mode: 방식, 방법 la mode: 패션, 유행)
spectacle 공연
sûrement 틀림없이

modèle 117

... vous a plu?

~가 마음에 드셨나요?

이번에는 plaire의 과거표현입니다. 상대에게 어떤 것이 마음에 들었는지 물어볼 때 '주어 + vous a plus?'라는 패턴을 씁니다. 자주 쓰는 표현이니 꼭 외워서 써야겠죠?

ÉTAPE 1

1 영화가 마음에 드셨나요?   Le film **vous a plu?**

2 식사가 마음에 드셨나요?   Le repas **vous a plu?**

3 공연이 마음에 드셨나요?   Le spectacle **vous a plu?**

4 체험이 마음에 드셨나요?   L'expérience **vous a plu?**

5 음악회가 마음에 드셨나요?   Le concert **vous a plu?**

ÉTAPE 2

1. 영화에 대해 물어볼 때

A 영화가 마음에 드셨나요?

B Bien sûr. C'est la troisième fois que je le vois.

A Vraiment? Mais vous connaissez l'intrigue!

B Je sais, mais ça me plaît de le revoir.

2. 래프팅에 대한 소감을 물어볼 때

A C'était la première fois que je faisais du rafting.

B Et alors, 체험이 마음에 드셨나요?

A Oui, mais c'est physiquement assez épuisant.

B Evidemment!

---

1 A   Le film vous a plu?
    B   물론이죠. 세 번째 보는 거예요.
    A   정말요? 줄거리는 이미 아시잖아요!
    B   알죠, 다시 봐도 좋아요.

2 A   래프팅은 처음 해 봐요.
    B   그래서, l'expérience vous a plu?
    A   네, 하지만 육체적으로는 기진맥진했어요.
    B   당연하죠!

•Lexique•

repas 식사
expérience 경험, 체험
intrigue 줄거리, 플롯
physiquement 육체적으로
épuisant(e) 녹초로 만드는, 기진맥진하게 하는

Ça fait du bien de ...

modèle 118

~하니 (기분이) 좋군요

'어떤 일을 하니 기분이 좋군요'라고 할 때는 'faire du bien'을 써서 'Ça fait du bien de … ' 패턴을 써 보세요. 여기서 de 이하에는 부정법 동사를 씁니다.

ÉTAPE 1

1 외출을 하니 기분이 좋군요.　　**Ça fait du bien de** sortir.

2 한 잔하니 기분이 좋군요.　　**Ça me fait du bien de** boire un verre.

3 샤워를 하니 기분이 좋군요.　　**Ça fait du bien de** prendre une douche.

4 일을 잊어버리니 기분이 좋군요.　**Ça fait du bien d'**oublier le travail.

5 좋은 사람들 만나니　　　　**Ça fait du bien de** retrouver ceux qu'on
기분이 좋군요.　　　　　　aime.

ÉTAPE 2

1. 오랜 비행 후에

A Le voyage s'est bien passé?

B Seize heures de vol, c'est toujours un peu long!

A Maintenant, tu te sens mieux?

B 그래, 도착해서 샤워를 하니 기분이 좋네.

2. 생일 파티에서

A Ton anniversaire est une occasion de se retrouver.

B Oui, il y a des proches que je n'ai pas vus depuis des années.

A Dommage qu'on ne se voie pas plus souvent.

B 그래, 좋아하는 사람들 만나니 기분이 좋아.

1　A 여행은 잘됐어?
　B 16시간의 비행은 항상 좀 길어!
　A 이제 기분이 나아졌어?
　B Oui, ça fait du bien de prendre une douche
　　en arrivant.

2　A 네 생일은 서로 만날 수 있는 기회야.
　B 그래, 여러 해 전부터 보지 못한 지인들이 있어.
　A 더 자주 서로 보지 못하는 것은 유감이야.
　B Oui, ça fait du bien de retrouver ceux qu'on
　　aime.

•Lexique•

boire un verre (술)한 잔 하다
douche 샤워기
prendre une douche 샤워를 하다
occasion 기회
proche 친구, 지인
dommage 유감스러운 일
souvent 자주

C'est mon / ma … préféré(e)

modèle 119

제가 좋아하는 ~입니다

'제가 좋아하는 노래예요.'라고 말하려 할 때 프랑스어로는 어떻게 할까요? 물론 다양한 표현이 있을 수 있지만, 가장 전형적인 표현은 'C'est ma chanson préférée.'입니다. 이처럼 '그것은 내가 좋아하는 ~입니다'라고 할 때 쓰는 패턴인 'C'est mon / ma … préféré(e)'를 알아 두세요. 명사의 성에 따라 mon이나 ma를 쓰면 되죠.

ÉTAPE 1

1 제가 좋아하는 노래예요.   **C'est ma** chanson **préférée.**

2 제가 좋아하는 책이에요.   **C'est mon** livre **préféré.**

3 제가 좋아하는 가수(남)예요.   **C'est mon** chanteur **préféré.**

4 제가 좋아하는 감독(남)입니다.   **C'est mon** réalisateur **préféré.**

5 내가 좋아하는 운동선수(남)예요.   **C'est mon** sportif **préféré.**

ÉTAPE 2

1. 가수에 대해 물어볼 때

A Que penses-tu de Claude Nougaro?

B J'adore son côté jazz et son accent du Sud-Ouest.

A Mais il n'est pas très beau.

B Ce n'est pas grave, 그는 내가 항상 좋아하는 가수야.

2. 작가에 대해 물어볼 때

A Est-ce que tu as lu le dernier Houellebecq?

B Celui qui a eu le prix Goncourt?

A Oui celui-là, 'La carte et le territoire'.

B 그래, 내가 좋아하는 책이지.

1 A 끌로드 누가로에 대해 어떻게 생각해?
 B 재즈 스타일과 남서쪽 억양을 정말 좋아해.
 A 하지만 별로 잘생기지 않았지.
 B 그건 중요하지 않아, c'est toujours mon chanteur préféré.

2 A 우엘벡의 최근 책을 읽어 봤어?
 B 공쿠르 상을 받은 책 말이야?
 A 그래 그거, '지도와 영토'.
 B Oui, c'est mon livre préféré.

•Lexique•

chanteur(se) 가수
réalisateur / réalisatrice (영화의) 감독, (방송의) 연출가
sportif(ve) 운동 선수
penser 생각하다
accent 억양
grave 심각한, 중요한
dernier / dernière 최후의, 최근의

modèle 120

J'ai beaucoup aimé ...
~가 무척 좋았어요

어떤 것이 무척 좋았을 때, 프랑스어로는 그것을 많이 좋아했다고 표현합니다. 즉 'J'ai beaucoup aimé … ' 라고 하죠. 이렇게 쉬운 표현도 우리말과 표현법이 달라 막상 쓰려고 하면 잘 안 나옵니다. 그러니 기억했다가 자꾸 써야겠죠? 다음에 명사를 쓸 수도 있고 부정법 동사도 쓸 수 있습니다.

ÉTAPE 1

1 소스가 무척 좋았어요.　　　　J'ai beaucoup aimé la sauce.

2 액션 장면이 무척 좋았어요.　　J'ai beaucoup aimé les scènes d'action.

3 그 이야기가 무척 좋았어요.　　J'ai beaucoup aimé cette histoire.

4 노르망디 방문한 것이　　　　 J'ai beaucoup aimé visiter la Normandie.
　무척 좋았어요.

5 오토바이 타고 캘리포니아　　　J'ai beaucoup aimé traverser la Californie
　횡단한 것이 무척 좋았어요.　　en moto.

ÉTAPE 2

1. 요리에 대해 이야기할 때

A　Que penses-tu de cette spécialité belge?

B　J'adore les moules-frites.

A　Ce n'était pas trop copieux?

B　아니, 화이트 와인 소스가 무척 좋았어.

2. 여행의 추억에 대해 이야기할 때

A　Quel est le meilleur souvenir de ton voyage?

B　오토바이 타고 캘리포니아 횡단한 것이 무척 좋았어.

A　Ce n'était pas trop fatigant?

B　Non, les paysages de la côte sont à couper le souffle!

1　A 이 벨기에 고유음식에 대해 어떻게 생각해?
　　B 나는 감자튀김을 곁들인 홍합요리를 엄청 좋아해.
　　A 양이 너무 많지 않았어?
　　B Non, j'ai beaucoup aimé la sauce au vin blanc.

2　A 네 여행 중 가장 좋은 추억이 뭐야?
　　B J'ai beaucoup aimé traverser la Californie en moto.
　　A 너무 피곤하지 않았어?
　　B 아니, 해안 풍경이 숨을 멎게 했어!

•Lexique•
histoire 이야기, 역사
traverser 건너다, 횡단하다
moto 오토바이
moule 홍합
frites 감자튀김
copieux(se) 많은, 풍요로운
souvenir 추억
fatigant(e) 피곤하게 하는
paysage 풍경, 풍광
côte 해안
souffle 숨, 호흡

C'est regrettable de ...

modèle 121

~하는 것은 무척 아쉬운데요[유감스럽군요]

어떤 것이 무척 아쉽거나 유감스러울 때 프랑스어로는 'C'est regrettable de ... '라고 합니다. 다음에 부정법 동사를 쓰죠.

ÉTAPE 1

1 그냥 헤어지기가 무척 아쉬운데요.   **C'est regrettable de** se quitter ainsi.

2 역사가 되풀이되는 것은
무척 아쉬운데요.   **C'est regrettable de** voir l'histoire se répéter.

3 그 기회를 놓치기가
무척 아쉬운데요.   **C'est regrettable de** rater l'occasion.

4 그렇게 지는 것은
매우 유감스럽군요.   **C'est regrettable de** perdre de la sorte.

5 그 지경에 이른 것은
매우 유감스럽군요.   **C'est regrettable d'**en arriver là.

•Conseils•

'그런 발언을 하는 것은 매우 유감스럽군요.'는 'C'est regrettable de tenir des propos pareils.'이라고 합니다.

* 'Il faut sauver ce qui peut encore l'être.'에서 'l'être'는 'être sauvé'를 말합니다.

ÉTAPE 2

1. 분쟁에 대해 이야기할 때

A Les conflits qui agitent l'Est de l'Europe sont un peu inquiétants.

B Oui, il y a comme un air de déjà-vu.

A 역사가 되풀이되는 것은 무척 유감스럽군요.

B Il faut être optimiste, le monde change.

2. 홍수가 났을 때

A Il pleut sans cesse depuis un mois.

B On va se résoudre à évacuer des zones inondées.

A 그 지경에 이른 것은 매우 유감스럽군요.

B Oui, mais il faut sauver ce qui peut encore l'être.*

1 A 동유럽을 흔들고 있는 갈등은 좀 걱정스럽네요.
B 그래요, 데자뷰 같은데요.
A C'est regrettable de voir l'histoire se répéter.
B 낙관적인 태도가 필요해요, 세상은 변하는 거니까요.

2 A 한 달 전부터 계속 비가 오네.
B 홍수지역에서 주민을 대피시킬 거야.
A C'est regrettable d'en arriver là.
B 그래, 하지만 구할 수 있는 것은 구해야지.

•Lexique•

quitter 떠나다
se quitter 헤어지다
répéter 되풀이하다
se répéter 되풀이되다
rater 놓치다
perdre 잃다
conflit 분쟁, 갈등
agiter 뒤흔들다
optimiste 낙관적인, 낙관주의자
sans cesse 멈추지 않고
se résoudre 결정하다
évacuer 피난시키다, 대피시키다
sauver 구하다

modèle 122

Qu'est-ce que c'est … !

정말 ~하군요!

프랑스어에서 감탄문은 평서문 앞에 comme를 붙이면 되죠. 예를 들어 '정말 예쁘군요!'라고 하려면 평서문 'C'est beau.' 앞에 comme를 붙여 'Comme c'est beau!'라고 하면 되죠. 그런데 구어에서는 comme 대신 'qu'est-ce que'를 씁니다. 그래서 'Qu'est-ce que c'est beau!'라고 하는 거죠.

ÉTAPE 1

1 정말 맛있군요!　　　　　**Qu'est-ce que c'est** bon!

2 정말 웃기군요!　　　　　**Qu'est-ce que c'est** drôle!

3 정말 예쁘군요!　　　　　**Qu'est-ce que c'est** beau!

4 정말 고통스럽군요!　　　　**Qu'est-ce que c'est** pénible!

5 정말 감동적이군요!　　　　**Qu'est-ce que c'est** émouvant!

•Conseils•

* 'maghrébin'은 'le Maghreb' 의 형용사형입니다.
'le Maghreb'은 아랍어로 '해가 지는 지역', 즉 '서쪽'을 뜻하는 말로, 튀니지(la Tunisie), 알제리(l'Algérie), 모로코(le Maroc)를 아우를 때 쓰는 말이에요.

ÉTAPE 2

1. 키보드 사용이 불편할 때

A　C'est pas facile de passer d'une langue à l'autre sur un même clavier.

B　그래, 정말 힘들어!

A　Moi j'ai résolu le problème, j'utilise deux claviers.

B　C'est peut-être ce que je devrais faire?

2. 웃기는 비디오에 대해 이야기할 때

A　Il y a sur YouTube des vidéos de Gad Elmaleh.

B　그래, 정말 웃겨!

A　Il imite trop bien l'accent maghrébin!*

B　Il faudrait qu'on aille le voir sur scène un jour, non?

1　A　같은 키보드 상에서 언어를 바꾸는 것은 쉽지 않아.
　　B　Oui, qu'est-ce que c'est pénible!
　　A　난 그 문제를 해결했어, 키보드를 두 개 써.
　　B　나도 그렇게 하라고?

2　A　유튜브에 가드 엘마에의 비디오들이 있어.
　　B　Oui, qu'est-ce qu'il est drôle!
　　A　마그레브 억양을 너무 잘 흉내내!
　　B　언제 무대 위의 그를 보러 가야 할 거야, 안 그래?

•Lexique•

drôle 재미있는, 웃기는
émouvant(e) 감동적인
facile 쉬운
clavier 키보드
pénible 고통스러운, 힘든
imiter 흉내내다

Unité 23

나쁜 감정 표현하기

좋은 감정을 표현하는 법을 배웠으니 이제 나쁜 감정을 표현하는 법을 배워 볼까요?
'두렵다, 걱정된다, 지겹다, 지긋지긋하다'와 같은 표현들도 필요할 때는 상대에게 전
해야겠죠.

Remue-méninges

1 그 친구가 안 올까 봐 걱정이네요. J'ai peur qu'il ne vienne pas.

2 그런 이야기는 지겨워요. J'en ai assez de ces histoires.

3 그 사람 불평은 지겨워요. J'en ai assez de ses plaintes.

4 나쁜 날씨가 지겨워요. J'en ai assez du mauvais temps.

5 만사가 다 지겨워요. J'en ai assez de tout.

J'ai (bien) peur que ...

modèle **123**

~일까 두렵네요 / 걱정되네요

'~일까 두렵네요' 혹은 '걱정되네요'라고 할 때 'J'ai (bien) peur que + 접속법'의 패턴을 씁니다. 접속법을 쓰는 패턴이라 부담은 되지만 자주 쓰는 표현이니 연습해 두세요. 'Je crains que + 접속법' 패턴도 동일한 의미이니 함께 알아 두시기 바랍니다.

ÉTAPE 1

1 그 친구가 안 올까 봐 걱정이네요.　**J'ai peur qu'il ne vienne pas.**

2 경찰일까 걱정이네.　**J'ai bien peur que ce soit la police.**

3 가능하지 않을까 봐 걱정이네요.　**J'ai peur que ça ne soit pas possible.**

4 우리가 지각할까 봐 걱정이네.　**J'ai peur qu'on soit en retard.**

5 그럴까 봐 걱정이야!　**J'ai bien peur que oui!**

ÉTAPE 2

1. 차가 많이 막힐 때

A Quel embouteillage!
B Oui, c'est vrai.
A 우리가 지각할까 봐 걱정이네.
B Ne t'en fais pas!

2. 경찰차가 따라올 때

A C'est quoi ce gyrophare?
B 경찰일까 걱정이네!
A La police?! En plein milieu de la route?
B Oui, je crois qu'il se passe quelque chose de grave …

1 A 엄청 막히는군!
　B 그래, 정말이야.
　A J'ai peur qu'on soit en retard.
　B 걱정하지 마!

2 A 이 경보등은 뭐지?
　B J'ai bien peur que ce soit la police!
　A 경찰?! 도로 한복판에?
　B 그러게, 심각한 일이 일어난 모양이네 …

• **Conseils** •

'아닐까 봐 걱정이야!'는 'J'ai bien peur que non.'이라고 합니다.

'이 모델이 손님 사이즈로는 다 나갔을까 봐 걱정이네요.'는 'J'ai peur que ce modèle ne soit épuisé dans votre taille.'이라고 합니다.

• **Lexique** •

être en retard 늦다, 지각하다
embouteillage 혼잡, 막히기
s'en faire 걱정하다, 신경쓰다
gyrophare 회전 경보등
route 도로
grave 심각한, 중요한

modèle 124 — J'en ai assez de ...

~는 지겨워요 / 지긋지긋해요

🎧 124.mp3

어떤 이야기를 충분히 듣거나 어떤 일을 충분히 경험해서, 더 이상 듣거나 경험하고 싶지 않을 때 우리는 지겨움이나 나아가 지긋지긋함을 느끼죠. 이런 기분을 표현하고자 할 때 프랑스어에서는 'en avoir assez'라고 합니다. 직역하면 그것을 충분히 가졌다는 말이죠. 속어로는 'J'en ai marre'라고 하죠. 그다음에 'de + 명사'를 씁니다.

ÉTAPE 1

1 그런 이야기는 지겨워요. **J'en ai assez de** ces histoires.

2 그 사람 불평은 지겨워요. **J'en ai assez de** ses plaintes.

3 나쁜 날씨가 지겨워요. **J'en ai assez du** mauvais temps.

4 세금 인상이 지겨워요. **J'en ai assez de** la hausse des impôts.

5 만사가 다 지겨워요. **J'en ai assez de** tout.

ÉTAPE 2

1. 정부가 세금을 올렸을 때

A Le gouvernement a augmenté les impôts.
B Encore? 세금 인상이 지겨워요.
A Il n'y a pas d'autres solutions pour combler le déficit.
B En effet, vous avez raison.

2. 날씨 좋은 곳으로 떠나고 싶을 때

A 나쁜 날씨가 지겨워요.
B Moi aussi, il pleut à verse.
A Et si nous partions au soleil? Aller à Nice?
B Très drôle!

1 A 정부가 세금을 올렸어요.
　B 또요? J'en ai assez de la hausse des impôts.
　A 적자를 메우려면 다른 방법이 없잖아요.
　B 하기는, 말씀이 맞네요.

2 A J'en ai assez du mauvais temps.
　B 저도요, 비가 엄청 오네요.
　A 햇볕 쨍쨍한 곳으로 떠날까요? 니스로 갈까요?
　B 엄청 재미있겠네요!

•**Conseils**•

'de + 명사' 대신 'de + 부정법 동사'를 쓸 수도 있어요.

'J'en ai assez' 다음에 '온종일 집에 있는 게 지겨워요.'는 'J'en ai assez de rester tous les jours à la maison.'이라고 합니다.

•**Lexique**•

plainte 불평, 불만
temps 날씨
hausse 상승, 인상
impôt 세금
gouvernement 정부
augmenter 올리다
combler 메우다, 보충하다
déficit 적자, 결손
à verse (비가) 억수같이 쏟아지는

169

Unité 24

후회와 아쉬움의 감정 표현하기

지나간 일을 돌이켜 보면 다 잘한 것이 아니죠. 때로는 후회되는 일, 아쉬운 일들이 많이 있죠. 그런 감정들을 표현해 보아요. 우선 '～할 걸 (그랬네) / ～했어야 하는데', 반대로 '～하지 말 걸 (그랬네)', '～할 수도 있었는데, ～할 걸 (그랬네)' 같은 후회의 표현들이 있죠. 좀 더 직접적으로 '～가 후회됩니다', 혹은 '～가 아쉽습니다' 하고 표현하기도 하죠. 또 상대방에게 '～하시지 그랬어요.', '～하실 수도 있었는데', '～하지 마셨어야죠'라고 아쉬움을 표현할 수도 있죠. 이런 표현들을 공부해 보죠.

Remue-méninges

1 그렇게 말한 게 후회돼요. Je regrette d'avoir dit ça.

2 그녀가 안 와서 안타까워요. Je regrette qu'elle ne soit pas venue.

3 예약을 하시지 그러셨어요. Vous auriez dû réserver.

4 지하철을 타시지 그러셨어요. Vous auriez dû prendre le métro.

5 그러지 마시지 그러셨어요. Vous n'auriez pas dû faire ça.

J'aurais dû ...

modèle 125

~할 걸 (그랬네) / ~했어야 하는데

지난 일을 후회하면서 우리는 흔히 '~할 걸 (그랬네) / ~했어야 하는데'라고 하죠. 이것을 프랑스어로는 'J'aurais dû + 부정법 동사'의 패턴으로 표현합니다.

ÉTAPE 1

1 선크림을 바를 걸 (그랬네).　　**J'aurais dû** mettre de la crème solaire.

2 진작 병원에 와 볼 걸 (그랬네).　　**J'aurais dû** consulter un médecin bien plus tôt.

3 그분을 어제 만나러 갔어야 하는데.　　**J'aurais dû** aller le voir hier.

4 진작 찾아 뵀어야 하는데.　　**J'aurais dû** passer vous voir plus tôt.

5 진작 찾아 뵙고 말씀드려야 하는 건데.　　**J'aurais dû** passer vous dire vis-à-vis plus tôt.

•Conseils•

* 'être rouge comme une écrevisse'는 직역하면 '(삶은) 가재처럼 새빨갛다'는 뜻으로, 얼굴 등이 몹시 빨간 경우를 말합니다.

ÉTAPE 2

1. 지인이 입원했을 때

A Monsieur Kim est à l'hôpital depuis deux jours.

B Oui, je sais, 그분을 어제 만나러 갔어야 하는데요.

A En tout cas, il va bien, l'opération s'est bien passée.

B Tant mieux, veux-tu qu'on y aille ensemble ce soir?

2. 햇볕에 화상을 입었을 때

A Tu es rouge comme une écrevisse.*

B Oui je sais, j'ai pris un coup de soleil.

A Il faut faire attention aux rayons ultraviolets.

B 그래, 선크림을 바를 걸 그랬네.

1 A 김 선생님이 이틀 전부터 병원에 계시대요.
　B 예, 저도 알아요, j'aurais dû aller le voir hier.
　A 아무튼, 괜찮으시고, 수술이 잘됐대요.
　B 잘됐군요. 오늘 저녁에 거기에 같이 갈까요?

2 A 얼굴이 홍당무 같구나.
　B 그래 나도 알아, 햇볕에 화상을 입었어.
　A 자외선을 조심해야 돼.
　B Oui, j'aurais dû mettre de la crème solaire.

•Lexique•

plus tôt 진작에, 더 일찍
hier 어제
en tout cas 어쨌든, 아무튼
opération 수술
écrevisse 가재
rayons ultraviolets 자외선

171

modèle 126 · Je n'aurais pas dû ...

~하지 말 걸 (그랬네) / ~하지 말았어야 하는데

앞 표현의 반대입니다. '~하지 말 걸 (그랬네)'라고 할 때 프랑스어로도 부정형인 'Je n'aurais pas dû + 부정법 동사'를 쓰면 됩니다.

ÉTAPE 1

1 그 말을 그[그녀]에게 하지 말 걸. **Je n'aurais pas dû** lui dire ça.

2 그[그녀]를 믿지 말 걸. **Je n'aurais pas dû** lui faire confiance.

3 그렇게 많은 돈을 투자하지 말 걸. **Je n'aurais pas dû** investir autant d'argent.

4 질문을 하지 말 걸. **Je n'aurais pas dû** poser la question.

5 늦게 출발하지 말 걸. **Je n'aurais pas dû** partir tard.

ÉTAPE 2

1. 늦게 출발한 것이 후회될 때

A Nous sommes pris dans les bouchons.
B 그래, 늦게 떠나지 말 걸.
A Il va falloir être patient.
B Et suivre le trafic sur le GPS.

2. 돈을 빌려 준 것을 후회할 때

A J'ai prêté de l'argent à un ami, qui ne me l'a pas rendu.
B Combien?
A 1,000 euros. 그를 믿지 말 걸.
B Cela te servira de leçon.

1 A 우리가 교통체증에 걸렸네.
B Oui, je n'aurais pas dû partir tard.
A 인내심이 있어야 할 거야.
B 그리고 GPS상의 교통을 따라가겠지.

2 A 친구한테 돈을 빌려 줬는데, 갚지 않았어.
B 얼마나?
A 1천 유로, Je n'aurais pas dû lui faire confiance.
B 너한테 좋은 교훈이 될 거야.

•Lexique•

confiance 신뢰
faire confiance 신임하다
investir 투자하다
bouchon 교통체증, 마개, 가로막는 것
patient(e) 참을성 있는
suivre 쫓다, 따르다
prêter 빌려주다
leçon 수업, 과, 교훈

J'aurais pu ...
~할 수도 있었는데

modèle 127

지난 일을 후회하면서, 하지 못했지만 할 수도 있었던 아쉬운 순간이 떠오를 때가 있죠. 이럴 때 쓰는 표현이 'J'aurais pu + 부정법 동사'입니다.

ÉTAPE 1

1 큰 시세차익을 낼 수 있었는데. **J'aurais pu** faire une plus-value intéressante.

2 '매우 우수' 평가를 받을 수 있었는데. **J'aurais pu** décrocher une mention 'très bien'.

3 첫 번째로 끝낼 수도 있었는데. **J'aurais pu** finir premier(première).

4 혼자서 길을 찾을 수도 있었는데. **J'aurais pu** trouver mon chemin tout(e) seul(e).

5 그[녀]에게 진실을 말할 수도 있었는데. **J'aurais pu** lui dire la vérité.

ÉTAPE 2

1. 투자를 잘못했을 때

A Il y a six mois, lorsque le marché de l'immobilier était en pleine hausse …

B Je sais ce que tu vas dire!

A 그래, 큰 시세차익을 낼 수 있었는데!

B Oui, mais comment aurais-tu pu savoir que les prix baisseraient?

2. 더 좋은 평가를 받을 수 있었다고 생각될 때

A Finalement, tu as obtenu une mention 'bien' à ton diplôme.

B Si je n'avais pas eu cet accident pendant les derniers mois.

A En effet, c'est dommage.

B '매우 우수' 평가를 받을 수 있었는데.

1 A 6개월 전에, 부동산 시장이 한참 올라갈 때 …
  B 나도 네가 무슨 말 하려는지 알아!
  A Oui, j'aurais pu faire une plus-value intéressante!
  B 그래, 하지만 가격이 내려갈 거라는 것을 네가 어떻게 알았겠니?

2 A 결국 졸업장에 '우수' 평가를 받았구나.
  B 최근 몇 개월 동안 그 사고를 안 당했다면.
  A 맞아, 유감이야.
  B J'aurais pu décrocher une mention 'très bien'.

•Lexique•

plus-value 가치 상승, 시세 차익
décrocher 받다, 얻다
mention 평가, 점수
chemin 길
vérité 진실
baisser 내리다, 낮추다
finalement 결국
obtenir 따다, 받다, 획득하다
diplôme 학위, 졸업장

🎧 128.mp3

modèle 128

Je regrette de ...

~가 후회돼요

어떤 일이 후회가 될 때, 이를 직접적으로 표현할 수도 있겠지요. 이럴 때는 프랑스어에서도 '후회하다'를 뜻하는 regretter를 쓰면 됩니다. 그 뒤에 'de + 부정법 동사'를 쓰면 됩니다.

ÉTAPE 1

1 밖에 나온 게 후회돼요.   **Je regrette d'être sorti(e).**

2 그렇게 말한 게 후회돼요.   **Je regrette d'avoir dit ça.**

3 이 모델을 산 게 후회돼요.   **Je regrette d'avoir pris ce modèle.**

4 이런 선택을 한 게 후회돼요.   **Je regrette d'avoir fait ce choix.**

5 너무 자주 지각한 게 후회돼요.   **Je regrette d'être trop souvent en retard.**

•Conseils•

* 'présenter ses excuses'
는 '사과를 하다'를 뜻해요.

ÉTAPE 2

1. 휴대폰을 잘못 샀을 때

A Finalement, tu n'es pas très satisfait de ton nouveau téléphone.

B Non, l'écran est trop petit et le processeur est trop lent.

A Je te l'avais dit.

B 그래, 이 모델을 산 게 후회돼!

2. 친구에게 심한 말을 했을 때

A Tu t'es moqué de lui, je crois que tu l'as blessé.

B 그렇게 말한 게 후회돼.

A Il faut lui présenter tes excuses.*

B Mais je ne sais pas comment faire.

1 A 결국, 새로 산 전화기에 만족하지 못하는구나.
　 B 그래, 화면이 너무 작고 프로세서도 너무 느려.
　 A 내가 얘기했잖아.
　 B Oui, je regrette d'avoir pris ce modèle!

2 A 그 친구를 놀리더니, 그에게 상처를 준 모양이구나.
　 B Je regrette d'avoir dit ça.
　 A 그에게 사과를 해야지.
　 B 하지만 어떻게 해야 할지 모르겠어.

•Lexique•

choix 선택
satisfait(e) 만족한
nouveau / nouvelle 새로운
écran 화면
lent(e) 느린
se moquer de ~를 놀리다
blessé(e) 상처 입은
blesser 상처를 주다

Je regrette que ...

~가 안타까워요 / 아쉬워요

자기가 한 일에 대해서는 후회를 하지만 남이 한 일에 대해서는 '아쉬움'이나 '안타까움'을 느끼죠. 이럴 때는 타인을 지시하는 주어를 써야 하므로 regretter 다음에 'que절'을 쓰게 됩니다. 여기서 잊지 말아야 할 것은 접속법을 쓴다는 사실이죠. 이 표현 대신에 'C'est (vraiment) dommage que + 접속법'을 쓸 수도 있습니다.

ÉTAPE 1

1 그녀가 안 와서 안타까워요.　　Je regrette qu'elle ne soit pas venue.

2 그렇게 일찍 출발해야 하셨다니 안타까워요.　　Je regrette que vous soyez obligé de partir si tôt.

3 우리가 서로 멀어져서 안타까워요.　　Je regrette que nous nous soyons éloignés.

4 그가 더 자주 여기에 있지 않아서 안타까워요.　　Je regrette qu'il ne soit pas plus souvent là.

5 그녀가 항상 피곤해 보여서 안타까워요.　　Je regrette qu'elle ait toujours l'air fatigué(e).

•Conseils•

'제 조언을 안 따르시다니 안타깝습니다.'는 'Je regrette que vous n'ayez pas suivi mon conseil.' 라고 합니다.

ÉTAPE 2

1. 피곤해 보이는 사람이 걱정될 때

A Elle part toujours travailler sans prendre de petit-déjeuner.

B 그래요, 그녀가 항상 피곤해 보여서 안타까워요.

A Elle manque d'énergie.

B Il faut qu'elle change ses habitudes.

2. 사이가 멀어지는 것이 걱정될 때

A On s'entendait pourtant bien.

B Qu'est-ce qui s'est passé?

A Je ne sais pas, 우리가 서로 멀어져서 안타까워요.

B Peut-être faudrait-il l'appeler de temps en temps?

1　A 그녀는 항상 아침식사를 하지 않고 출근해요.
　　B Oui, je regrette qu'elle ait toujours l'air fatigué(e).
　　A 원기가 없어요.
　　B 습관을 바꿔야 할 텐데.

2　A 그래도 우리는 사이좋게 지냈죠.
　　B 무슨 일이 있었어요?
　　A 모르겠어요, je regrette que nous nous soyons éloignés.
　　B 가끔 전화를 해줘야 하지 않을까요?

•Lexique•

obligé(e) 의무가 있는, ~해야 하는
s'éloigner 멀어지다
petit-déjeuner 아침식사
souvent 자주
habitude 습관
de temps en temps 때때로

Vous auriez dû ...

~하시지 그랬어요

'진작 얘기하지 그랬어요.'라고 할 때 프랑스어로 어떻게 할까요? '당신은 그것을 이야기 했어야 했다.'고 표현합니다. 즉 'Vous auriez dû me le dire.'라고 합니다. 이처럼 '~하시지 그랬어요'는 'Vous auriez dû + 부정법 동사'의 패턴으로 표현합니다.

ÉTAPE 1

1 예약을 하시지 그랬어요.　　**Vous auriez dû** réserver.

2 진작 얘기하지 그랬어요.　　**Vous auriez dû** me le dire.

3 지하철을 타시지 그랬어요.　　**Vous auriez dû** prendre le métro.

4 매뉴얼을 보시지 그랬어요.　　**Vous auriez dû** regarder le manuel.

5 열쇠로 잠그시지 그랬어요.　　**Vous auriez dû** fermer la porte à clé.

•Conseils•

애들도 데리고 오시지 그랬어요.' 는 'Vous auriez dû amener les enfants.'이라고 합니다.

＊ 'profiter de … pour + 부정법 동사'는 '~하기 위해 … 을 이용하다' 즉 ' … 를 이용하여 ~하다'라는 뜻이에요.

ÉTAPE 2

1. 비행기를 놓칠 뻔한 상대에게

A　Je suis arrivé juste à temps.

B　Oui, mais vous avez failli manquer votre avion.

A　Je sais, j'ai eu un peu de chance.

B　지하철을 타시지 그러셨어요.

2. 충분히 주의를 하지 않은 상대에게

A　Je ne me suis absenté que quelques minutes.

B　Oui, mais le voleur en a profité pour* vous voler votre sac.

A　Je ne pensais pas qu'il oserait ouvrir la porte de la voiture en plein jour.

B　열쇠로 잠그시지 그러셨어요.

1　A　시간에 딱 맞추어 왔어요.
　　B　네, 하지만 비행기를 놓칠 뻔 하셨네요.
　　A　알아요. 운이 좀 좋았죠.
　　B　Vous auriez dû prendre le métro.

2　A　잠깐 자리를 비운 건데요.
　　B　네, 하지만 도둑이 그때를 이용해서 가방을 훔쳐 갔어요.
　　A　감히 백주대낮에 차문을 열 거라고는 생각하지 못했어요.
　　B　Vous auriez dû fermer la porte à clé.

•Lexique•

réserver 예약하다
manuel 매뉴얼
manquer (기차, 버스, 따위를) 놓치다
s'absenter (자리를) 비우다
voleur(se) 도둑
voler 훔치다
en plein jour 백주대낮에
profiter 이용하다
oser 감히 ~하다

modèle 131 Vous n'auriez pas dû ...

~하지 말지 그러셨어요

앞 표현의 부정 패턴입니다. 알아 두어야겠지요? 'Il ne fallait pas … '라고 해도 비슷한 뜻이 됩니다.

ÉTAPE 1

1 그러지 마시지 그러셨어요.

Vous n'auriez pas dû faire ça.

2 그 이메일에 답장마시지 그러셨어요.

Vous n'auriez pas dû répondre à cet e-mail.

3 그렇게 많은 돈을 빌리지 마시지 그러셨어요.

Vous n'auriez pas dû emprunter autant d'argent.

4 그렇게 커피를 많이 드시지 마시지 그러셨어요.

Vous n'auriez pas dû boire autant de café.

5 그녀를 혼자 떠나지 못하게 하시지 그러셨어요.

Vous n'auriez pas dû la laisser partir seule.

•Conseils•

* 'Vous avez dû … '는 'Vous devez … '(~하시겠어요)의 과거형으로 '~하셨겠어요'의 뜻입니다.

ÉTAPE 2

1. 아이를 잠시 잃어버렸던 부모에게

A   Ma fille est rentrée avec deux heures de retard.

B   Vous avez dû* être très inquiète.

A   Oui, nous étions sans nouvelles.

B   그 아이를 혼자 떠나지 못하게 하지 그러셨어요.

2. 한잠도 못 잔 상대에게

A   Je n'ai pas fermé l'oeil de la nuit.

B   Vous avez des soucis en ce moment?

A   Oui, je suis un peu sous pression.

B   그렇게 커피를 많이 드시지 말지 그러셨어요.

1 A 딸이 두 시간 늦게 돌아왔어요.
   B 많이 걱정스러우셨겠어요.
   A 네, 소식이 없어서요.
   B Vous n'auriez peut-être pas dû la laisser partir seule.

2 A 밤새 한숨도 못 잤어요.
   B 요즘 걱정이 있으세요?
   A 네, 좀 압박감에 시달리고 있어요.
   B Vous n'auriez pas dû boire autant de café.

•Lexique•

répondre 답하다, 답장하다
emprunter 빌리다
fermer l'oeil 눈을 붙이다, 자다
souci 걱정
pression 압박, 중압감

Partie IV

원만한 인간관계를 위한
생활 회화 패턴들

Unité 25 어조를 부드럽게 만들어 주는 표현
Unité 26 소개, 감사함과 미안함의 표현
Unité 27 기원, 격려의 표현
Unité 28 허락, 양해 구하기
Unité 29 제안하기
Unité 30 부탁, 요청하기

Unité 25

어조를 부드럽게 만들어 주는 표현

우리는 상대와 이야기를 나눌 때, 내용과 직접 관계가 없지만 대화를 부드럽게 해 주는 여러 가지 표현을 사용하죠. 무언가를 물어볼 때 하는 '실례합니다만 ~', 또 어려운 이야기를 꺼낼 때 쓰는 '괜찮으시다면 ~', '이거 말씀 드려도 될지 모르겠는데요, ~' 같은 표현들이 그러하죠. 또 제안을 하고 싶은데 상대의 의중을 확실하게 알 수 없어 자칫 결례가 될지 모를 때는 '(혹시) 원하신다면 ~' 같은 표현을 쓰기도 하죠. 이 같은 표현들을 프랑스어로도 말할 수 있어야겠죠?

Remue-méninges

1 실례합니다만, 여긴 제 자린데요. Excusez-moi, c'est ma place.

2 괜찮으시다면, 창문을 닫아 주실래요? Si ça ne vous dérange pas, pouvez-vous fermer la fenêtre?

3 이런 말씀드려도 될지 모르겠는데요, 셔츠에 뭐가 묻었네요. Ça me gêne de vous dire ça, mais votre chemise est tachée.

4 원하신다면, 제가 운전할 수 있습니다. Si vous voulez, je peux conduire.

5 원하신다면, 제가 그렇게 할 수 있습니다. Si vous voulez, je peux le faire.

modèle 132 — Excusez-moi, ...
실례합니다만 ~

🎧 132.mp3

무언가를 물어보거나 부탁을 할 때, 다짜고짜 얘기하면 곤란하겠죠? 그래서 '실례합니다(만)' 하고 묻거나 부탁을 해야 하겠죠? 이럴 때 쓰는 표현이 'Excusez-moi'입니다. 'Pardon'이라고 해도 돼요. 이 표현 다음에 '실례합니다만'과 같이 mais를 쓸 수도 있습니다.

ÉTAPE 1

1 실례합니다, 지하철 역이 어디죠? **Excusez-moi,** mais où est la station de métro?

2 실례합니다, 몇 시인가요? **Excusez-moi,** vous auriez l'heure, s'il vous plaît?

3 실례합니다, 은행이 어디 있나요? **Excusez-moi,** où se trouve la banque, s'il vous plaît?

4 실례합니다, 물 한 잔 주실 수 있나요? **Excusez-moi,** serait-il possible d'avoir un verre d'eau?

5 실례합니다, 여긴 제 자린데요. **Excusez-moi,** c'est ma place.

•Conseils•

* 식당이나 커피숍에서 종업원을 부를 때, 혹은 길거리나 공공장소에서 누군가를 부를 때, 'S'il vous plaît!'라고 합니다.

** oui, non, bien sûr 등의 답변하는 표현 앞에 강조하기 위해 mais를 써서 mais oui, mais non, mais bien sûr라고도 할 수 있어요.

ÉTAPE 2

1. 식당에서 물을 갖다 달라고 할 때

A Mademoiselle, s'il vous plaît?*
B Oui, monsieur, que puis-je faire pour vous?
A 실례합니다, 물 좀 갖다 주실 수 있어요?
B Mais** bien sûr, je vous l'apporte tout de suite.

2. 열차에서 좌석을 잘못 찾았을 때

A 실례합니다, 여긴 제 자리인데요.
B Je ne crois pas, j'ai la place 65 de la voiture 7.
A Oui, mais nous sommes dans la voiture 8.
B Oh, pardon, vous avez raison.

1 A 아가씨, 여기요!
  B 네, 손님. 뭘 드릴까요?
  A Excusez-moi, mais serait-il possible d'avoir un verre d'eau?
  B 물론이죠. 금방 갖다 드릴게요.

2 A Excusez-moi, c'est ma place.
  B 그럴 리가요. 제 자리가 7호차 65번인데요.
  A 네, 하지만 여기는 8호차인데요.
  B 어, 죄송합니다. 댁의 말씀이 맞네요.

•Lexique•

possible 가능한
place 자리
apporter 가져오다
tout de suite 금방, 바로
avoir raison 옳다, 맞다

182

modèle 133

... si ça ne vous dérange pas

괜찮으시다면 ~

상대방에게 어떤 요청할 때 '괜찮으시다면', '(혹시) 실례가 안 된다면', '불편하지 않으시다면' 등과 같은 표현을 넣으면 공손한 표현이 되겠죠? 여기에 해당하는 프랑스어 표현이 'si ça ne vous dérange pas'입니다. 'si ça ne vous gêne pas', 'si ça ne vous fait rien'이라고 해도 됩니다.

ÉTAPE 1

1 신발을 벗어 주시겠어요, 괜찮으시면요?

Pouvez-vous retirer vos chaussures, **si ça ne vous dérange pas?**

2 괜찮으시다면, 전화기 좀 빌릴 수 있을까요?

Si ça ne vous dérange pas, puis-je utiliser votre téléphone?

3 괜찮으시다면, 창문을 닫아 주실래요?

Si ça ne vous dérange pas, pouvez-vous fermer la fenêtre?

4 괜찮으시다면, 담배를 꺼 주시면 감사하겠습니다.

Si ça ne vous dérange pas, merci de ne pas fumer.

5 둘러보기만 할게요, 괜찮으시면요.

Je ne fais que jeter un coup d'oeil, **si ça ne vous dérange pas.**

•Conseils•

＊물건 등이 떨어졌을 때, 프랑스어에서는 무엇이 더 이상 없다는 표현인 'il n'y a plus de + 명사'의 패턴을 쓰기도 합니다.

ÉTAPE 2

1. 휴대폰 배터리가 방전되었을 때

A Je n'ai plus de* batteries, je ne sais pas comment prévenir la famille.

B Est-ce que vous avez besoin d'aide?

A 예, 괜찮으시다면, 전화기 좀 빌릴 수 있을까요?

B Mais bien sûr.

2. 바람에 종이가 날릴 것 같을 때

A Il y a un courant d'air par ici.

B Vous avez peur que les papiers s'envolent?

A 네, 괜찮으시다면, 창문을 닫아 주실래요?

B Oui, tout de suite.

1 A 배터리가 떨어졌어요, 어떻게 가족에게 연락할지 모르겠네요.
   B 도움이 필요하세요?
   A Oui, si ça ne vous dérange pas, puis-je utiliser votre téléphone?
   B 물론이죠.

2 A 여기 바람이 부네요.
   B 종이가 날아갈까 봐 걱정이세요?
   A Oui. Si ça ne vous dérange pas, pouvez-vous fermer la fenêtre?
   B 네, 바로 닫을게요.

•Lexique•

retirer 꺼내다, 젖히다, 되찾다, 벗다
chaussures 신발
fermer 닫다
fumer (담배를) 피우다
batterie 배터리
prévenir 알리다
papier 종이, 서류
s'envoler 날리다, 흩어지다

modèle 134

Ça me gêne de vous dire ça, mais ...

이거 말씀드려도 될지 모르겠는데요, ~

'이거 말씀드리기 좀 곤란한데요', '이거 말하기 좀 그런데요', '이런 말씀드려도 될지 모르겠는데요', '이거 말하기가 좀 그런데' 같은 표현을 프랑스어로 뭐라고 할까요? '그것을 말하는 것이 나를 거북하게 한다'는 뜻의 'Ça me gêne de vous dire ça, mais ... '라고 합니다. 'Ça m'ennuie de vous dire ça, mais'나 'Ça m'embête de vous dire ça, mais'라고도 해요.

ÉTAPE 1

1 이런 말씀드려도 될지 모르겠는데요, 셔츠에 뭐가 묻었네요.
Ça me gêne de vous dire ça, mais votre chemise est tachée.

2 이런 말씀드려도 될지 모르겠는데요, 댁의 아들이 자전거로 제 차를 긁었네요.
Ça m'ennuie de vous dire ça, mais votre fils a rayé ma voiture avec son vélo.

3 이런 말씀드려도 될지 모르겠는데요, 댁의 아이는 행동거지를 고쳐야겠습니다.
Ça m'ennuie de vous dire ça, mais votre enfant devrait changer de comportement.

4 이런 말씀드려도 될지 모르겠는데요, 저는 댁의 말씀에 동의할 수 없습니다.
Ça m'embête de vous dire ça, mais je ne suis pas d'accord avec vous.

5 이런 말씀드려도 될지 모르겠는데요, 더 이상 이 일을 계속하고 싶지 않아요.
Ça me gêne de vous dire ça, mais je n'ai plus envie de continuer.

ÉTAPE 2

1. 수업을 방해하는 아이의 학부모에게

A 이런 말씀드려도 될지 모르겠는데요, 댁의 아이는 행동거지를 고쳐야겠습니다.

B Pourquoi?

A Il perturbe souvent le travail de la classe.

B Vraiment?

2. 반복적인 업무에 불만이 있을 때

A Au bureau, mon travail est un peu trop répétitif.

B Tu as l'impression de toujours faire la même chose?

A 그래, 이거 말하기가 좀 그런데, 더 이상 이 일을 계속하고 싶지 않아.

B En as-tu parlé avec tes collègues?

1 A Ça m'ennuie de vous dire ça, mais votre enfant devrait changer de comportement.
B 왜요?
A 수업을 자주 방해해요.
B 정말로요?

2 A 사무실에서 내 일이 좀 너무 반복적이야.
B 같은 일을 반복하는 느낌이야?
A Oui, ça m'ennuie de te dire ça, mais je n'ai plus envie de continuer.
B 동료들하고 얘기해 봤니?

•Lexique•
taché(e) 묻은, 얼룩진
rayer 자국을 내다
vélo 자전거
comportement 행동, 태도
perturber 어지럽히다, 혼란케 하다
répétitif(ve) 되풀이되는, 반복적인
collègue 동료

modèle 135

... si vous voulez

(혹시) 원하신다면 ~

상대방의 의중을 모르거나 확신이 들지 않을 때 우리는 어떤 말을 하기가 망설여지지요. 괜한 말을 하거나 불필요한 제안을 하는 꼴이 될지 모르니까요. 그럴 때는 'si vous voulez'를 앞이나 뒤에 붙여 보세요. 그런 위험에서 손쉽게 벗어날 수 있으니까요.

ÉTAPE 1

1 원하신다면, 제가 운전할 수 있습니다.　　**Si vous voulez,** je peux conduire.

2 원하신다면, 제가 그렇게 할 수 있습니다.　　**Si vous voulez,** je peux le faire.

3 원하신다면, 우리는 내일 돌아올 겁니다.　　**Si vous voulez,** nous reviendrons demain.

4 저희가 당신을 도울 수 있습니다, 원하신다면요.　　Nous pouvons vous aider, **si vous voulez.**

5 그것을 사실 수 있습니다, 원하신다면요.　　Vous pouvez l'acheter, **si vous voulez.**

ÉTAPE 2

1. 집을 내놓았을 때

A Vous avez une très jolie maison.

B 원하신다면, 사실 수 있습니다.

A Vraiment? Elle est à vendre?

B Oui, nous partons vivre au Canada.

2. 무거운 짐을 가진 사람을 도와주려 할 때

A Ma valise est vraiment lourde.

B 원하신다면, 저희가 싣는 것을 도와 드릴 수 있어요.

A Oh merci, les marches du train sont si hautes.

B Il n'y a pas de quoi.

1 A 아주 예쁜 집을 갖고 계시는군요.
　 B Si vous voulez, vous pouvez l'acheter.
　 A 정말요? 파실 건가요?
　 B 네, 캐나다에서 살러 가요.

2 A 제 트렁크가 정말 무겁네요.
　 B Si vous voulez, nous pouvons vous aider à la charger.
　 A 오 감사합니다. 기차 계단이 너무 높아서요.
　 B 별말씀을요.

•Lexique•
conduire 운전하다, 데려가다
acheter 사다
vendre 팔다
vivre 살다
lourd(e) 무거운
charger 싣다
marche (계단의) 단, 계단
haut(e) 높은

Unité 26

소개, 감사함과 미안함의 표현

여기서는 대인관계에서 필수적인 표현들을 배워 보도록 하겠습니다. 예컨대 아는 사람을 상대방에 소개할 때, 또 상대방에게 감사함과 미안함을 표현할 때 쓰는 표현들입니다. 감사함은 '~해 주셔서 정말 감사합니다'처럼 상대방이 나를 위해 어떤 일을 해 준 데 대해 표현하기도 하지만, '~해 주시면 (정말) 감사하겠습니다'처럼 상대에게 부탁을 할 때도 표현합니다. 미안함도 마찬가지로 '~해서 죄송합니다'와 '죄송합니다만 ~합니다'와 같이 두 경우 모두에 표현합니다. 이 같은 표현들을 프랑스어로 배워 보도록 하겠습니다.

Remue-méninges

1. 제 오랜 친구를 소개합니다. **Je vous présente mon ami de longue date.**

2. 간단하게 해 주시면 감사하겠습니다. **Merci beaucoup d'être bref.**

3. 금연해 주시면 감사하겠습니다. **Merci beaucoup de ne pas fumer.**

4. 와 주셔서 감사합니다. **Merci beaucoup d'être venu(e).**

5. 내 생각해 줘서 고마워. **C'est gentil d'avoir pensé à moi.**

Je vous présente ...

~를 소개합니다

친구나 지인을 상대방에게 소개를 할 때 '〜를 소개합니다'라고 하죠? 이럴 때는 프랑스어로 'Je vous présente … '라고 하면 됩니다. 물론 친구 사이라면 'Je te présente … '라고 하면 되겠죠?

ÉTAPE 1

1 브리스의 형인 조나단을 소개합니다.　*Je vous présente* Jonathan, le frère de Brice.

2 제 오랜 친구를 소개합니다.　*Je vous présente* mon ami de longue date.

3 2014년 콩쿠르의 우승자를 여러분께 소개합니다.　*Je vous présente* le gagnant du concours de 2014.

4 새로 온 국제관계 책임자를 소개합니다.　*Je vous présente* le nouveau responsable des relations internationales.

5 제 동료인 김 선생님을 소개합니다.　*Je vous présente* mon collègue, le professeur Kim.

ÉTAPE 2

1. 친구를 소개할 때

A 제 오랜 친구를 소개합니다.

B Enchanté de vous rencontrer.

A Il vient juste d'arriver de Paris et il est encore un peu fatigué.

B Je vous laisse vous installer, nous nous retrouverons tout à l'heure.

2. 새로 부임한 책임자를 소개할 때

A 새로 온 국제관계 책임자를 소개합니다.

B Bonjour, monsieur.

A Il vient tout juste de prendre ses nouvelles fonctions.

B Je vous souhaite beaucoup de courage pour ce nouveau poste.

1 A Je vous présente mon ami de longue date.
　B 만나서 반갑습니다.
　A 이 친구는 파리에서 막 와서 아직 좀 피곤합니다.
　B 짐 좀 푸시고 이따 다시 만나죠.

2 A Je vous présente le nouveau directeur des relations internationales.
　B 안녕하세요?
　A 이분은 이제 막 새 임무를 받았어요.
　B 열의를 가지고 새로운 업무를 수행하시길 바랍니다.

•Lexique•

gagnant(e) 우승자, 이기는
responsable 책임자, 책임이 있는
collègue 동료
rencontrer 만나다
fonction 역할, 임무
courage 용기, 열의
poste 직책, 우체국

Merci (beaucoup) de ...

~해 주시면 (정말) 감사하겠습니다.

상대에게 '무언가를 해 주면 감사하겠다'는 말을 하려면 어떻게 할까요? 복잡하게 생각하지 말고 간단하게 'Merci de + 부정법 동사'라고 말하면 됩니다.

ÉTAPE 1

1 제게 그것에 관해 알려 주시면 감사하겠습니다.

Merci beaucoup de m'en informer.

2 간단하게 해 주시면 감사하겠습니다.

Merci beaucoup d'être bref.

3 차례를 기다려 주시면 감사하겠습니다.

Merci beaucoup d'attendre votre tour.

4 금연해 주시면 감사하겠습니다.

Merci beaucoup de ne pas fumer.

5 발언을 독점하시지 마셨으면 감사하겠습니다.

Merci beaucoup de ne pas monopoliser la parole.

ÉTAPE 2

1. 사람들에게 기다려 줄 것을 요청할 때

A 차례를 기다려 주시면 감사하겠습니다.

B Oui, mais combien de temps est-ce que je dois attendre?

A Je suis désolé, mais je ne sais pas.

B C'est pénible!

2. 질문을 받을 때

A Bien, merci pour votre intervention, y a-t-il des questions?

B Oui, j'ai une question!

A Tenez, voici un micro, 간단하게 해 주시면 감사하겠습니다.

B Ma question sera très brève …

1 A Merci beaucoup d'attendre votre tour.
  B 네, 하지만 얼마나 기다려야 할까요?
  A 죄송합니다만, 모르겠습니다.
  B 힘드네요!

2 A 좋습니다. 발표에 감사드립니다. 질문이 있나요?
  B 네, 질문이 있습니다!
  A 자요, 여기 마이크가 있습니다. merci beaucoup d'être bref.
  B 짧게 질문하겠습니다 …

•Lexique•

bref(ve) 간결한, 간단한
attendre 기다리다
monopoliser 독점하다, 전매하다
parole 발언, 말
intervention (토론 따위에의) 참여, 발언, 발표

modèle 138 — Merci beaucoup de …

~해 주셔서 정말 감사합니다

앞의 표현과 달리, 어떤 일을 해 주셔서 감사하다고 할 때는 de 다음에 부정법 과거형을 씁니다. 즉 'd'avoir + 과거분사' 혹은 'd'être + 과거분사'의 형태를 쓰는 거죠.

ÉTAPE 1

1 와 주셔서 감사합니다. — **Merci beaucoup d'être venu(e).**

2 이렇게 많이 와 주셔서 감사합니다. — **Merci beaucoup d'être venu(e)s aussi nombreux(ses).**

3 저희 초청을 수락해 주셔서 감사합니다. — **Merci beaucoup d'avoir accepté notre invitation.**

4 이토록 빨리 답변을 해 주셔서 감사합니다. — **Merci beaucoup d'avoir répondu si rapidement.**

5 바쁘실텐데 와 주셔서 감사합니다. — **Merci beaucoup d'être venu malgré votre emploi du temps chargé.**

ÉTAPE 2

1. 회의를 시작할 때

A Nous allons pouvoir commencer?
B Oui, tout le monde est là.
A Bien, tout d'abord, 이렇게 많이 와 주셔서 감사합니다.
B Une seconde, le micro n'est pas allumé.

2. 참석자에 대해 감사를 표할 때

A 바쁘실 텐데 와 주셔서 감사합니다.
B C'est moi qui vous remercie de m'avoir invité.
A C'est normal, nous sommes amis.
B Merci quand même.

1 A 시작해도 될까요?
  B 네, 모두 와 있습니다.
  A 좋습니다. 우선, merci beaucoup d'être venus aussi nombreux.
  B 잠깐만요, 마이크가 켜지지 않았네요.

2 A Merci beaucoup d'être venu malgré votre emploi du temps chargé.
  B 초대해 주셔서 제가 감사한 걸요.
  A 당연하지요, 우리는 친구가 아닙니까.
  B 그래도 감사합니다.

•Lexique•

nombreux(se) (수가)많은
accepter 수락하다
invitation 초청, 초대
malgré ~에도 불구하고
commencer 시작하다
allumer (전기) 스위치를 넣다
remercier 감사하다
normal(e) 일반적인, 보통의, 정상적인

189

C'est (très) gentil de …

~해 주셔서 (정말) 고맙습니다

modèle 139

고마움을 직접 나타내는 'Merci' 대신 프랑스인들은 '친절하다'는 뜻의 'gentil'를 이용하여 간접적으로 표현하는 것을 즐깁니다.

ÉTAPE 1

1 와 주셔서 고맙습니다.	**C'est très gentil d'**être venu(e).
2 내 생각해 줘서 고마워(요).	**C'est gentil d'**avoir pensé à moi.
3 내 생일 축하해 줘서 고마워(요).	**C'est gentil de** me souhaiter mon anniversaire.
4 이렇게 자주 날 보러 와 줘서 고맙습니다.	**C'est gentil de** venir me voir si souvent.
5 전화 주셔서 고맙습니다.	**C'est gentil de** m'appeler.

•Conseils•

*'Je te[vous] laisse.'는 상대방과 헤어질 때 쓰는 '이만 가 볼게(요)'에 해당하는 표현입니다. 여기서는 전화 대화이므로 '이만 끊어야 해'라는 뜻입니다.

ÉTAPE 2

1. 생일을 기억해 준 데 대해 감사할 때

A Joyeux anniversaire!

B 내 생각해 줘서 고마워.

A C'est normal, en famille.

B Merci quand même.

2. 전화를 준 친구에 대해 감사할 때

A Il faut que je te laisse*, j'ai du travail qui m'attend.

B En tout cas, 전화 줘서 고마워.

A C'est normal et ce n'est pas difficile.

B Merci quand même, je me sens moins seule.

1 A 생일 축하해!	2 A 이만 끊어야 해, 해야 할 일이 있어서.
B C'est gentil d'avoir pensé à moi.	B 아무튼, c'est gentil de m'appeler.
A 가족끼린데 당연하지.	A 당연하지, 그리고 어려운 일도 아닌데 뭘.
B 그래도 고마워.	B 그래도 고마워, 덜 외롭게 느껴지네.

•Lexique•

penser à ~을 생각하다
souhaiter 바라다, 소망하다, 기원하다
anniversaire 생일
souvent 자주

modèle 140

C'est (très) gentil, mais ...

감사합니다만 ~

상대의 제안을 받아들일 수 없을 때, 그냥 '안 돼요'라고 하는 것보다, '감사합니다만' 하고 거절하는 것이 좋겠지요? 그럴 때 앞서 배운 표현을 이용하여 'C'est (très) gentil, mais'라고 합니다. 물론 'Merci mais … '를 써도 되겠지만, 이것이 조금 더 정중한 표현입니다.

ÉTAPE 1

1 감사합니다만, 안 되겠습니다. **C'est très gentil, mais** je ne peux pas.

2 감사합니다만, 일이 있습니다. **C'est très gentil, mais** j'ai du travail.

3 감사합니다만, 받을[수락할] 수 없습니다. **C'est très gentil, mais** je ne peux pas accepter.

4 감사합니다만, 이미 약속이 있습니다. **C'est très gentil, mais** j'ai déjà rendez-vous.

5 감사합니다만, 불가능합니다. **C'est très gentil, mais** c'est impossible.

ÉTAPE 2

1. 식사 제의를 수락할 수 없을 때

A Voulez-vous dîner avec moi vendredi soir?
B 감사합니다만, 이미 약속이 있습니다.
A Samedi soir alors?
B D'accord.

2. 꽃 선물을 받을 수 없을 때

A Je vous en prie, veuillez accepter ces quelques fleurs.
B 감사합니다만, 받을 수 없습니다.
A Et pourquoi donc?
B Je suis allergique au pollen.

1 A 금요일 저녁에 저랑 저녁식사 하실래요?
B C'est gentil, mais j'ai déjà rendez-vous.
A 그럼 토요일 저녁엔?
B 좋아요.

2 A 이 꽃들을 받아 주세요.
B C'est très gentil, mais je ne peux pas accepter.
A 왜요?
B 꽃가루에 알레르기가 있거든요.

•Lexique•
déjà 이미, 벌써
rendez-vous 약속
allergique 알레르기의
pollen 꽃가루

191

modèle 141

Je vous serais reconnaissant(e) de / si ... ~해 주시면 감사하겠습니다

상대에게 부탁을 할 때 'merci'나 'c'est gentil'보다 좀 더 정중한 표현을 쓰고자 하면 'Je vous serais reconnaissant(e)'을 쓰면 됩니다. 다음에 'de + 부정법 동사'를 쓰거나 'si + 반과거' 절을 쓰면 됩니다. 후자는 좀 어렵지만 학습해 두시면 프랑스어 실력을 더 높일 수 있습니다.

ÉTAPE 1

1 속히 답장해 주시면 감사하겠습니다.

Je vous serais reconnaissant(e) de me répondre rapidement.

2 그것들을 속히 제게 보내 주시면 감사하겠습니다.

Je vous serais reconnaissant(e) de me les envoyer rapidement.

3 저를 도와주시면 감사하겠습니다.

Je vous serais reconnaissant(e) si vous vouliez m'aider.

4 저와 함께 가 주시면 감사하겠습니다.

Je vous serais reconnaissant(e) si vous vouliez bien m'accompagner.

5 저희를 위해 뭔가 좀 해 주시면 감사하겠습니다.

Je vous serais reconnaissant(e) si vous pouviez faire quelque chose pour nous.

ÉTAPE 2

1. 서류를 보내 줄 것을 요청할 때

A Avez-vous les documents administratifs exigés?

B Oui, j'ai toutes les pièces à remplir.

A Alors, 그것들을 속히 제게 보내 주시면 감사하겠습니다.

B Cela sera fait dans les meilleurs délais.

2. 동반해 줄 것을 요청할 때

A J'ai une visite médicale samedi prochain.

B Et alors?

A 저와 함께 가 주시면 감사하겠습니다.

B Il faut que je regarde mon agenda.

---

1 A 필요한 행정 문서를 갖고 계신가요?
　 B 네, 작성해야 할 모든 서류가 있습니다.
　 A 그럼, je vous serais reconnaissante de me les envoyer rapidement.
　 B 가능한 한 빨리하겠습니다.

2 A 제가 다음 토요일에 건강검진을 해요.
　 B 그런데요?
　 A Je vous serais reconnaissante si vous vouliez bien m'accompagner.
　 B 제 수첩을 보아야 합니다.

•Lexique•
reconnaissant(e) 감사하는, 감사를 표하는
envoyer 보내다
accompagner 동반하다, 수반하다
remplir (필요사항을) 써넣다
délai(s) 유예, 연장, 기일, 기한
agenda 수첩

modèle 142

Je regrette, (mais) ... / je suis désolé(e) (mais) ... 죄송합니다만 ~합니다

상대방이 요청을 해 왔는데, 들어 줄 수가 없을 때가 있지요? 이럴 때는 '죄송합니다만' 하면서 안 된다는 말을 해야 나도 덜 미안하고 상대방도 덜 민망하겠죠? 이럴 때는 'Je regrette, (mais) ... '라고 하면 됩니다. 물론 'Je suis désolé(e) (mais) ... '라고 해도 되지만 전자가 더 정중한 느낌을 줍니다.

ÉTAPE 1

1 죄송합니다만, 거기에 대해서는 아무것도 몰라요.
Je regrette, je n'en sais rien.

2 죄송합니다만, 계속 통화 중이네요.
Je regrette, la ligne est toujours occupée.

3 죄송합니다만, 우리는 지금 출발해야 됩니다.
Je regrette, il nous faut partir maintenant.

4 죄송합니다만, 저는 지금 지금 시간이 없습니다.
Je regrette, mais je ne suis pas libre.

5 죄송합니다만, 사무실이 닫혀 있습니다.
Je regrette, mais les bureaux sont fermés.

ÉTAPE 2

1. 통화가 안 될 때

A Avez-vous réussi à joindre M. Martin?

B 죄송합니다만, 계속 통화 중이네요.

A C'est incroyable!

B Je vais essayer sur son portable.

2. 헤어지기 아쉬울 때

A 죄송합니다만, 우리는 지금 출발해야 됩니다.

B Comment? Déjà? Mais nous venons à peine de* faire connaissance.

A C'était une soirée très agréable, je dois y aller!

B Vous ne voulez pas rester encore quelques minutes?

•Conseils•

* venir de는 근접과거인데 거기에 'à peine'(이제 막)를 썼으니 알게 된 지 얼마 되지 않았음을 강조하는 의미겠죠?

1 A 마르탱 씨와 통화가 되었나요?
  B Je regrette, mais sa ligne est toujours occupée.
  A 그럴 리가요!
  B 제가 휴대폰으로 해 볼게요.

2 A Je suis désolé, il nous faut partir maintenant.
  B 뭐라고요? 벌써요? 하지만 우리는 인사 나눈 지 얼마 되지도 않았는데요.
  A 정말 즐거운 저녁이었습니다. 저 갈게요!
  B 몇 분만 더 머무실 수 없나요?

•Lexique•

incroyable 믿을 수 없는
occupé(e) 바쁜, 사용중인
joindre 연결하다, 결합하다, 만나다
agéable 즐거운, 유쾌한

modèle 143 — Je suis désolé(e) de ... / Je regrette de ... ~해서 죄송합니다

감사의 표현을 배웠으니 이제 미안함의 표현을 배워 볼까요? 가장 기본적인 표현은 'Je suis désolé(e)'(미안합니다)입니다. 조금 더 정중한 표현은 'Je regrette'(죄송합니다)입니다. 죄송한 이유는 de 다음에 부정법 동사로 표현합니다.

ÉTAPE 1

1 그(녀)에게 그렇게 말해서 죄송합니다.

(Je suis désolé(e) / Je regrette) de lui avoir parlé comme ça.

2 머무를 수 없게 되어 죄송합니다.

(Je suis désolé(e) / Je regrette) de ne pas pouvoir rester.

3 거기에 대해 더 이상 말씀드리지 못해 죄송합니다.

(Je suis désolé(e) / Je regrette) de ne pas pouvoir vous en dire plus.

4 이렇게 일찍 떠나야 해서 죄송합니다.

(Je suis désolé(e) / Je regrette) de devoir partir si tôt.

5 이런 결정을 내리게 되어 죄송합니다.

(Je suis désolé(e) / Je regrette) de prendre cette décision.

•Conseils•

* 'faire partie de'는 어디에 속한다는 뜻이고 'être tenu au secret'는 '비밀을 지킨다'라는 뜻이에요.

ÉTAPE 2

1. 그만 가봐야 할 때

A Il est déjà 22 heures 30!

B Et alors?

A 이렇게 일찍 떠나야 해서 죄송합니다.

B Reste encore une demi-heure?

2. 자세한 설명을 해 줄 수 없을 때

A Vous pensez que j'ai des chances de gagner le concours?

B 거기에 대해 더 이상 말씀드리지 못해 죄송합니다.

A Pourquoi?

B Je fais partie du jury et je suis tenu au secret.*

1 A 벌써 밤 10시 반이네요!
   B 그런데요?
   A Je regrette de devoir partir si tôt.
   B 아직 30분이나 남았는데요?

2 A 대회에서 입상할 가능성이 있다고 보세요?
   B Je suis désolé de ne pas pouvoir vous en dire plus.
   A 왜요?
   B 제가 심사위원단에 속해 있어서 비밀을 지켜야 해요.

•Lexique•

rester 머무르다
décision 결심
concours 선발시험, 경쟁시험 (콩쿠르)
partie du jury 심사위원단
être tenu(e) au secret 비밀을 지키다

Unité 27

기원, 격려의 표현

사회생활을 잘하려면 대인관계를 좋게 유지해야 하는데, 대인관계를 좋게 하려면 상대방이 잘되기를 바라는 말, 즉 덕담을 잘해야 하겠죠? 예를 들어 '즐거운 여행하세요!' 같은 말이죠. 그리고 '쉽게 찾으실 수 있을 거예요.'와 같이 상대를 안심시키는 표현, '마음 놓고 ~하세요.' 같이 상대방에게 부담을 갖지 않게 배려하는 표현 등, 요컨대 상대가 편하게 행동을 할 수 있도록 격려하는 표현들도 잘하는 것이 필요하겠죠? 이런 표현들을 프랑스어로 배워 봅시다.

Remue-méninges

1 행운을 기원합니다. Je vous souhaite bonne chance.

2 날씨가 좋기를 바랍니다. J'espère qu'il fera beau.

3 쉽게 그 일을 끝내실 거예요. Vous n'aurez pas de mal à finir ce travail.

4 마음 놓고 그렇게 하세요. N'ayez pas peur de le faire.

5 마음 놓고 그 이야기를 하세요. N'ayez pas peur d'en parler.

modèle 144

Je vous souhaite ...
~ 하세요! / ~를 기원합니다!

상대방에게 축하를 하거나 행운을 기원할 때 프랑스어로는 'Je vous souhaite + 명사'의 패턴을 씁니다.

ÉTAPE 1

1 즐거운 여행하세요!   **Je vous souhaite** un agréable voyage!

2 좋은 저녁[파티] 보내세요!   **Je vous souhaite** une bonne soirée!

3 좋은 주말 보내세요.   **Je vous souhaite** un bon weekend.

4 즐거운 생일 보내세요!   **Je vous souhaite** un joyeux anniversaire!

5 행운을 기원합니다.   **Je vous souhaite** bonne chance.

•Conseils•

'환영합니다'도 같은 패턴을 써서 'Je vous souhaite la bienvenue!'라고 합니다. 간단하게 'Bienvenue!'라고도 하죠.

영어의 'Wish me luck!'(내게 행운을 빌어줘)은 프랑스어로는 'Souhaite-moi bonne chance!'라고 합니다. 간단하게 'Bonne chance!'라고도 해요.

ÉTAPE 2

1. 안내 방송을 잘 못들었을 때

A Je n'ai pas compris l'annonce du commandant de bord.

B Il a dit: '쾌적한 여행을 바랍니다.'

A Ah, d'accord!

B C'est vrai que les annonces ne sont pas toujours très claires.

2. 상대가 논문발표를 앞두고 있을 때

A Alors, vous êtes prêt pour la soutenance?

B Oui, mais je me sens un peu tendu.

A Ne vous inquiétez pas. 행운을 빌어요.

B Merci!

1   A   기장의 안내방송을 이해하지 못하겠어.
    B   〈Je vous souhaite un agréable voyage!〉라고 말했어.
    A   아, 그렇구나!
    B   사실 안내방송은 늘 명확하게 들리지는 않아.

2   A   그런데 논문발표 준비 다 됐어요?
    B   네, 하지만 조금 긴장돼요.
    A   걱정하지 마세요. Je vous souhaite bonne chance.
    B   고마워요!

•Lexique•

agréable 마음에 드는, 기쁘게 하는
annonce 알림, 안내
commandant 지휘관, 선장, 기장
soutenance 학위논문의 구두심사

J'espère que ...

~기를 바랍니다

무언가를 기원할 때 'J'espère' 다음에 명사 말고도 que절을 쓸 수 있습니다.

ÉTAPE 1

1 비가 오지 않기를 바랍니다.   **J'espère qu'**il ne pleuvra pas.

2 날씨가 좋기를 바랍니다.   **J'espère qu'**il fera beau.

3 사람들이 많기를 바랍니다.   **J'espère qu'**il y aura beaucoup de monde.

4 그것으로 즐거우시기를 바랍니다.   **J'espère que** ça vous fera plaisir.

5 다음 주 축제까지 머무르실 수 있기를 바랍니다.   **J'espère que** vous pourrez rester pour le festival la semaine prochaine.

ÉTAPE 2

1. 여름 축제를 준비할 때

A   Le festival de l'été se prépare bien.

B   Vous n'avez pas peur de la météo?

A   아뇨. 비가 오지 않기를 바랍니다.

B   Surtout, quand il y a un feu d'artifice.

2. 대학 축제를 준비할 때

A   La fête de l'université aura lieu en fin de semestre?

B   Oui, elle est prévue début juin.

A   사람들이 많기를 바랍니다.

B   Oui, moi aussi.

1   A   여름 축제가 잘 준비되고 있어요.
     B   날씨가 걱정되지 않으세요?
     A   Non. J'espère qu'il ne pleuvra pas.
     B   특히 불꽃놀이를 할 때요.

2   A   대학 축제가 학기말에 있죠?
     B   네, 유월초로 예정되어 있어요.
     A   J'espère qu'il y aura beaucoup de monde.
     B   예, 저도요.

•Lexique•

plaisir 기쁨, 즐거움
préparer 준비하다
se préparer 준비되다
météo 일기예보
feu d'artifice 불꽃놀이
semestre 학기
prévu(e) 예정된
début ~초

modèle 146

Vous n'aurez pas de mal à ...

쉽게 ~할 수 있을 겁니다

상대방이 어떤 일을 망설이거나 어려워할 때, '쉽게 할 수 있을 거예요'라며 격려하고 싶을 때가 있죠? 이럴 때는 '당신은 ~함에 있어서 어려움이 없을 거예요'라는 뜻의 'Vous n'aurez pas de mal à + 부정법 동사' 패턴을 쓰면 됩니다. 'avoir du mal'(어려움이 있다)의 부정형이죠. 'Vous n'aurez aucune peine à … '를 써도 마찬가지입니다.

ÉTAPE 1

1 쉽게 길을 찾으실 거예요.
Vous n'aurez pas de mal à trouver* votre chemin.

2 쉽게 그 일을 끝내실 거예요.
Vous n'aurez pas de mal à finir ce travail.

3 쉽게 이해시키실 거예요.
Vous n'aurez pas de mal à vous faire comprendre.

4 쉽게 주문을 하실 수 있을 거예요.
Vous n'aurez pas de mal à passer votre commande.

5 쉽게 수하물 등록을 하실 수 있을 거예요.
Vous n'aurez pas de mal à enregistrer vos bagages.

ÉTAPE 2

1. 공항에서 수하물을 등록할 때

A L'aéroport est très moderne?
B Oui, vous verrez. 쉽게 수하물 등록을 하실 수 있을 거예요.
A À Paris, c'est parfois compliqué.
B Oui, le personnel est parfois moins aimable.

2. 초행길이라 걱정될 때

A C'est la première fois que je viens dans cette région.
B Je vois que vous êtes équipé d'un système de navigation GPS.
A Oui, c'est très pratique.
B Avec ça, 쉽게 길을 찾으실 거예요.

1 A 공항이 아주 현대적인가요?
B 예. 보시면 아실 거예요. Vous n'aurez pas de mal à enregistrer vos bagages.
A 파리에서는 종종 복잡하거든요.
B 예. 공항 직원들이 종종 불친절해요.

2 A 이 지역에는 처음 와 봐요.
B GPS 네비게이션 시스템을 갖고 계시는군요.
A 네, 이거 아주 실용적이에요.
B 그것만 있으면, vous n'aurez pas de mal à trouver votre chemin.

198

modèle 147

N'ayez pas peur de ...

마음 놓고 ~하세요

상대방이 어떤 일에 대해 자신 없어 할 때, '마음 놓고 ~ 하세요'라고 격려하려면 프랑스어로는 어떻게 할까요? 앞서 배운 'avoir peur'(겁을 내다, 걱정하다)를 이용하여 'N'ayez pas peur de + 부정법 동사'(~하는 것을 겁내지 마세요)의 패턴을 써 보세요.

ÉTAPE 1

1 마음 놓고 그 주제를 다루세요. **N'ayez pas peur** d'aborder ce sujet.

2 마음 놓고 제가 말할 때 끼어 드세요. **N'ayez pas peur de** m'interrompre.

3 마음 놓고 그렇게 하세요. **N'ayez pas peur de** le faire.

4 마음 놓고 그 이야기를 하세요. **N'ayez pas peur** d'en parler.

5 마음 놓고 파리에서 산책하세요. **N'ayez pas peur de** vous promener dans Paris.

ÉTAPE 2

1. 발표를 시작할 때

A Bien, je vais donc commencer mon exposé.

B Nous sommes prêts.

A Si vous avez des questions, 제가 말할 때 마음 놓고 끼어 드세요.

B C'est entendu.

2. 발표를 준비할 때

A Est-ce que les questions féministes sont taboues?

B Non, pas du tout.

A Tant mieux.

B 마음 놓고 그 주제를 다루세요.

1 A 좋습니다. 그럼 제 발표를 시작하겠습니다.
  B 저희도 준비됐습니다.
  A 질문이 있으시면, n'ayez pas peur de m'interrompre.
  B 알겠습니다.

2 A 페미니즘 문제는 금기시되나요?
  B 아뇨, 전혀요.
  A 잘됐군요.
  B N'ayez pas peur d'aborder ce sujet.

•Lexique•

aborder 다루다
sujet 주제
interrompre 개입하다, 끼어들다
promener 산책하다
exposé 발표
tabou(e) 금지된, 금기시된

Unité 28

허락, 양해 구하기

행동을 하기 전에 상대방에게 허락을 구해야 하는 경우가 있죠? 예를 들어 '방을 볼 수 있을까요?', '창문을 닫아도 될까요?', '제가 담배를 피워도 괜찮을까요?'같이 말이죠. 또 때로는 자신이 상대에게 불편을 끼치고 있지 않을까 걱정될 때는 양해를 구해야겠죠. 예를 들어 '제 가방 때문에 불편하지 않으세요?'와 같이 말해야 하겠죠. 이 같은 표현들을 프랑스어로 해 볼까요?

Remue-méninges

1 방을 볼 수 있을까요? Puis-je voir la chambre?

2 한 잔 권해도 될까요? Puis-je vous offrir un verre?

3 제가 담배를 피워도 괜찮을까요? Ça vous dérangerait si je fumais?

4 햇볕 때문에 불편하지 않으세요? Le soleil ne vous gêne pas?

5 제가 확인해 볼게요. Laissez-moi vérifier.

Puis-je ... ?

~ 좀 할 수 있을까요?

상대방에게 허락을 구할 때 쓰는 가장 간단한 표현은 '제가 ~할 수 있을까요?'라는 뜻의 'Puis-je + 부정법 동사'입니다. puis는 pouvoir 동사의 변이형인데 1인칭인 je와만 어울리는 공손한 표현입니다.

ÉTAPE 1

1 방을 볼 수 있을까요? **Puis-je** voir la chambre?

2 성함을 여쭈어 볼 수 있을까요? **Puis-je** vous demander votre nom?

3 한 잔 권해도 될까요? **Puis-je** vous offrir un verre?

4 신용카드로 지불할 수 있을까요? **Puis-je** payer avec une carte de crédit?

5 와인리스트 좀 볼 수 있을까요? **Puis-je** jeter un oeil à la carte des vins?

ÉTAPE 2

1. 포도주를 주문할 때

A Vous avez fait votre choix?

B Oui, je vais prendre un menu A.

A Et pour les boissons?

B 와인리스트 좀 볼 수 있을까요?

2. 방을 확인하고 싶을 때

A J'ai réservé au nom de Martin.

B Oui, vous avez la chambre 215.

A 방을 볼 수 있을까요?

B Bien sûr, vous verrez, elle est très calme.

1 A 선택하셨나요?
 B 네, 메뉴 A를 선택하겠습니다.
 A 그리고 음료는요?
 B Puis-je jeter un coup d'oeil à la carte des vins?

2 A 마르탱이라는 이름으로 예약했는데요.
 B 네, 215호입니다.
 A Puis-je voir la chambre?
 B 물론이죠, 보시면 아시겠지만 아주 조용합니다.

•Lexique•
carte des vins 와인리스트
réserver 예약하다
au nom de ~ ~의 이름으로
calme 고요한, 조용한(형용사)
 고요, 평온함(명사)

Vous permettez que je ... ?

modèle 149

제가 ~해도 될까요?

허락을 구할 때 쓸 수 있는 좀 더 정중한 표현은 '당신은 제가 ~하는 것을 허락합니까?'의 뜻을 가진 'Vous permettez que je + 접속법?' 패턴입니다.

ÉTAPE 1

1 제가 담배 좀 피워도 될까요? **Vous permettez que je** fume?*

2 제가 끝나기 전에 떠나도 될까요? **Vous permettez que je** parte avant la fin?

3 제가 아이들 데리고 와도 될까요? **Vous permettez que je** vienne avec mes enfants?

4 제가 창문을 닫아도 될까요? **Vous permettez que je** ferme la fenêtre?

5 제가 댁의 전화기를 써도 될까요? **Vous permettez que je** me serve de votre téléphone?

ÉTAPE 2

1. 담배가 피우고 싶을 때

A J'adore les voyages en bateau.

B Et d'ici la vue est magnifique.

A 제가 담배 좀 피워도 될까요?

B Je vous en prie, nous sommes à l'extérieur.

2. 모임에 아이들을 데려가고 싶을 때

A Notre réunion est prévue mardi soir chez nous.

B Toute l'équipe sera là?

A Oui, absolument elle sera au complet.

B Alors, 제가 아이들 데리고 와도 될까요? Je n'ai personne pour les garder.

1 A 저는 배 여행을 너무나 좋아해요.
　B 여기서는 전망이 훌륭하군요.
　A Vous permettez que je fume?
　B 그러세요. 여기는 밖이니까요.

2 A 우리 모임이 저희 집에서 화요일 저녁에 예정되어 있습니다.
　B 팀 전체가 다 오나요?
　A 네, 물론 전원이 모일 거예요.
　B 그럼, vous permettez que je vienne avec mes enfants? 아이들 봐 줄 사람이 없어서요.

modèle 150

Ça vous dérangerait si je ... ?

제가 ~해도 괜찮을까요? / 제가 ~하면 폐가 될까요?

상대에게 허락을 구할 때 더욱 예의를 갖춘 표현으로, '제가 ~해도 괜찮을까요?', '제가 ~하면 폐가 될까요?'라는 표현이 있죠. 이것을 프랑스어로 하면, 'Ça vous dérangerait si je ... ?', ('제가 ~을 하면 그것이 당신을 방해할까요?')가 됩니다. 이 표현에서 déranger는 조건법으로 되어 있으므로 si절에는 반과거가 쓰여야 합니다. 그리고 답변을 할 때는 방해가 될지를 물었으니까 '아뇨', 즉 Non이라고 대답해야 한다는 점도 잊지 마세요.

ÉTAPE 1

1 제가 친구를 데려와도 괜찮을까요? Ça vous dérangerait si j'amenais mes amis?

2 제가 창문을 닫아도 괜찮을까요? Ça vous dérangerait si je fermais la fenêtre?

3 제가 담배를 피워도 괜찮을까요? Ça vous dérangerait si je fumais?

4 제가 늦게 와도 괜찮을까요? Ça vous dérangerait si j'arrivais en retard?

5 제가 더 일찍 출발해도 괜찮을까요? Ça vous dérangerait si je partais plus tôt?

ÉTAPE 2

1. 실내가 추울 때

A 제가 창문을 닫아도 괜찮을까요?

B Non, pas du tout.

A Merci, j'ai un peu froid.

B Vous avez raison, il fait un peu frais maintenant.

2. 초대 받은 곳에 친구를 데려가고 싶을 때

A Pierre, tu dînes avec nous ce samedi?

B Oui, mais, 제가 친구를 데려와도 괜찮을까요?

A Pas du tout, combien sont-ils?

B Quatre avec moi.

1 A Ça vous dérangerait si je fermais la fenêtre?
   B 물론이죠.
   A 감사합니다. 제가 좀 추워서요.
   B 맞아요. 이제 날씨가 좀 쌀쌀하네요.

2 A 피에르, 너 이번 토요일 우리와 저녁식사 할래?
   B 그래요, 하지만, ça vous dérangerait si j'amenais mes amis?
   A 물론이지, 몇 명인데?
   B 저까지 네 명이요.

•Lexique•

pas du tout 전혀
amener 데리고 가다
retard 늦음, 지각
froid 추위
frais / fraîche 시원한, 쌀쌀한

modèle 151
... ne vous gêne pas?
~ 때문에 불편하시지 않으세요?

상대방이 혹시 나의 행동이나 나의 물건으로 말미암아 불편을 겪지 않을까 걱정될 때가 있죠? 이럴 때 쓰는 표현이 ' ... ne vous gêne pas?'(〜가 당신을 불편하게 하지 않나요?)입니다.

ÉTAPE 1

1 제 가방 때문에 불편하시지 않으세요? Mon sac **ne vous gêne pas?**

2 햇볕 때문에 불편하시지 않으세요? Le soleil **ne vous gêne pas?**

3 목 부분의 가격표 때문에 불편하시지 않으세요? L'étiquette dans le cou **ne vous gêne pas?**

4 기자들이 있어서 불편하시지 않으세요? La présence des journalistes **ne vous gêne pas?**

5 팔의 깁스 때문에 글씨 쓰기가 불편하시지 않으세요? Le plâtre sur votre bras **ne vous gêne pas trop pour écrire?**

•Conseils•

* 'lumineux'는 '(어떤 장소가) 해가 많이 드는'이라는 뜻이에요.

ÉTAPE 2

1. 해가 많이 드는 사무실에서

A Votre bureau est bien lumineux.*

B Oui, il est confortable.

A 햇볕 때문에 불편하시지 않으세요?

B Au contraire, il réchauffe un peu la pièce en hiver.

2. 스키 타다 넘어져서 깁스를 했을 때

A Que vous est-il arrivé?

B Je suis tombé au ski il y a trois semaines.

A 깁스 때문에 글 쓰시는 데 불편하시지 않으세요?

B Un peu les premiers jours, mais avec le temps je me suis habitué.

1 A 사무실이 해가 많이 드네요.
   B 네, 그래서 편해요.
   A Le soleil ne vous gêne pas?
   B 반대로, 겨울에는 햇볕이 방을 좀 데워 줘요.

2 A 무슨 일이 있었나요?
   B 3주 전에 스키 타다 넘어졌어요.
   A Le plâtre ne vous gêne pas trop pour écrire?
   B 처음엔 좀 그랬는데요. 하지만 시간이 지나면서 익숙해 졌어요.

•Lexique•

étiquette 가격표, 라벨
présence 있음, 존재
plâtre 석고, 깁스
écrire (글씨를, 글을) 쓰다
confortable 편안한
au contraire 반대로
réchauffer 데우다

modèle 152

Laissez-moi ...

제가 ~해 볼게요

상대방에게 허락을 구할 것까지는 없고, 그렇다고 그냥 내 마음대로 하기도 그럴 때 우리는 '제가 해 볼게요'라고 하죠. 이럴 때 프랑스어에서 쓰는 표현이 'Laissez-moi + 부정법 동사'입니다. 직역하면 '제가 ~하도록 내버려 두세요(laisser)'라는 뜻이죠.

ÉTAPE 1

1 제가 확인해 볼게요.   **Laissez-moi** vérifier.

2 제가 설명해 볼게요.   **Laissez-moi** vous expliquer.

3 잠시 생각 좀 해 볼게요.   **Laissez-moi** réfléchir quelques instants.

4 제가 그에게 전화해 볼게요.   **Laissez-moi** l'appeler.

5 제가 맛 좀 볼게요.   **Laissez-moi** goûter.

ÉTAPE 2

1. 케이크를 맛보고 싶을 때

A Qu'est-ce que tu penses de mon gâteau?

B Il est magnifique, mais 내가 맛 좀 볼게.

A Non, il est encore trop chaud.

B Allez, s'il te plaît, … juste une bouchée.

2. 친구를 설득해야 할 때

A Je n'ai pas réussi à la convaincre.

B Veux-tu que j'essaie?

A Si tu veux. Elle sera peut-être plus sensible à tes arguments.

B D'accord, 내가 그 친구한테 전화해 볼게.

1 A 내가 만든 케이크 어때?
   B 훌륭한데, laisse-moi goûter.
   A 안 돼, 아직 너무 뜨거워.
   B 자, 부탁해. … 한 입만.

2 A 그녀를 설득하는 데 실패했어.
   B 내가 한번 해 볼까?
   A 원한다면, 아마 네가 제시하는 근거에 더 민감하게 반응할 거야.
   B 좋아, laisse-moi l'appeler.

•Lexique•

vérifier 확인하다
réfléchir 곰곰이 생각하다
goûter 맛보다
chaud(e) 뜨거운
bouchée 한 입(의 양)
convaincre 설득하다
sensible 민감한
argument 근거

제안하기

상대방에게 함께 어떤 일을 하자고 제안을 할 때 다양한 표현을 씁니다. '밖에 나가자'
하고 직접적으로 표현하는 경우도 있지만, '밖에 나가는 게 어때요?' 혹은 '밖에 나가
면 어떨까요?'라고 상대의 마음을 떠보기도 하고, '(혹시) 밖에 나가고 싶으세요?'라
고 하면서 상대의 의중을 물어보기도 하죠. 또 때로는 '제가 도와 드릴까요?'라고 하
면서 내가 어떤 일을 상대를 위해 해 줄 것을 제안하기도 하죠. 이 같은 제안의 표현은
프랑스어에서도 다양하게 존재합니다. 한번 알아볼까요?

Remue-méninges

1 좀 쉬시는 게 어때요? Pourquoi (ne) pas vous reposer un peu?

2 밖에 나가고 싶으세요? Ça vous dirait de sortir?

3 파티를 하는 것이 어떨까요? Que diriez-vous d'organiser une soirée?

4 벽지를 바꾸면 어떨까요? Si on changeait le papier-peint?

5 제가 도와 드릴까요? Voulez-vous que je vous aide?

Pourquoi (ne) pas … ?

modèle 153

~하는 게 어때요?

상대방에게 '~하는 게 어때요?' 하고 제안을 할 때 프랑스어에서 가장 가볍게 쓸 수 있는 표현은 'Pourquoi (ne) pas … ?'이에요. 여기서 속어에서는 ne를 안 씁니다. 영어의 'Why don't you … ?'에 해당하는 표현입니다.

ÉTAPE 1

1 성탄절에 며칠 어디 다녀오는 게 어때요?

Pourquoi (ne) pas partir quelques jours à Noël?

2 부모님과 어디 다녀오는 게 어때요?

Pourquoi (ne) pas partir avec tes parents?

3 좀 쉬시는 게 어때요?

Pourquoi (ne) pas vous reposer un peu?

4 돌아가는 편을 바로 확정하는 게 어때요?

Pourquoi (ne) pas reconfirmer le vol de retour tout de suite?

5 기차표도 같이 사는 게 어때요?

Pourquoi (ne) pas acheter des billets de train en même temps?

•Conseils•

* SNCF는 'Société nationale des chemins de fer français' 즉 '프랑스 국립 철도공사'의 약자예요.

ÉTAPE 2

1. 연말에 여행을 떠나고 싶을 때

A Que fait-on pour les fêtes de fin d'année?

B 성탄절에 며칠 어디로 떠나는 게 어때요?

A Ce n'est pas une mauvaise idée.

B Nous pourrions visiter le sud du pays.

2. 서울에서 리용에 갈 때

A Je viens de payer en ligne les deux billets aller-retour Séoul-Paris.

B 파리-리용 기차표도 같이 사는 게 어때요?

A Vous avez raison, nous serons plus tranquilles.

B Regarde sur le site web de SNCF-voyage.*

1 A 연말 연휴에 우리 뭐 할까요?
　B Pourquoi ne pas partir quelques jours à Noël?
　A 괜찮은 생각이네.
　B 남부지방에 가 볼 수도 있을 텐데요.

2 A 방금 서울-파리 왕복표 두 장을 온라인으로 결제했어요.
　B Pourquoi ne pas réserver les billets de train Paris-Lyon en même temps?
　A 맞아요, 그러면 더 편할 거예요.
　B SNCF-여행 사이트에 가 보세요.

•Lexique•

Noël 크리스마스
se reposer 쉬다
reconfirmer 확정하다
en même temps 동시에, 같이
aller-retour 왕복
tranquille 평온한, 안심한

modèle 154 · Ça vous dirait de … ?

(혹시) ~하고 싶으세요?

'~하는 게 어때요'라고 하는 대신에 '(혹시) ~하고 싶으세요?'라고 상대방의 의향을 물어봄으로써 좀 더 부드럽게 제안을 할 때가 있죠. 이럴 때는 'Ça vous dirait de … ?'라고 합니다. 이것은 'Ça vous dit de … ?'의 좀 더 예의바른 표현입니다. 직역하면, dire가 여기서는 '마음에 들다'는 뜻이어서, '~하는 것이 마음에 드세요?'라는 뜻입니다.

ÉTAPE 1

1 밖에 나가고 싶으세요?	**Ça vous dirait de** sortir?
2 저와 같이 가고 싶으세요?	**Ça vous dirait de** m'accompagner?
3 토요일에 거기에 가고 싶으세요?	**Ça vous dirait d'**y aller samedi?
4 피자를 주문하고 싶으세요?	**Ça vous dirait de** commander une pizza?
5 한잔하고 싶으세요?	**Ça vous dirait de** boire un verre?

•Conseils•
거절할 때는 '아니오, 전혀 안 당겨요.', 즉 'Non, ça ne me dit rien.'라고 하면 되죠.
🆗 와인은 많은데, 안 당겨요.
Il y a beaucoup de vin, mais ça ne me dit pas.
지금은 아무것도 당기는 게 없어요.
Rien ne me dit en ce moment.

ÉTAPE 2

1. 같은 음식에 물렸을 때

A 피자를 주문하고 싶으세요?

B Encore?

A Pourquoi encore?

B On en a déjà commandé une samedi dernier, on peut changer!

2. 지친 상대방에게 제안을 할 때

A C'est vendredi!

B Je suis morte!

A 혹시 밖에 나가고 싶으세요?

B Pas ce soir, demain peut-être.

1 A Ça vous dirait de commander une pizza?
  B 또요?
  A 왜 '또'라고 하시죠?
  B 지난 토요일에도 주문했잖아요, 이젠 바꿀 때도 됐잖아요!

2 A 금요일이에요!
  B 저는 죽겠어요!
  A Ça vous dirait de sortir?
  B 오늘 저녁엔 안 돼요, 내일이면 몰라도.

•Lexique•
boire un verre (술을) 한잔하다
commander 주문하다
changer 바꾸다

Que diriez-vous de ...?

modèle 155

~하는 것이 어떨까요?

나는 어떤 것을 하고 싶은데 상대의 의중이 궁금할 때가 있지요. 이럴 때 '~하는 것이 어떨까요?'라고 묻죠. 이것은 프랑스어로 'Qu'est-ce que vous dites de … ?'라고 합니다. 직역하면, '~하는 것에 대해 당신은 뭐라고 하시겠어요?'라는 뜻이죠. 이 표현을 더 공손하게 하려면 조건법을 써서 'Que diriez-vous de … .?' 라고 합니다.

ÉTAPE 1

1 세 자리를 예약하는 것이 어떨까요? **Que diriez-vous de** réserver trois places?

2 피자를 주문하는 것이 어떨까요? **Que diriez-vous de** commander une pizza?

3 '라 뚜르 다르장'에 저녁식사 하러 가는 것이 어떨까요? **Que diriez-vous d'**aller dîner à 'La Tour d'Argent'?

4 주말을 도빌에서 보내는 것이 어떨까요? **Que diriez-vous de** passer le week-end à Deauville?

5 파티를 하는 것이 어떨까요? **Que diriez-vous d'**organiser une soirée?

ÉTAPE 2

1. 회갑을 기념하고 싶을 때

A Qu'est-ce qu'on pourrait faire pour fêter ses 60 ans?

B '라 뚜르 다르장'에 저녁식사 하러 가는 것이 어떨까요?

A Mais, c'est un peu cher si on y va tous?

B Oui, mais c'est une occasion particulière, non?

2. 뮤지컬 관람을 제안할 때

A Qu'est-ce qu'on décide pour ce week-end?

B '노트르담 드 파리'에 세 자리를 예약하는 것이 어떨까요?

A C'est une bonne idée.

B Oui, d'autant que* les représentations finissent la semaine prochaine.

1 A 그분의 회갑을 축하하기 위해 무엇을 할 수 있을까요?
 B Que diriez-vous d'aller dîner à 'La Tour d'Argent'?
 A 하지만, 우리 모두가 간다면 좀 비싸죠?
 B 네, 하지만 특별한 기회잖아요?

2 A 이번 주말에 뭘 하기로 할까요?
 B Que diriez-vous de réserver trois places pour 'Notre-Dame de Paris'?
 A 좋은 생각이군요.
 B 네, 공연이 다음 주에 끝나니까요.

Si on ... ait?

~하면 어떨까요?

한잔하고 싶을 때, 혼잣말로 '한잔할 수 있다면 얼마나 좋을까?'라고 할 때가 있죠. 여기서 앞부분, 즉 조건절만 써서 상대방에게 말하면 제안으로 들리겠죠? 이렇게 해서 만들어진 표현이 'Si on + 반과거'입니다.

ÉTAPE 1

1 오늘 저녁 영화관에 가면 어떨까요? **Si on** allait au cinéma ce soir?

2 그것을 축하하기 위해 한잔하면 어떨까요? **Si on** prenait un verre pour fêter ça?

3 인사를 나누기 위해 이웃들을 초대하면 어떨까요? **Si on** invitait les voisins pour faire connaissance?

4 벽지를 바꾸면 어떨까요? **Si on** changeait le papier-peint?

5 버스보다는 KTX를 타면 어떨까요? **Si nous** prenions le KTX plutôt que le bus.

ÉTAPE 2

1. 입주 전에 벽지를 바꾸고 싶을 때

A Avant d'emménager,* je voudrais faire quelques travaux.

B 벽지를 바꾸면 어떨까요?

A Oui, ce n'est pas une mauvaise idée.

B Au moins la cuisine et le salon.

2. 빨리 가야 할 때

A Nous ne pourrons jamais être à Busan avant ce soir.

B Il faut environ 4 heures par la route.

A KTX를 타면 어떨까요?

B Combien de temps met-il?

1 A 입주하기 전에 공사를 좀 하고 싶은데요.
  B Si on changeait le papier-peint?
  A 네, 괜찮은 생각이군요.
  B 적어도 부엌과 거실은요.

2 A 우리 오늘 저녁까지 부산에는 절대 못 가요.
  B 도로로는 대략 4시간이 걸리죠.
  A Si nous prenions le KTX?
  B 얼마나 걸리죠?

modèle 157 A — Voulez-vous que je ... ?

제가 ~해 드릴까요?

내가 상대방에게 도와줄 것을 제안할 때, '제가 ~해 드릴까요?'라고 하죠? 상대방이 내 도움을 필요로 할지 안할지 모르므로 우선 이렇게 물어봐야겠죠? 이럴 때 프랑스어로는 'Voulez-vous que je ... ?'라고 합니다. 이때 que절에는 접속법을 써야 합니다.

ÉTAPE 1

1 제가 도와 드릴까요? **Voulez-vous que je vous aide?**

2 제가 그 사람들에게 그 얘기를 할까요? **Voulez-vous que je leur en parle?**

3 제가 들은 것을 말씀드릴까요? **Voulez-vous que je vous dise ce que j'ai entendu?**

4 가득 채워 드릴까요? **Voulez-vous que je vous fasse le plein?**

5 제가 그 얘기를 국장님께 할까요? **Voulez-vous que j'en parle au directeur?**

ÉTAPE 2

1. 주유소에서

A 가득 채워 드릴까요?

B Oui, du super sans plomb, s'il vous plaît.

A Voulez-vous un ticket pour faire laver votre véhicule?

B Oui, merci, c'est une bonne idée.

2. 인터뷰 내용에 대해 말할 때

A Alors, comment s'est passé ton entretien?

B Plutôt bien.

A Ils n'ont pas été trop méchants?

B 아뇨, 제가 질문받은 것을 말씀드릴까요?

1 A Voulez-vous que je vous fasse le plein?
   B 네, 무연 고급휘발유로 주세요.
   A 세차용 티켓을 원하시나요?
   B 네, 고맙습니다. 좋은 생각이네요.

2 A 그래, 네 인터뷰는 어떻게 되었니?
   B 꽤 잘됐어요.
   A 그 사람들이 너무 까칠하지 않니?
   B Non, voulez-vous que je vous dise ce que j'ai entendu comme question?

•Lexique•

directeur 통솔자, 국장
laver 씻다, 세척하다
entretien 대화, 대담
méchant(e) 까칠한, 쌀쌀한

211

Unité 30

부탁, 요청하기

부탁이나 요청을 할 때 '～ 좀 해 주세요.'라고 할 수도 있지만 좀 더 예의를 갖추어 '～ 해 주실 수 있나요?' 혹은 '～해 주시겠어요'라고 의문문의 형식으로 표현할 수 있겠죠. 또 '～해 주시기 바랍니다'와 같이 희망의 뜻을 담아 표현할 수도 있죠. 더욱 예의를 갖추어 '불편하시겠지만 ～해 주시면 안 될까요?'라는 표현도 쓸 수 있겠죠. 이같은 다양한 표현들을 프랑스어로 어떻게 하는지 살펴보기로 하죠.

Remue-méninges

1 소리를 조금만 낮춰 주실 수 있나요? Pouvez-vous baisser le son un petit peu?

2 다른 것 좀 갖다 주실 수 있나요? Pouvez-vous m'apporter autre chose?

3 다른 것을 보여 주시겠어요? Pouvez-vous montrer autre chose?

4 그거 확인 좀 해 주시겠어요? Vous voulez le vérifier, s'il vous plaît?

5 오렌지 주스 한 잔 주실 수 있나요? Je voudrais un jus d'orange.

modèle 158

Pouvez-vous ... ? / Pourriez-vous ... ?
~ 해 주실 수 있나요?

상대방에게 부탁을 할 때 가장 기본적으로 쓰는 표현이 pouvoir를 쓴 'Pouvez-vous ... ?'입니다. 좀 더 공손하게 하려면 조건법을 써서 'Pourriez-vous ... ?'라고 하면 되죠.

ÉTAPE 1

1 소리를 조금만 낮춰 주실 수 있나요?
Pouvez-vous baisser le son un petit peu?

2 좋은 식당을 추천해 주실 수 있나요?
Pouvez-vous me recommander un bon restaurant?

3 내일 아침 6시에 저를 좀 깨워 주실 수 있나요?
Pouvez-vous me réveiller à 6 heures demain matin?

4 이 양식 채우는 것을 도와주실 수 있나요?
Pourriez-vous m'aider à remplir ce formulaire?

5 206호실 좀 바꿔 주실 수 있나요? **Pouvez-vous** me passer la chambre 206?

•Conseils•

* '스펠링을 불러 주실 수 있나요?'는 'Pourriez-vous épeler?'라고 합니다.

ÉTAPE 2

1. 서류 작성에 도움을 받고 싶을 때

A Les douanes sont très strictes sur les documents d'importations.

B Voulez-vous que je vous aide?

A 네, 이 양식 채우는 것을 도와주실 수 있나요?

B Qu'est-ce que vous avez à déclarer?

2. 좋은 식당을 추천받고 싶을 때

A Pardon, 좋은 식당을 추천해 주실 수 있나요?

B Oui, quel genre recherchez-vous?

A Un endroit sympa et bien situé.

B Il y a 'Le Fouquet's'. Il est recommandé par tous les guides touristiques.

1 A 세관은 수입서류에 매우 엄격합니다.
  B 제가 도와 드릴까요?
  A Oui, pourriez-vous m'aider à remplir ce formulaire?*
  B 무엇을 신고해야 하시나요?

2 A 실례합니다. pouvez-vous me recommander un bon restaurant?
  B 네, 어떤 스타일을 찾으세요?
  A 분위기 좋고 위치가 좋은 곳이요.
  B '푸케'가 있어요. 모든 관광 가이드의 추천을 받고 있지요.

•Lexique•

baisser 낮추다
recommander 추천하다
réveiller 깨우다
remplir 채우다, 작성하다
formulaire 양식
douane 세관
strict(e) 엄격한
importation 수입
déclarer 신고하다

modèle 159
Pouvez-vous m'apporter ... ?
~ 좀 갖다 주실 수 있나요?

이제부터 'Pouvez-vous ... ?' 패턴 중에서 자주 쓰이는 하위 패턴들을 살펴보죠. 'Pouvez-vous' 다음에 'm'apporter'를 쓰면 '제게 ~ 좀 갖다 주실 수 있나요?'라는 표현이 되겠죠? 음식점이나 카페 등에서 주로 많이 쓰지만 어디서든 쓸 수 있죠.

ÉTAPE 1

1 사과 주스 한 잔 갖다 주실 수 있나요? **Pouvez-vous m'apporter** un jus de pommes?

2 레몬티 한 잔 갖다 주실 수 있나요? **Pouvez-vous m'apporter** un thé au citron?

3 제가 주문한 것 오늘 저녁까지 좀 갖다 주실 수 있나요? **Pouvez-vous m'apporter** ma commande avant ce soir?

4 다른 것 좀 갖다 주실 수 있나요? **Pouvez-vous m'apporter** autre chose?

5 지역신문 좀 갖다 주실 수 있나요? **Pouvez-vous m'apporter** le journal local?

ÉTAPE 2

1. 식당에서 주문할 때

A Mademoiselle?
B Oui?
A Pardon, 사과 주스 좀 갖다 주실 수 있나요?
B Désolée, nous n'en avons plus.

2. 배달을 요청할 때

A 제가 주문한 것 오늘 저녁까지 좀 갖다 주실 수 있나요?
B Oui, nous avons un service de livraison.
A La livraison est gratuite?
B Oui, pour toute commande supérieure à 200 euros.

1 A 아가씨?
B 네?
A 여기요, pouvez-vous m'apporter un jus de pommes.
B 죄송합니다만, 다 떨어졌는데요.

2 A Pouvez-vous m'apporter ma commande avant ce soir?
B 네, 배달 서비스가 있습니다.
A 배달은 무료인가요?
B 네, 200유로 이상 주문은요.

•Lexique•
jus de pomme 사과 주스
thé au citron 레몬티
journal local 지역 신문
service de livraison 배달 서비스
gratuit(e) 무료의
commande 주문
supérieur(e) à ~ 이상의

modèle 160

Pouvez-vous me dire ... ?

~ 말씀해 주시겠어요?

무언가를 물어볼 때 기본적으로 쓸 수 있는 예의바른 표현입니다. 'Pouvez-vous me dire ... ?'라고 하는데, '제게 … 를 말씀해 줄 수 있나요?'라는 뜻이죠.

ÉTAPE 1

1 마지막 지하철이 몇 시에 떠나는지 말씀해 주시겠어요?

Pouvez-vous me dire à quelle heure part le dernier métro?

2 이 선물이 누구 건지 말씀해 주시겠어요?

Pouvez-vous me dire pour qui sont ces cadeaux?

3 이 자동차가 누구 건지 말씀해 주시겠어요?

Pouvez-vous me dire à qui est cette voiture?

4 화장실이 어디인지 말씀해 주시겠어요?

Pouvez-vous me dire où sont les toilettes?

5 태블릿 PC 가격이 얼마인지 말씀해 주시겠어요?

Pouvez-vous me dire quels sont les tarifs des tablettes PC?

•Conseils•

＊Deuxième étage는 직역하면 '2층'이지만, 우리식의 '3층'에 해당됩니다. 우리는 1층부터 시작하지만, 프랑스식으로는 '0층'부터 시작되기 때문입니다.

ÉTAPE 2

1. 가격을 문의할 때

A 태블릿 PC 가격이 얼마인지 말씀해 주시겠어요?

B Il faut vous adresser au service technique.

A Au deuxième étage?＊

B Oui, ils vont vous renseigner.

2. 주차장에서 다른 차 때문에 나가지 못할 때

A Je ne peux pas sortir du parking.

B Vous êtes bloquée!

A 네. 저 자동차가 누구 건지 말씀해 주시겠어요?

B Je ne sais pas, mais il y a un numéro de téléphone.

1 A Pourriez-vous me dire quels sont les tarifs des tablettes PC?
B 기술부에 문의하셔야 합니다.
A 3층에요?
B 네, 거기 가시면 알려 드릴 겁니다.

2 A 주차장에서 나갈 수가 없습니다.
B 다른 차에 막히셨군요!
A Oui. Pouvez-vous me dire à qui est cette voiture?
B 모르겠는데요, 하지만 전화번호가 있어요.

•Lexique•

cadeau 선물
tablette PC 태블릿 PC
adresser 보내다
s'adresser 문의하다. 신청하다
renseigner 정보를 제공하다
bloqué(e) 막히다

modèle 161

Pouvez-vous m'indiquer ... ?
~ 알려 주시겠어요?

상대방에게 어떤 정보를 얻고 싶을 때 자주 쓰는 표현입니다. 'Pouvez-vous m'indiquer … ?'라고 하고 다음에 명사(예를 들어, 연락처, 도착시간 등)를 쓸 수도 있고, 절(예를 들어, 어디 있는지 등)을 쓸 수도 있습니다.

ÉTAPE 1

1 댁의 연락처를 알려 주시겠어요? **Pouvez-vous m'indiquer** vos coordonnées?

2 AF515편의 도착시간을 알려 주시겠어요? **Pouvez-vous m'indiquer** l'heure d'arrivée du vol AF512?

3 남성복 코너를 알려 주시겠어요? **Pourriez-vous m'indiquer** le rayon des vêtements pour hommes?

4 몽마르트르 길이 어디 있는지 알려 주시겠어요? **Pouvez-vous m'indiquer** où se trouve la rue Montmartre?

5 다음 열차가 언제 떠나는지 알려 주시겠어요? **Pouvez-vous m'indiquer** quand part le prochain train?

ÉTAPE 2

1. 항공편 도착 시간을 문의할 때

A Pardon monsieur.
B Oui?
A AF515 편의 도착시간을 알려 주시겠어요?
B Il est prévu vers 15h 45.

2. 남성복 코너를 문의할 때

A 남성복 코너를 알려 주시겠어요?
B C'est au troisième étage.
A Et où sont les escalators?
B Derrière vous.

1 A 실례합니다.
  B 네?
  A Pouvez-vous m'indiquer l'heure d'arrivée du vol AF512?
  B 15시 45분으로 예정되어 있습니다.

2 A Pourriez-vous m'indiquer le rayon des vêtements pour hommes?
  B 4층에 있습니다.
  A 그럼 에스컬레이터가 어디 있나요?
  B 손님 뒤에 있습니다.

modèle 162

Pouvez-vous me montrer ... ?

~를 보여 주시겠어요?

상대방에게 어떤 것을 보여 달라고 하거나 알려 달라고 할 때 기본적으로 쓰는 패턴인데, 다음에 명사(예를 들어, 면허증 등)를 쓸 수도 있고 절(예를 들어, 어떻게 작동되는지 등)을 쓸 수도 있습니다.

ÉTAPE 1

1 운전면허증을 보여 주시겠어요? **Pouvez-vous me montrer** votre permis de conduire?

2 다른 것을 보여 주시겠어요? **Pouvez-vous montrer** autre chose?

3 어떻게 작동되는지 보여 주시겠어요? **Pouvez-vous montrer** comment ça fonctionne?

4 하시는 일을 보여 주시겠어요? **Pouvez-vous me montrer** votre travail?

5 정확한 방향을 알려 주시겠어요? **Pouvez-vous me montrer** la bonne direction?

ÉTAPE 2

1. 길을 물어볼 때

A Pardon, je cherche la boutique Chanel.

B Vous n'êtes pas bien loin.

A 정확한 방향을 알려 주시겠어요?

B Oui, faites demi-tour et prenez la deuxième rue à gauche.

2. 경찰이 차를 세워 달라고 할 때

A Garez-vous sur le côté de la route, s'il vous plait.

B Oui, Monsieur l'agent.

A 운전면허증을 보여 주시겠어요?

B Pourquoi?? Je roulais trop vite?

1 A 실례합니다, 샤넬 부띠끄를 찾고 있는데요.
  B 멀지 않아요.
  A Pouvez-vous me montrer la bonne direction?
  B 네, 뒤로 돌아가셔서 왼쪽으로 두 번째 길로 가세요.

2 A 길 옆에 주차해 주시겠어요?
  B 네, 경찰관님.
  A Pouvez-vous me montrer votre permis de conduire?
  B 왜요?? 제가 너무 빨리 몰았나요?

•Lexique•

montrer 보여주다
permis de conduire 운전면허증
fonctionner 작동하다
rouler 굴리다
à gauche 왼쪽으로
vite 빨리

modèle 163 Voulez-vous … ? / Voudriez-vous … ?
~해 주시겠어요?

'당신은 ~하기를 원하세요?'라는 뜻의 'Voulez-vous … ?'는 부탁을 할 때 쓸 수 있는 기본 표현이에요. 좀 더 예의를 차리고 싶으면 'Voudriez-vous … ?'라고 하면 되지요.

ÉTAPE 1

1 그거 확인 좀 해 주시겠어요? **Voulez-vous** le vérifier, s'il vous plaît?

2 창문 좀 열어 주시겠어요? **Voulez-vous** bien ouvrir la fenêtre, s'il vous plaît?

3 타이어 압력 좀 확인해 주시겠어요? **Voulez-vous** vérifier la pression des pneus, s'il vous plaît?

4 담배를 꺼 주시겠어요? **Voudriez-vous** éteindre votre cigarette, s'il vous plaît?

5 제 아들내미 좀 잠시 봐 주시겠어요? **Voudriez-vous** surveiller mon fils quelques instants?

ÉTAPE 2

1. 주유할 때

A Bonjour! Le plein, s'il vous plaît!
B 연료 탱크 뚜껑을 열어 주시겠어요?
A Oh, pardon excusez-moi, j'avais oublié.
B Voulez-vous un jeton pour le lavage de la voiture?

2. 비행기 안에서 남에게 부탁을 할 때

A Il faut vraiment que j'aille aux toilettes.
B Nous allons atterrir dans quelques minutes.
A 제 아들내미 좀 잠시 봐 주시겠어요?
B Mais bien sûr, allez-y, je m'en occupe.

1 A 안녕하세요? 꽉 채워 주세요.
   B Voudriez-vous ouvrir la trappe du rèservoir, s'il vous plaît?
   A 오, 죄송합니다. 제가 잊었군요.
   B 세차용 동전 필요하세요?

2 A 저 진짜 화장실에 가야 하는데요.
   B 몇 분 후면 착륙합니다.
   A Voulez-vous surveiller mon fils quelques instants?
   B 물론이죠, 다녀오세요, 제가 해 드릴게요.

•Lexique•
pression 압력
pneu 타이어
surveiller 감시하다, 지켜보다, 돌보다
plein (휘발유)의 가득 채운 분량
lavage 세탁
atterrir 착륙하다

Je voudrais que vous ...

modèle
164

~해 주시기 바랍니다

부탁을 할 때 나의 바람을 직접 표현할 수 있죠. '저는 당신이 ~해 주시기 바랍니다'라고요. 이럴 때 'Je voudrais que vous ... '라고 하면 됩니다. 이때 vous 다음에는 접속법을 써야 하지요.

ÉTAPE 1

1 곧 와 주시기 바랍니다.
Je voudrais que vous veniez tout de suite.

2 매년 와 주시기 바랍니다.
Je voudrais que vous reveniez chaque année.

3 진실을 알아 주시기 바랍니다.
Je voudrais que vous sachiez la vérité.

4 패자를 생각해 주시기 바랍니다.
Je voudrais que vous ayez une pensée pour les perdants.

5 우리 가방들을 지켜봐 주기 바래.
Je voudrais que tu fasses attention à nos valises.

ÉTAPE 2

1. 우리 팀이 결승에 진출했을 때

A Bravo pour la finale!

B Les supporters adverses étaient très tristes.

A 그래요, 그러니 패자를 생각해 주시기 바랍니다.

B Mais c'est la loi du sport!

2. 가방을 지켜 달라고 요청할 때

A Je vais aux toilettes.

B Je t'attends.

A 우리 가방들 좀 봐 줘.

B Ne t'inquiète pas.

1 A 결승 진출 축하해요!
   B 상대팀 응원단은 아주 우울했죠.
   A Oui, je voudrais que vous ayez une pensée pour les perdants.
   B 하지만 그게 스포츠의 법칙이죠!

2 A 나 화장실 갈래.
   B 기다릴게.
   A Je voudrais que tu fasses attention à nos valises.
   B 걱정 마.

•Lexique•

chaque année 매년
pensée 생각
perdant(e) 패자, 진, 패배한
supporter 지지자, 서포터
triste 슬픈, 우울한
loi 법, 법칙

modèle 165
Ça ne vous dérange pas de ... ?
불편하시겠지만 ~해 주시면 안 될까요?

어려운 부탁을 할 때는 더욱 공손한 표현을 써야겠죠. 이럴 때 쓸 수 있는 표현이 'Ça ne vous dérange pas de ... ?'인데, 'Ça ne vous ennuie pas de ... ?'라고 해도 됩니다. 둘 다 '~하는 것이 당신을 방해하거나 귀찮게 하지 않나요?'라는 뜻이죠. 대답은 'Pas du tout.'라고 하면 됩니다. 우리말에는 '불편하시겠지만 ~해 주시면 안 될까요?' 정도가 여기에 해당하는 표현이겠죠.

ÉTAPE 1

1 불편하시겠지만 안쪽으로 더 들어가시면 안 될까요?
Ça ne vous dérange pas de vous pousser?

2 불편하시겠지만 문을 좀 열어 주시면 안 될까요?
Ça ne vous dérange pas d'ouvrir la porte?

3 불편하시겠지만 저랑 같이 가 주시면 안 될까요?
Ça ne vous dérange pas de m'accompagner?

4 불편하시겠지만 저를 역에 내려 주시면 안 될까요?
Ça ne vous dérange pas de me déposer à la gare?

5 불편하시겠지만 오늘 저녁에 애들을 봐 주시면 안 될까요?
Ça ne vous dérange pas de garder les enfants ce soir?

ÉTAPE 2

1. 다쳐서 응급실을 찾을 때

A Je cherche le service des urgences.

B C'est un peu plus loin sur la gauche.

A 불편하시겠지만 저랑 같이 가 주시면 안 될까요?

B Pas du tout! Qu'est-ce qui vous arrive?

2. 아이들을 봐 줄 것을 요청할 때

A 불편하시겠지만 오늘 저녁에 애들을 봐 주시면 안 될까요?

B Pas du tout, ils sont adorables.

A J'ai préparé le repas, la table est prête.

B Ne vous inquiétez pas, tout ira bien.

---

1 A 응급실을 찾고 있는데요.
  B 좌측으로 좀 더 가야 되는데요.
  A Ça ne vous dérange pas de m'accompagner?
  B 전혀 불편하지 않습니다! 어쩌다 이렇게 되셨나요?

2 A Ça ne vous dérange pas de garder les enfants ce soir?
  B 전혀 불편하지 않습니다. 애들이 귀여운 걸요.
  A 식사도 준비했고, 상도 차려져 있어요.
  B 걱정하지 마세요, 다 잘될 거예요.

•Lexique•
se pousser 물러나다, 비켜주다
urgence 응급실
adorable 귀여운

220

modèle 166

Je voudrais ... (1)

~ 주세요

식당이나 카페, 술집, 가게 등에서 주문을 하거나 물건을 달라고 할 때 쓰는 전형적인 표현입니다. 'Je veux'는 명령조로 들리므로 쓰지 않고, 항상 'Je voudrais' 형태를 써야 합니다. 'Je voudrais' 다음에 명사를 쓰면 되는데, 물질명사의 경우 셀 수 없으므로 부분관사 du 혹은 de la를 써야 하지만, 용기에 담겨 있는 것을 달라고 할 때는 un(e), deux, trois같이 수형용사를 쓸 수 있습니다.

ÉTAPE 1

1 오렌지 주스 한 잔 주세요.　　**Je voudrais** un jus d'orange.

2 아스피린 한 통 주세요.　　**Je voudrais** une boîte d'aspirine.

3 건성 모발용 샴푸 주세요.　　**Je voudrais** du shampooing pour cheveux secs.

4 트윈베드 룸 하나 주세요.　　**Je voudrais** une chambre avec lits jumeaux.*

5 쇼윈도우에 있는 모델로 주세요.　　**Je voudrais** le modèle en vitrine.

•Conseils•

* 호텔에서 '싱글베드 룸 하나 주세요.'라고 하고 싶을 때에는 'Je voudrais une chambre à un lit.'라는 표현을 씁니다.

ÉTAPE 2

1. 약을 살 때

A　Monsieur, bonjour, vous désirez?

B　아스피린 한 통 주세요.

A　Pour enfants ou pour adultes?

B　Pour adultes, s'il vous plaît.

2. 호텔방을 잡을 때

A　트윈베드 룸 하나 주세요.

B　Pour quelles dates?

A　Du 6 au 9 avril, s'il vous plaît.

B　Je suis désolé, je n'ai plus de chambres à cette période.

1　A 손님, 안녕하세요. 뭘 드릴까요?
　　B Je voudrais une boîte d'aspirine.
　　A 아이들용인가요 어른용인가요?
　　B 어른용 주세요.

2　A Je voudrais une chambre avec deux lits simples, s'il vous plaît.
　　B 어느 날짜로요?
　　A 4월 6일에서 9일까지요.
　　B 죄송합니다만 그 기간에는 방이 더 이상 없네요.

•Lexique•

jus d'orange 오렌지 주스
boîte 통, 갑, 병
vitrine 쇼윈도우, 전시, 진열
désirer 원하다, 바라다
période 기간

221

modèle 167 Je voudrais ... (2)
~하고 싶습니다

이번에는 'Je voudrais + 부정법 동사' 패턴입니다. 요청이나 주문을 할 때, 또는 자신의 희망을 나타낼 때도 쓸 수 있습니다.

ÉTAPE 1

1 일주일간 차를 렌트하고 싶습니다.	**Je voudrais** louer une voiture pour une semaine.
2 파리행 항공편을 예약하고 싶습니다.	**Je voudrais** réserver un vol pour Paris.
3 스카이프로 부모님을 부르고 싶습니다.	**Je voudrais** appeler mes parents avec Skype.
4 이 기쁨을 가족과 함께 나누고 싶습니다.	**Je voudrais** partager cette joie avec ma famille.
5 여기 계신 모든 초대객들에게 감사를 드리고 싶습니다.	**Je voudrais** remercier tous les invités ici présents.

•Conseils•

* '제 항공편을 취소[변경, 확인] 하고 싶습니다.'는 'Je voudrais annuler[changer, confirmer] mon vol.'이라고 합니다.

ÉTAPE 2

1. 항공편을 예약할 때

A 파리행 항공편을 예약하고 싶습니다.

B À quelle date souhaitez-vous partir?

A Vers la mi-novembre, le 15 serait parfait.

B En classe affaire ou en économique?

2. 국제전화가 잘 연결되지 않을 때

A Le dimanche soir, les communications avec l'Europe sont toujours compliquées!

B La liaison n'est pas bonne?

A 네. 스카이프로 부모님을 부르고 싶어요. Mais ça ne marche pas non plus.

B Essaye KakaoTalk, en Wifi c'est très efficace.

1 A Je voudrais réserver un vol pour Paris.*
B 어느 날에 떠나고 싶으세요?
A 11월 중순경이요, 15일이면 완벽하겠네요.
B 비즈니스요 아니면 이코노미 클래스요?

2 A 일요일 저녁이면 유럽과의 통화가 항상 복잡해요!
B 연결이 안 좋은가요?
A Non. Je voudrais appeler mes parents avec Skype. 하지만 그것도 잘 안 돼요.
B 카카오톡으로 해 보세요. 와이파이를 이용해서 아주 효율적이죠.

•Lexique•

louer 빌리다, 렌트하다
semaine 주, 1주간
vol 비행, 비행편
partager 나누다
classe affaire 비즈니스 클래스
liaison 연결, 관계, 연음

Je voudrais faire ...

modèle 168

~ 해 주세요

앞의 표현은 자신이 어떤 일을 하고 싶다는 말인 반면에, 상점에 가서 남에게 어떤 서비스를 받고 싶을 때는 'Je voudrais faire + 부정법 동사' 패턴을 써야 합니다. 자기가 직접 하는 일이 아니므로 사역의 faire를 앞에 붙여야 논리적으로 맞는 거죠. 예컨대 차를 수리해 달라고 할 때, 나는 차를 수리하게 하고 싶은 거죠. 그래서 réparer가 아니라 faire réparer를 써야 합니다.

ÉTAPE 1

1 제 차를 수리해 주세요. **Je voudrais faire** réparer ma voiture.

2 이 꽃다발을 배달해 주세요. **Je voudrais faire** livrer ce bouquet.

3 이 옷들을 (드라이)클리닝 **Je voudrais faire** nettoyer (à sec) ces 해 주세요. vêtements.

4 제 아파트에 칠을 다시 해 주세요. **Je voudrais faire** repeindre mon appartement.

5 환불해 주세요. **Je voudrais** me **faire** rembourser.

ÉTAPE 2

1. 칠을 하기 위해 사람을 부를 때

A 제 아파트에 칠을 다시 해 주세요.

B Il faudrait que nous puissions le visiter.

A Quel jour pouvez-vous venir?

B Un samedi matin, si cela vous arrange.

2. 꽃 배달을 요청할 때

A 이 꽃다발을 배달해 주세요.

B À quelle adresse?

A 6, rue des Mimosas.

B Et c'est à quel nom?

1 A Je voudrais faire repeindre mon appartement.
  B 저희가 방문할 수 있어야 하는데요.
  A 어느 날에 오실 수 있으세요?
  B 괜찮으시다면, 토요일 아침이면 돼요.

2 A Je voudrais faire livrer ce bouquet.
  B 어느 주소로요?
  A 미모사 길 6번지요.
  B 그리고 어느 분 이름으로 해 드릴까요?

•Lexique•

réparer 수리하다
bouquet 꽃다발
nettoyer à sec 드라이 클리닝 하다
repeindre 다시 칠하다
rembourser 환불하다

223

Partie V

나의 의견과 생각을
표현하는 패턴들

Unité 31   기본적인 의견 표현

Unité 32   추측 표현

Unité 33   맞장구 표현

Unité 34   확신의 유무 표현

Unité 35   충고 표현

Unité 36   충분함의 표현

Unité 37   필요 유무 표현

기본적인 의견 표현

이제 자신의 의견을 나타내는 가장 기본적인 표현을 알아보도록 하죠. 가장 간단한 표현은 '제 생각엔 ～입니다' 혹은 '저는 ～라고 생각합니다' 같은 형식이죠. 혹은 '(제가 보기에) 그것은 훌륭하군요'같이 표현할 수도 있겠죠. 물론 상대방에게 의견을 물을 때는 '～에 대해 어떻게 생각하세요?'라고 하죠. 이 같이 의견을 묻고 말하는 표현 방식을 살펴보도록 하겠습니다.

Remue-méninges

1 프로그램에 대해 어떻게 생각하세요? Qu'est-ce que vous pensez du programme?

2 제 생각엔, 우리가 그렇게 할 수 있어요. Je crois qu'on pourra le faire.

3 제 생각엔, 그럴 필요가 없습니다. Je pense que ça ne vaut pas la peine.

4 (제가 보기에) 그것은 굉장하군요. Je trouve ça magnifique.

5 (제가 보기에) 그것은 형편없군요. Je trouve ça nul.

modèle 169

Qu'est-ce que vous pensez de ...? / Comment vous trouvez ...? ~에 대해 어떻게 생각하세요?

어떤 것에 대한 상대방의 의견을 물을 때 가장 기본적으로 쓰는 패턴들입니다.

ÉTAPE 1

1 프로그램에 대해 어떻게 생각하세요?

Qu'est-ce que vous pensez du programme?

2 그의 새 여자친구에 대해 어떻게 생각하세요?

Qu'est-ce que vous pensez de sa nouvelle petite-amie?

3 새 총리에 대해 어떻게 생각하세요?

Qu'est-ce que vous pensez du nouveau Premier ministre?

4 이 부서의 분위기에 대해 어떻게 생각하세요?

Comment trouvez-vous l'ambiance dans ce service?

5 저의 새 헤어스타일에 대해 어떻게 생각하세요?

Comment trouvez-vous ma nouvelle coupe de cheveux?

ÉTAPE 2

1. 정치적 의견을 물을 때

A Suite aux élections générales, il y a eu un remaniement ministériel.

B 새 총리에 대해 어떻게 생각하세요?

A Il est plus dynamique que le précédent.

B Vous croyez que le nouveau gouvernement sera plus efficace?

2. 새 헤어스타일에 대한 반응이 궁금할 때

A Tu es passée chez le coiffeur!

B 응, 내 새 헤어스타일 어때?

A Pas mal, la couleur te va bien.

B Merci, j'avais besoin de changement!

1 A 총선에 따라 개각이 있었어요.
　 B Que pensez-vous du nouveau Premier ministre?
　 A 전임자보다 더 추진력이 있죠.
　 B 새 정부가 더 효율적일 거라고 생각하세요?

2 A 너 미용실에 다녀왔구나!
　 B Oui, comment trouves-tu ma nouvelle coupe de cheveux?
　 A 괜찮은데, 색깔이 너한테 잘 어울린다.
　 B 고마워, 변화가 필요했거든!

•Lexique•

petit(e)-ami(e) 이성친구, 애인
ministre 장관
le Premier ministre 총리
remaniement 다시 손질하기, 수정, 개편
remaniement ministériel 개각
dynamique 역동적인, 추진력이 있는
précédent(e) 이전의, 전임자
coiffeur(se) 미용사
chez le coiffeur 미용실(에)
coupe de cheveux 헤어스타일
changement 변화

modèle 170

Je crois que ... / Je pense que ...

제 생각엔 ~ / ~라고 생각합니다

본인의 생각을 밝힐 때 기본적으로 쓰는 표현입니다. 'Je pense que … ' 대신에 'Je trouve que … '를 쓸 수도 있고 'à mon avis, … '의 패턴도 마찬가지 뜻입니다. 다만 'Je crois que … '는 이들보다 확신이 클 때 씁니다.

ÉTAPE 1

1 제 생각엔, 우리가 그렇게 할 수 있어요.

Je crois qu'on pourra le faire.

2 제 생각엔, 계산 실수를 하셨어요.

Je pense que vous avez fait une erreur de calcul.

3 제 생각엔, 배달표를 잘못 보신 것 같은데요.

Je crois que vous vous êtes trompés* dans le bon de livraison.

4 제 생각엔, 그럴 필요가 없습니다.

Je pense que ça ne vaut pas la peine.

5 제 생각엔, 취소하기엔 너무 늦었습니다.

Je crois qu'il est trop tard pour annuler.

•Conseils•

* 'vous vous êtes trompés'는 'se tromper'(틀리다, 잘못하다)가 원형인 것 아시죠?

ÉTAPE 2

1. 계산이 안 맞을 때

A Je ne comprends pas pourquoi j'arrive à un mauvais résultat.

B 제 생각엔, 계산 실수를 하셨어요.

A Je vais recommencer.

B Il vaudrait mieux prendre une calculatrice cette fois-ci.

2. 배달이 잘못 왔을 때

A Il y a une erreur dans la livraison.

B Je ne suis pas à la bonne adresse?

A 아뇨, 제 생각엔, 배달표를 잘못 보신 것 같은데요.

B Pardon, excusez-moi.

1 A 왜 나쁜 결과가 나오는지 이해가 안 돼요.
  B Je pense que vous avez fait une erreur de calcul.
  A 다시 해야겠어요.
  B 이번에는 계산기를 쓰시는 게 낫겠어요.

2 A 배달에 실수가 있네요.
  B 제가 주소를 잘못 찾아왔나요?
  A Non, je crois que vous vous êtes trompé dans le bon de livraison.
  B 죄송합니다.

•Lexique•

bon de livraison 배달표
annuler 취소하다
calculatrice 계산기
cette fois-ci 이번에는

229

modèle 171

Je trouve ça …

(제가 보기에) 그것은 ~군요

의견을 나타내는 또 다른 패턴으로 'Je trouve ça … '가 있습니다. 다음에 형용사를 쓰면 되는 간단한 표현이지요.

ÉTAPE 1

1 (제가 보기에) 그것은 흥미롭군요. 　**Je trouve ça** intéressant.

2 (제가 보기에) 그것은 굉장하군요. 　**Je trouve ça** magnifique.

3 (제가 보기에) 그것은 흥미진진하군요. 　**Je trouve ça** passionnant.

4 (제가 보기에) 그것은 형편없군요. 　**Je trouve ça** nul.

5 (제가 보기에) 그것은 유감스럽군요. 　**Je trouve ça** regrettable.

•Conseils•

* 'avoir du mal à … '는 '~하는 것에 어려움을 겪다'는 뜻이고, 여기서 'avoir beaucoup de mal à … '이 나왔죠.

ÉTAPE 2

1. 구조팀들 간의 협력이 잘 안 되었을 때

A　Les équipes de secours ont eu beaucoup de mal à* coopérer.

B　Oui, elles ont perdu beaucoup de temps.

A　그것은 유감스럽군요.

B　Moi aussi, une meilleure coopération peut sauver des vies humaines.

2. TV 연속극에 대해 토론할 때

A　J'adore cette nouvelle série télé.

B　제가 보기에 그것은 형편없는데요.

A　Pourquoi?

B　Je trouve les situations très banales.

1　A 구조팀이 서로 협력하는 데 어려움을 겪었어요.
　　B 그래요, 시간 낭비를 많이 했죠.
　　A Je trouve ça regrettable.
　　B 저도요, 더 잘 협력한다면 많은 인명을 구할 수 있으니까요.

2　A 새 TV 연속극이 너무 좋아.
　　B Moi, je trouve ça nul.
　　A 왜요?
　　B 제가 보기에 상황이 너무 진부해요.

•Lexique•

passionnant(e) 흥미진진한, 열광하게 하는
nul(le) 아무것도 없는, 형편없는
regrettable 유감스러운
secours 구조
coopérer ~에 협력하다
sauver 구하다
sauver des vies humaines 인명을 구하다
série 시리즈, 연속극
banal(e) 진부한, 시시한

Unité 32

추측 표현

대화를 하면서 확신에 차서 자신의 의견을 전할 수도 있지만, 추측의 뉘앙스로 전할 때도 많이 있죠. 추측의 표현은 상대에게 자신감 있는 태도를 보여 주지 못하는 단점도 있지만, 경우에 따라서는 겸손의 느낌을 주어 좋을 때도 많습니다. 예컨대 '~일 것 같군요', '~해 보이네요', '~인 것 같아요', '아마 ~인가 봐요', '제가 (아마) ~했나 봐요' 등과 같은 표현들이 그래요. 대인관계를 원활하게 하려면 때로 이 같은 표현을 적절히 구사하여 언쟁을 피하고 상대와 원만한 관계를 맺을 수 있으니 익혀서 사용해 보세요.

Remue-méninges

1 엄청 맛있을 것 같군요. Ça a l'air délicieux.

2 한가해 보이시는군요. Vous avez l'air libre.

3 좀 아플지 몰라요. Ça risque d'être un peu douloureux.

4 비가 그친 것 같아요. On dirait que la pluie s'est arrêtée.

5 은퇴하실 거라고 들었습니다. On dit que vous allez prendre votre retraite.

modèle 172 Ça a l'air ...
~일 것 같군요

어떤 대상이 겉으로 보기에 어떻다고 할 때 'Ça a l'air + 형용사' 패턴을 쓰면 됩니다. 여기서 'avoir l'air'는 직역하면 '~한 외관을 갖고 있다'라는 뜻입니다.

ÉTAPE 1

1 엄청 맛있을 것 같군요.   **Ça a l'air** délicieux.

2 따분할 것 같군요.   **Ça a l'air** ennuyeux.

3 흥미진진할 것 같군요.   **Ça a l'air** passionnant.

4 웃길 것 같군요.   **Ça a l'air** comique.

5 슬플 것 같군요.   **Ça a l'air** triste.

ÉTAPE 2

1. 유명작가의 신간에 대해 토론할 때

A Le nouveau bouquin de Michel Houellebecq vient de paraître.

B 네, 흥미진진할 것 같군요.

A Je l'ai lu, vous ne serez pas déçu.

B Vous pouvez me le passer, s'il vous plaît?

2. 따분한 교육을 받을 때

A Nous avons trois jours de formation sur le marketing.

B Je trouve ce genre de formation inutile.

A Moi aussi, mais nous sommes obligés de suivre le programme.

B 따분할 것 같군요.

---

1 A 미셀 우엘벡의 새 책이 막 출간됐어요.
  B Oui, ça a l'air passionnant.
  A 제가 읽어 봤는데요, 실망하지 않을 거예요.
  B 제게 좀 건네주시겠어요?

2 A 마케팅에 관한 3일간의 교육을 받을 거예요.
  B 제가 보기엔 이런 종류의 교육은 쓸데없어요.
  A 저도요, 하지만 그 프로그램을 들어야 해요.
  B Ça a l'air ennuyeux.

•Lexique•

ennuyeux(e) 따분한, 지루한
comique 웃기는
bouquin 책
paraître 나타나다
ce genre de ~ 이런 종류의 ~
formation 연수, 교육, 형성, 구성
inutile 쓸데없는, 무익한
suivre 뒤따르다, 듣다, 추적하다

173.mp3

modèle 173

Vous avez l'air ...

~해 보이시는군요

상대방이 외관상 어떻게 보인다고 말하고 싶을 때는 'Vous avez l'air + 형용사' 패턴을 쓰면 됩니다. '~해 보이시는군요' 혹은 '~하신 모양이네요'라는 우리말 표현에 해당합니다.

ÉTAPE 1

1 피곤해 보이시는군요. **Vous avez l'air** fatigué(e).

2 더 젊어 보이시는군요. **Vous avez l'air** plus jeune.

3 한가해 보이시는군요. **Vous avez l'air** libre.

4 선탠을 하셨나봐요. **Vous avez l'air** bronzé(e).*

5 기분 좋으신가봐요. **Vous avez l'air** content(e).

ÉTAPE 2

1. 날씨 좋은 곳에 다녀온 상대에게

A 선탠을 하신 모양이네요.

B Oui, nous avons pris quelques jours au soleil.

A Visiblement, il faisait beau.

B Oui, nous étions heureux.

2. 피곤해 보이는 상대에게

A 피곤해 보이시는군요.

B Oui, je finis l'écriture d'un livre.

A Un livre sur quoi?

B Une méthode** de français.

1 A Vous avez l'air bronzé.
B 네, 날씨 좋은 곳에서 며칠을 보냈거든요.
A 분명히 날씨가 좋았겠군요.
B 네, 행복했어요.

2 A Vous avez l'air fatigué.
B 네, 책 쓰는 것을 마쳤거든요.
A 무엇에 관한 책인가요?
B 프랑스어 교재요.

•Conseils•

* bronzer는 bronze(청동)에서 온 말로서 '피부를 검게 그을리다'라는 뜻이죠.

** méthode는 '방법'이라는 뜻인데, '교재'라는 뜻도 있어서 méthode de français는 프랑스어 교재, méthode de piano는 피아노 교본이에요.

•Lexique•

visiblement 눈에 띄게, 분명히
finir 끝내다, 마치다
l'écriture d'un livre 책 쓰는 것, 집필

modèle
174

Ça me semble ...
(그것은) ~해 보이네요

외관상으로만이 아니라 추측해 볼 때 '(나한테 그것은) 어떠해 보인다'라고 할 때 자주 쓰이는 표현이 'Ça me semble + 형용사' 패턴인데, 'Ça me paraît + 형용사' 패턴도 마찬가지로 자주 쓰입니다. 우리말로는 '~인 것 같아요' 혹은 '~해 보이네요' 같은 표현에 해당해요.

ÉTAPE 1

1 그것은 좋아 보이네요.　　　　　**Ça me semble** bien.

2 그것은 흥미로워 보이네요.　　　**Ça me semble** intéressant.

3 그것은 꽤 쉬워 보이네요.　　　　**Ça me semble** assez facile.

4 그것은 정확한 것 같아요.　　　　**Ça me semble** correct.

5 그것은 불가능한 것 같아요.　　　**Ça me semble** impossible.

ÉTAPE 2

1. 논문에 대해 이야기할 때

A　Que penses-tu de mon article?*

B　흥미로워 보이네.

A　Oui, je m'intéresse aux questions de pédagogie.

B　Tu espères le publier rapidement?

2. 비디오게임에 대해 이야기할 때

A　As-tu déjà essayé ce jeu vidéo?

B　아니, 하지만 꽤 쉬워 보이네.

A　En fait, il faut aligner les bonbons de couleur pour marquer des points.

B　Le concept est simple, je peux essayer?

1 A 내 논문에 대해 어떻게 생각해?
　　B Ça me semble intéressant.**
　　A 그래, 나는 교수법 문제에 관심이 있거든.
　　B 빨리 출간하기를 원해?

2 A 너 전에 이 비디오 게임 해 본 적 있니?
　　B Non, mais ça me semble assez facile.
　　A 사실이야, 색사탕들을 정렬하면 득점하는 거야.
　　B 개념이 단순한 게임이네. 내가 해 볼 수 있을까?

•Lexique•

facile 쉬운
pédagogie 교육학, 교수법
espérer 바라다, 희망하다
publier 출간하다
rapidement 빨리, 신속히
jeu vidéo 비디오 게임
aligner 정렬하다
marquer des points 득점하다

modèle 175 — Il doit y avoir ...

(아마) ~가 있나 봐요

또 다른 추측 표현으로 'Il doit y avoir ... '가 있습니다. 이것은 '~가 있다'는 뜻의 'Il y a ... ' 앞에 추측을 나타내는 조동사 devoir를 앞세운 표현입니다. 즉 '(아마) ~가 있나 봐요'라는 뜻이죠. 예를 들어 '(아마) 오해가 있나 봐요' 혹은 '오해가 있겠죠'를 표현할 때 씁니다.

ÉTAPE 1

1 (아마) 뭔가 실수가 있나 봐요.　　**Il doit y avoir** une erreur.

2 (아마) 오해가 있나 봐요.　　**Il doit y avoir** un malentendu.

3 (아마) 사정이[이유가] 있겠죠.　　**Il doit y avoir** une raison.

4 (아마) 신발에 돌이 들었나 봐요.　　**Il doit y avoir** une pierre dans ma chaussure.

5 (아마) 뭔가 착각이 있나 봐요.　　**Il doit y avoir** un quiproquo.

ÉTAPE 2

1. 신발에 뭐가 들어갔을 때

A　Aïe!
B　Qu'est-ce qu'il y a?
A　신발에 돌이 들었나 봐.
B　Enlève-la.

2. 물건이 잘못 배달되었을 때

A　Ce matin, un livreur a déposé un colis devant chez nous.
B　Mais nous n'avons rien commandé!
A　뭔가 실수가 있나 봐요.
B　C'était peut-être pour la voisine?

1　A 아야!
　　B 왜 그래?
　　A Il doit y avoir une pierre dans ma chaussure.
　　B 꺼내.

2　A 오늘 아침에 배달원이 우리 집 앞에 소포를 놓고 갔어요.
　　B 하지만 우린 아무것도 주문하지 않았는데!
　　A Il doit y avoir une erreur.
　　B 옆집 여자 거 아닐까?

•Lexique•
malentendu 오해
quiproquo 오인, 착각, 오해
enlever 꺼내다, 빼다
livreur(se) 배달원
déposer 놓다
colis 소포
voisin(e) 이웃

235

Ça doit être ...

그건 (아마) ~인가 봐요

추측을 나타내는 조동사 devoir를 이번에는 être 앞에 써 보죠. 가령 'C'est lui.'(그 사람이야.)에 대해 'Ça doit être lui.'(아마 그 사람일 거야.)라고 하는 식이죠. '그건 (아마) ~일 거야' 혹은 '그건 (아마) ~인가 봐요'라고 할 때 'Ça doit être ... ' 패턴을 쓰면 됩니다.

ÉTAPE 1

1 초인종 소리를 들었는데, 아마 열쇠를 잊은 우리 아들인가 봐요.
J'ai cru entendre sonner, **ça doit être** mon fils qui a oublié ses clés .

2 오늘 아침에는 지하철 운행을 안해요. 아마 또 운전기사들의 파업인가 봐요.
Il n'y a pas de métro ce matin, **ça doit être** encore une grève des conducteurs.

3 길가에 사람들이 엄청나게 많아요, 휴일인가 보네.
Il y a énormément de monde sur les routes, **ça doit être** un jour férié.

4 거리에 악대가 많아요, 아마 음악 축제인가 봐요.
Il y a beaucoup d'orchestres dans les rues, **ça doit être** la Fête de la musique.

5 기억력이 떨어지는 것 같아요, 아마 노화인가 봐요.
Il me semble que je perds la mémoire, **ça doit être** la vieillesse.

ÉTAPE 2

1. 지하철이 운행되지 않을 때

A Il n'y aura pas de métro ce matin.

B 아마 또 운전기사들의 파업인가 봐요.

A Comment va-t-on faire?

B Comme tout le monde, on doit prendre le bus!

2. 음악축제가 열릴 때

A Il y a beaucoup d'orchestres dans les rues.

B 네, 아마 음악 축제인가 봐요.

A Cela va durer longtemps?

B Une partie de la soirée et de la nuit!*

1 A 오늘 아침엔 지하철이 운행하지 않아요.
  B Ça doit être encore une grève des conducteurs.
  A 어떻게 하지요?
  B 다른 사람들처럼 버스를 타야죠!

2 A 거리에 악대가 많아요.
  B Oui, ça doit être la Fête de la musique.
  A 오래 할까요?
  B 저녁과 밤에 좀 하겠죠!

Ça risque de ...

~할지도 모릅니다

risque는 영어의 risk(위험)와 비슷하죠? 여기에서 파생된 동사입니다. '~할 위험이 있다'는 뜻이에요. 그래서 '~할지도 모릅니다'라는 표현을 할 때 쓰여요. 물론 '위험'이기 때문에 다 안 좋은 내용들이 뒤에 옵니다.

ÉTAPE 1

1 좀 아플지 몰라요.　　　　　**Ça risque d'**être un peu douloureux.

2 좀 지겨울지 몰라요.　　　　**Ça risque d'**être un peu ennuyeux.

3 마음에 안 드실지 몰라요.　　**Ça risque de** ne pas vous plaire.

4 그녀에게는 좀 무서울지 몰라요.　**Ça risque d'**être un peu terrifiant pour elle.

5 엄청난 결과를 가져올지 몰라요.　**Ça risque d'**avoir des conséquences importantes.

ÉTAPE 2

1. 주사를 맞아야 할 때

A　Vous êtes prêt?

B　Oui, mais je déteste les injections.

A　좀 아플지 몰라요.

B　Merci de me prévenir, je vais serrer les dents.

2. 콘서트에 가야 할 때

A　Nous sommes invités à un concert de piano.

B　On est vraiment obligés d'y aller?

A　Oui, votre professeur de musique sera présent.

B　좀 지겨울지 모르겠네요.

1　A 준비되셨나요?
　　B 네, 하지만 전 주사가 싫어요.
　　A Ça risque d'être un peu douloureux.
　　B 미리 알려 주셔서 고마워요. 이를 악물게요.

2　A 우리가 피아노 연주회에 초대를 받았어요.
　　B 거기 꼭 가야 하나요?
　　A 댁의 음악 선생님이 계실 거예요.
　　B Ça risque d'être un peu ennuyeux.

•Lexique•

douloureux(se) 아픈, 고통스러운
plaire 마음에 들게 하다, 즐겁게 하다
terrifiant(e) 두려운, 무서운
conséquence 결과, 결론
injection 주사, 주입
prévenir 예고하다
serrer 꽉 조이다

J'ai dû ...

제가 (아마) ~했나 봐요

지나간 일에 대해 추측을 할 때 '제가 (아마) ~했나 봐요'라고 하죠? 이럴 때 역시 추측의 devoir 조동사를 써야겠죠? 과거형이니까 'J'ai dû ... '라고 하고 뒤에 부정법 동사를 쓰면 됩니다.

ÉTAPE 1

1 제가 집에 열쇠를 놔두고 왔나 봐요.　**J'ai dû** oublier mes clés chez moi.

2 제가 번호를 혼동했나 봐요.　**J'ai dû** confondre les numéros.

3 제가 잠깐 졸았나 봐요.　**J'ai dû** m'assoupir un instant.

4 제가 길을 잘못 들었나 봐요.　**J'ai dû** me tromper de chemin.

5 제가 그(녀)에게 생일 축하해 주는 걸 잊었나 봐요.　**J'ai dû** oublier de lui souhaiter son anniversaire.

ÉTAPE 2

1. 전화를 잘못 걸었을 때

A　Bonjour, je suis bien chez M. Dujardin?
B　Ah non, vous avez fait un mauvais numéro.
A　Pardon, 제가 번호를 혼동했나 봐요.
B　Je vous en prie, ce n'est pas grave.

2. 길을 잘못 들었을 때

A　Ça n'a pas l'air d'être ici.
B　Cela fait une demi-heure qu'on cherche, nous aurions dû prendre le GPS.
A　내가 길을 잘못 들었나 봐.
B　Arrête-toi une seconde, je vais poser la question.

1　A 거기가 뒤자르댕 씨 댁인가요?
　 B 아뇨, 번호를 잘못 누르셨네요.
　 A 죄송합니다, j'ai dû confondre les numéros.
　 B 별말씀을요, 괜찮습니다.

2　A 여기가 아닌 것 같아.
　 B 찾기 시작한 지 30분이나 됐어. 우리가 GPS를 이용했어야 했는데.
　 A J'ai dû me tromper de chemin.
　 B 잠시 멈춰 봐, 내가 물어볼게.

•Lexique•
tromper 속이다
confondre 혼동하다
s'assoupir 졸다
demi-heure 30분(반 시간)
s'arrêter 멈추다

🎧 178.mp3

Il me semble que ...

modèle 179

(제겐) ~인 것 같아요

앞서 배운 'Ça me semble'는 뒤에 형용사를 쓰는 단순한 패턴이죠. 그런데 절이 오는 경우에는 어떻게 할까요? 'Il me semble que + 절'의 패턴을 씁니다. 우리말의 '제게는 ~인 것 같아요'에 해당합니다.

ÉTAPE 1

1 날씨가 더워지는 것 같아요.　　**Il me semble que** le temps se réchauffe.

2 올 겨울은 더 따뜻한 것 같아요.　**Il me semble que** l'hiver est plus doux cette année.

3 옆집 사람들이 휴가를 떠난 것 같아요.　**Il me semble que** les voisins sont partis en vacances.

4 옆집 사람들이 돌아온 것 같아요.　**Il me semble que** les voisins sont rentrés.

5 그 사람들이 외출하면서 불 끄는 것을 또 잊은 것 같아요.　**Il me semble qu'**ils ont encore oublié la lumière en sortant.

ÉTAPE 2

1. 이웃이 여행을 간 것 같을 때

A 옆집 사람들이 휴가를 떠난 것 같아요.

B Oui, leur place de parking est vide depuis une semaine.

A Ils sont sûrement descendus dans le Sud.

B Ah, je les envie!

2. 이웃이 여행에서 돌아온 것 같을 때

A J'ai entendu du bruit cette nuit dans l'appartement au-dessus.

B 그래, 옆집 사람들이 돌아온 것 같아.

A Je passerai demain matin leur apporter leur courrier.

B N'y va pas trop tôt, ils seront sûrement fatigués du voyage.

1　A Il me semble que les voisins sont partis en vacances.
　　B 네, 일주일 전부터 주차 공간이 비어 있어요.
　　A 틀림없이 남쪽 지방으로 내려갔겠죠.
　　B 아, 부럽다!

2　A 오늘 밤에 윗층 아파트에서 소음이 들렸어.
　　B Oui, il me semble que les voisins sont rentrés.
　　A 내일 아침 우편물을 갖다 주러 들러야지.
　　B 너무 일찍 가지 마, 틀림없이 여행으로 피곤할 거야.

•Lexique•

se réchauffer 더워지다
doux(ce) 부드러운, 달콤한, 따뜻한
sûrement 분명히
bruit 소음, 잡음
au-dessus 위에, 더 나은
courrier 우편물, 우편수송

239

On dirait que ...

modèle 180

~인 것 같아요

추측을 나타내는 또 다른 표현으로 'On dirait que ... '가 있습니다. 다만 앞의 'Il me semble que + 절'은 '제게는 ~인 것 같아요'라는 의미이지만 이 표현은 조금 더 객관적인 느낌을 주는 정도의 차이가 있습니다. 이것은 '(만일 사람들이 봤다면) 아마 ~라고 말했을 거예요'라는 의미이기 때문입니다.

ÉTAPE 1

1 폭풍우가 다가오는 것 같아요.   **On dirait que** l'orage se rapproche.

2 드디어 봄이 온 것 같아요.   **On dirait que** le printemps est enfin là.

3 그녀는 10년은 젊어진 것 같아요.   **On dirait qu'**elle a rajeuni de dix ans.

4 비가 그친 것 같아요.   **On dirait que** la pluie s'est arrêtée.

5 양국 간의 관계가 다시 가까워지는 것 같아요.   **On dirait que** les relations entre les deux pays se réchauffent.

ÉTAPE 2

1. 두 나라 사이의 무역이 재개되었을 때

A   Les échanges commerciaux ont repris dans cette région.

B   네, 양국 간의 관계가 다시 가까워지는 것 같아요.

A   Il était temps, après vingt ans d'embargo!

B   Nous allons pouvoir y faire un voyage.

2. 하늘이 개었을 때

A   Le ciel s'éclaircit.

B   비가 그친 것 같아.

A   Veux-tu que nous en profitions pour aller marcher?

B   Oui, avant la prochaine averse.

---

1 A 이 지역에서 무역이 재개되었어요.
    B Oui, on dirait que les relations entre nos deux pays se réchauffent.
    A 20년의 통상 금지 후에 때가 되었죠!
    B 이 지역에서 여행을 할 수 있을 거예요.

2 A 하늘이 개이고 있어.
    B On dirait que la pluie s'est arrêtée.
    A 이 기회를 이용해서 산책하러 갈까?
    B 그러지, 다음 소나기가 오기 전에.

•Lexique•

orage 폭풍우
se rapprocher 다가오다
rajeunir 젊어지다
embargo 판매(수출) 금지
échange 교환
échange commerciaux 무역
ciel 하늘
s'éclairer 환해지다, 개이다
profiter 이용하다
averse 소나기

J'ai entendu dire que ... / On dit que ...

modèle 181

~라고 들었습니다 / ~라고 하던데요

추측은 확신보다는 약한 표현이죠. 그러나 자신의 추측에 대해 책임을 져야 해요. 만일 책임을 지기 부담스럽거나 한 발 빼고 싶을 때는 '~라고 들었습니다'라고 하면 되겠죠. 이럴 때 'J'ai entendu dire que ... '를 쓰면 됩니다. 좀 더 막연하게 '사람들이 ~라고 하던데요'라고 하려면 'On dit que ... '를 쓰세요.

ÉTAPE 1

1 그는 입양아라고 들었습니다.   **J'ai entendu dire qu'**il avait été adopté.

2 그 슈퍼마켓이 문을 닫을 거라고 들었습니다.   **J'ai entendu dire que** le supermarché allait fermer.

3 국회의원 선거에 출마하실 거라고 들었습니다.   **J'ai entendu dire que** vous alliez vous présenter aux élections des délégués.

4 은퇴하실 거라고 들었습니다.   **On dit que** vous allez prendre votre retraite.

5 당선될 가능성이 있다고 들었습니다.   **On dit que** vous avez une chance d'être élu.

•Conseils•
'말씀 많이 들었습니다.'는 'J'ai beaucoup entendu parler de vous.(사람들이 당신에 대해 말하는 것을 나는 많이 들었습니다.)'라고 합니다.

ÉTAPE 2

1. 아이가 부모와 닮지 않았을 때

A   Il ne ressemble pas à ses parents.

B   그는 입양아라고 들었습니다.

A   C'est vrai?

B   Oui, mais il n'aime pas en parler.

2. 은퇴 소문이 나돌 때

A   은퇴하실 거라고 들었습니다.

B   Les journalistes parlent beaucoup, mais j'ai encore une série de concerts prévus en 2014.

A   Et après?

B   Après, on verra!

1 A 그 친구는 부모와 닮지 않았어요.
   B J'ai entendu dire qu'il avait été adopté.
   A 정말이요?
   B 네, 하지만 그는 그 얘기하는 것 안 좋아해요.

2 A On dit que vous allez prendre votre retraite.
   B 기자들이 그 이야기를 많이 합니다만, 저는 아직 2014년에 예정된 콘서트들이 있습니다.
   A 그런 다음에는요?
   B 그런 다음에는 두고 보면 알겠죠!

•Lexique•
adopté(e) 입양아
délégué(e) 대표자
prendre sa retraite 은퇴하다
élections des délégués 국회의원 선거
être élu(e) 당선되다

Unité 33

맞장구 표현

상대방이 자신의 의견을 나타냈을 때, 우리는 무언가 그에 대한 반응을 해야겠죠. 동의를 하든지, 반대를 하든지, 혹은 중립적 입장을 보이든지 말이죠. 가령 동의를 할 때 우리는 흔히 '내 말이 그 말이야'라고 하죠. 이것은 프랑스어로 'Je ne te le fais pas dire.'라고 할 수 있습니다. 직역하면 '나는 네게 그 말을 하라고 시키지 않아.', 즉 시킬 필요가 없이 명백하게 동의한다는 말입니다. 그러나 이는 문장 전체가 굳어진 관용표현입니다. 이런 것은 이 책에서 추구하는 패턴이 아닙니다. 상황에 따라 다양한 표현을 넣어서 활용할 수 있는 표현이 아니기 때문입니다. 반면에 '집중하기가 어렵네.'라는 상대방의 말에 '그 정도 소음이라면 놀랄 일이 아니군요.'라고 하는 표현처럼 '~라면 놀랄 일이 아니군요' 혹은 '~라면 당연하죠'라는 표현은 ~ 자리에 다양한 표현을 넣어서 활용할 수 있는 패턴이 됩니다. 이제 이 같은 맞장구 패턴을 알아봅시다.

Remue-méninges

1 그런 날씨라면 놀랄 게 아니죠. Ça ne m'étonne pas avec le temps qu'il fait.

2 설마 그가 날 좋아할 리가요! Ça m'étonnerait qu'il m'aime!

3 그가 그런 말을 했을 리가요! Ça m'étonnerait qu'il ait dit cela!

4 날에 따라 달라요. Ça dépend des jours.

5 예산에 따라 달라요. Ça dépend du budget.

modèle 182 Ça ne m'étonne pas avec …

~라면 놀랄 일이 아니죠 / ~라면 당연하죠

상대방의 말에 대해 동의의 취지로 이야기하고자 할 때 프랑스어에서는 'Ça ne m'étonne pas avec … ' 패턴을 쓰면 좋습니다. 우리말의 '~라면 놀랄 일이 아니죠', 혹은 '~라면 당연하죠'라는 표현에 해당합니다.

ÉTAPE 1

1 그런 날씨라면 놀랄 게 아니죠.
Ça ne m'étonne pas avec le temps qu'il fait.

2 그의 재능이라면 놀랄 일이 아니죠.
Ça ne m'étonne pas avec le talent qu'il a.

3 이런 교통상황이라면 놀랄 일이 아니죠.
Ça ne m'étonne pas avec toute cette circulation.

4 그 정도 눈이라면 놀랄 일이 아니죠.
Ça ne m'étonne pas avec toute cette neige.

5 그 정도 소음이라면 놀랄 일이 아니죠.
Ça ne m'étonne pas avec tout ce bruit.

ÉTAPE 2

1. 눈이 많이 왔을 때

A L'accès aux stations de ski est de plus en plus difficile.
B 그 정도 눈이라면 놀랄 일이 아니죠.
A D'un autre côté, les skieurs vont pouvoir s'amuser.
B À condition qu'ils atteignent la station!

2. 시끄러울 때

A J'ai beaucoup de mal à me concentrer*.
B 그 정도 소음이라면 놀랄 일이 아니네.
A Veux-tu qu'on aille à la bibliothèque?
B Oui, il vaut mieux.

1 A 스키장에 가는 게 점점 어려워져요.
  B Ça ne m'étonne pas avec toute cette neige.
  A 반면에 스키어들은 재미를 보겠군요.
  B 스키장에 도착하기만 한다면요!

2 A 집중하기가 어렵네.
  B Ça ne m'étonne pas avec tout ce bruit.
  A 우리 도서관에 갈까?
  B 그래, 그게 낫겠다.

243

modèle 183

Ça m'étonnerait que ...

(설마) ~할 리가 (있나요)!

상대의 말에 대해 동조할 수 없을 때, 거기에 대해 의심스럽다는 뜻을 전하고자 할 때, 우리는 '(설마) ~할 리가 (있나요)!' 혹은 '~할 리가 없어요!'라고 말하죠. 이는 프랑스어로 'Ça m'étonnerait que + 접속법' 패턴으로 표현할 수 있습니다. 이것은 직역하면 '~한다면 그것은 나를 놀라게 할 텐데요'라는 뜻으로 그럴 리가 없다는 의미를 전합니다.

ÉTAPE 1

1 설마 그가 날 좋아할 리가요!　　**Ça m'étonnerait qu'il m'aime!**

2 그가 그런 말을 했을 리가요!　　**Ça m'étonnerait qu'il ait dit cela!**

3 정부가 세금을 내릴 리가 있나요!　　**Ça m'étonnerait que le gouvernement baisse les taxes!**

4 그가 시험에 합격할 리가 없어요!　　**Ça m'étonnerait qu'il réussisse son examen!**

5 생존자를 찾을 리가 없겠네요!　　**Ça m'étonnerait que l'on retrouve des survivants!**

• Conseils •

'설마 그 사람이 올 리가 있나요!'는 'Ça m'étonnerait qu'il vienne!' 라고 합니다.

* 'd'autant plus que ... '는 '~하는 만큼 더'라는 뜻이에요.
ex C'est d'autant plus dangereux qu'il n'y a pas de parapet. 난간이 없는 만큼 더 위험해요.

ÉTAPE 2

1. 성실한 학생이 변했을 때

A Il fait la fête tous les soirs.

B 그러니 그가 시험에 합격할 리가 없어요!

A Quel dommage, lui qui était si bon élève!

B Oui, il a vraiment beaucoup changé!

2. 산사태가 났을 때

A Le glissement de terrain a englouti toute la maison.

B 생존자를 찾을 리가 없겠네요!

A D'autant plus que* la région est vraiment isolée.

B Oui, c'est un terrain très montagneux.

1 A 그 친구 매일 저녁 파티를 해요.
B Alors, cela m'étonnerait qu'il réussisse son examen!
A 유감이군요, 참 좋은 학생이었는데!
B 그래요, 정말 많이 변했어요!

2 A 산사태가 집 전체를 삼켰어요.
B Ça m'étonnerait que l'on retrouve des survivants!
A 그 지역이 완전히 고립되었으니 더더구나.
B 그래요, 엄청 산악지대니까요.

• Lexique •

baisser 낮추다, 내리다
taxe 세금
survivant(e) 생존자
faire la fête 파티를 하다
tous les soirs 매일 저녁
élève 학생
glissement 미끄러짐, 침하
engloutir 삼키다
parapet 난간
terrain 땅, 토질, 지층
montagneux(se) 산이 많은

modèle 184

Ça dépend de ...

제가 할 수 있는 것은 단지 ~뿐이에요

상대의 의견에 대해 긍정도 부정도 아닌 답변을 해야 할 때가 있죠. 예컨대 '〜에 따라 달라요' 혹은 '〜에 달려 있죠'라고 할 때가 그렇죠. 이럴 때는 'Ça dépend de ... '라고 표현합니다.

•Conseils•

* remettre는 누군가를 다시 원래 상태로 되돌려 놓다, 즉 회복시킨다는 뜻이에요. 그렇다면 'se remettre de ... '가 '〜로부터 회복하다'라는 뜻이 되는 것을 이해하시겠죠?

ÉTAPE 1

1 날에 따라 달라요.　　　　Ça dépend des jours.

2 예산에 따라 달라요.　　　　Ça dépend du budget.

3 기상 상황에 따라 달라요.　　Ça dépend des conditions météorologiques.

4 그(녀)의 기분에 따라 달라요.　Ça dépend de son humeur.

5 몸 컨디션에 따라 달라요.　　Ça dépend de sa condition physique.

ÉTAPE 2

1. 배편이 기상상황에 따라 끊길 때

A　L'île est magnifique, mais en hiver, elle est difficile d'accès.

B　Pourquoi?

A　Parfois il n'y a pas de bateaux. 기상 상황에 달려 있죠.

B　Il n'y a pas d'aérodrome?

2. 스포츠 경기에 대해 말할 때

A　Tu penses qu'il peut se qualifier pour la finale?

B　몸 컨디션에 따라 다르겠지.

A　Il ne s'est pas remis* de sa blessure?

B　Si, mais il lui reste quelques séquelles.

1　A 섬이 멋지지만 겨울에는 접근이 어려워요.
　　B 왜요?
　　A 종종 배가 안 다녀요. Ça dépend des conditions météorologiques.
　　B 비행장은 없나요?

2　A 그 친구가 결승에 진출할 수 있을 거라고 생각해?
　　B Ça dépend de sa condition physique.
　　A 상처가 아직 회복되지 않았니?
　　B 아니, 하지만 후유증이 좀 남아 있어.

•Lexique•

bateau (타는) 배
météorologique 기상의
aérodrome 비행장
se qualifier pour ~에 출전할 자격을 얻다
blessure 상처
séquelle 후유증

Unité 34

확신의 유무 표현

자신의 의견을 말할 때 확신 정도에 따라 다양한 표현이 가능하죠. '틀림없이'나 '당연히', '물론' 같은 표현으로 강한 확신을 표현할 수도 있지만, '~인지 모르겠어요', '~일 수도 있어요', '~일지도 몰라요'와 같이 한발 물러난 태도를 표명할 수도 있어요. 이 같은 표현 방법들을 알아보죠.

Remue-méninges

1 틀림없이 그는 그렇다고 할 거야. Je te parie qu'il dira oui.

2 두말할 필요 없이 여기서는 금연입니다. Il va sans dire qu'on ne peut pas fumer ici.

3 모두에게 알렸는지 모르겠어요. Je ne sais plus si tout le monde a été informé.

4 이웃집 여자의 이름이 생각이 안 나요. Je ne me rappelle plus le nom de la voisine.

5 밤사이에 눈이 내릴 수도 있어요. Il se peut qu'il neige dans la nuit.

modèle 185 Je suis sûr(e) que ... / Je parie que ...

틀림없이 ~

우선 강한 확신을 가지고 의견을 표명하는 방법을 알아보죠. '틀림없이 어떠하다'라고 할 때 프랑스어로는 어떻게 표현할까요? 'Je suis sûr(e) que ... ' 혹은 'Je parie que ... '라고 하면 됩니다. 전자는 '나는 ~라고 확신합니다', 후자는 '~라는 데 내기를 겁니다'라는 뜻이에요.

ÉTAPE 1

1 틀림없이 그녀는 안 올 거야. **Je suis sûr(e) qu'elle ne viendra pas.**

2 틀림없이 그 녀석이 숙제를 안 했을 거야. **Je suis sûr(e) qu'il n'a pas fait ses devoirs.**

3 틀림없이 우리는 서로 다시 만날 거예요. **Je suis sûr(e) que nous allons nous revoir.**

4 틀림없이 그는 그렇다고 할 거야. **Je te parie qu'il dira oui.**

5 틀림없이 인터넷이 벌써 다시 연결되었을 거야. **Je te parie que l'Internet est déjà rebranché.**

•Conseils•

＊'세상 참 좁네요.'라고 할 때는 흔히 'Que le monde est petit!'라고 합니다.

ÉTAPE 2

1. 새 집으로 이사 갈 때

A Mon déménagement n'est pas encore terminé.

B Oui, mais cela va plus vite en Corée qu'en France.

A 틀림없이 인터넷이 이미 재연결되었을 거야.

B Probablement! En Corée, c'est très rapidement fait.

2. 다시 만나고 싶을 때

A À bientôt!

B On se reverra, n'est-ce pas?

A Bien sûr, le monde est petit.＊

B Alors, 틀림없이 우리는 서로 다시 만날 거예요.

1 A 나는 이사가 아직 끝나지 않았어.
  B 응, 하지만 프랑스보다 한국에서는 더 빠르지.
  A Je te parie que l'Internet est déjà rebranché.
  B 아마도 한국에서는 정말 빨라.

2 A 곧 다시 봐요!
  B 우리 다시 만날 거죠, 그렇죠?
  A 그럼요, 세상은 좁아요.
  B 그럼, je suis sûr que nous allons nous revoir.

•Lexique•

rebrancher 다시 연결하다
terminer 끝내다
déménagement 이사
probablement 아마도

247

🎧 186.mp3

modèle 186

Il va sans dire que ...

두말할 필요 없이 ~

앞의 표현보다 더 강하게 확신을 표현할 수도 있어요. '두말할 필요 없이 ~지요' 혹은 '~는 말할 필요도 없지요'
가 여기에 해당해요. 이럴 때는 'Il va sans dire que ... '라고 하면 됩니다.

ÉTAPE 1

1 두말할 필요 없이 여기서는
금연입니다.

Il va sans dire qu'on ne peut pas fumer ici.

2 두말할 필요 없이 그 사람의
도움이 절실해.

Il va sans dire que son aide est essentielle.

3 두말할 필요 없이 우리가
식사비를 내야 해요.

Il va sans dire que c'est nous qui paierons
le repas.

4 두말할 필요 없이 반려동물은
병원에 못 들어갑니다.

Il va sans dire que les animaux
domestiques sont interdits dans l'hôpital.

5 두말할 필요 없이 여기서는
말조심하셔야 합니다.

Il va sans dire que vous devez surveiller
votre langage ici.

ÉTAPE 2

1. 스폰서의 도움이 절실할 때

A Nous avons rendez-vous avec notre sponsor, non?

B 그래, 두말할 필요 없이 그 사람의 도움이 절실해.

A Il vaut mieux ne pas venir les mains vides.

B Si on apportait une corbeille de fruits?

2. 외국 대표단을 대접해야 할 때

A La délégation belge arrivera vers quelle heure?

B Vers midi. 두말할 필요 없이 우리가 식사비를 내야 해요.

A Bien entendu, j'ai réservé dans un restaurant traditionnel.

B Parfait, je pense qu'ils seront très contents.

1 A 우리 스폰서랑 약속이 있잖아.
   B Oui, il va sans dire que son aide est
      essentielle.
   A 빈손으로 가지 않는 게 좋겠는데.
   B 과일 바구니를 가져갈까?

2 A 벨기에 대표단이 몇 시경에 도착할까요?
   B 정오경에요. Il va sans dire que c'est nous qui
      paierons le repas.
   A 물론이죠, 제가 전통식당에 예약을 해 두었습니다.
   B 좋습니다. 제 생각엔 그 사람들이 만족할 겁니다.

•Lexique•

essentiel(le) 필수적인, 절실한
animal domestique 반려동물
interdit(e) 금지된
surveiller 감시하다, 지키다, 조심하다
langage 말, 언어
venir les mains vides 빈손으로
가다(오다)
corbeille 바구니
délégation 대표단
belge 벨기에의
restaurant traditionnel 전통식
당

modèle 187

Il est bien entendu … / Bien sûr que …

물론 ~

말할 필요도 없다는 뜻으로 우리는 '물론이다'라고도 하죠. 이것은 'Il est bien entendu … ' 혹은 'Bien sûr que … '라고 표현할 수 있습니다.

ÉTAPE 1

1 물론 거기에 대해서는
아무 말도 하시면 안 됩니다.

Il est bien entendu que vous n'en dites rien.

2 물론 쇼핑할 시간은 없으실 거예요.

Il est bien entendu que vous n'aurez pas le temps de faire du shopping.

3 물론 시험 중에는
옆사람과 말하면 안 됩니다.

Il est bien entendu que vous ne devez pas parler avec votre voisin pendant l'examen.

4 물론 화초에 물을 안 주면 죽습니다.

Bien sûr que si vous n'arrosez pas les plantes, elles vont mourir.

5 물론 우리 대화는
비밀이어야 합니다.

Bien sûr que notre discussion reste confidentielle.

ÉTAPE 2

1. 쇼핑할 시간이 주어지지 않을 때

A Nous resterons trois jours à Nice?

B 네, 하지만 물론 쇼핑할 시간은 없으실 거예요.

A C'est dommage, j'aurais bien aimé ramener quelques petits cadeaux.

B Vous en trouverez peut-être à l'aéroport.

2. 시험 규칙에 대해 말할 때

A Monsieur, est-ce qu'il est possible d'utiliser une calculatrice pendant le test?

B Oui, elle est autorisée.

A Nous devons faire notre devoir tout seul?

B Évidemment! 물론 시험 중에는 옆사람과 말하면 안 됩니다.

1 A 우리 니스에 3일간 머물죠?
   B Oui, il est bien entendu que vous n'aurez pas le temps de faire du shopping.
   A 유감이군요, 작은 선물 몇 개 가져가려 했는데요.
   B 아마 공항에도 있을 거예요.

2 A 선생님. 시험 중에 계산기 사용이 가능한가요?
   B 네, 허용됩니다.
   A 혼자서 과제를 풀어야 하나요?
   B 그럼요! Il est bien entendu que vous ne devez pas parler avec votre voisin pendant l'examen.

•Lexique•

arroser 물을 주다
confidentiel(le) 비밀의
ramener 데려오다
autorisé(e) 허용된

Je ne sais pas si ...

modèle 188

~인지 모르겠어요

이번에는 확신이 없을 때 쓰는 표현을 살펴보죠. 예컨대 '~인지 모르겠어요'라고 할 때 프랑스어로는 어떻게 표현할까요? 'Je ne sais pas si ... '라고 하면 되죠.

ÉTAPE 1

1 나가기 전에 불을 껐는지 모르겠어요.	**Je ne sais pas si** j'ai éteint la lumière avant de sortir.
2 냉동고에 얼음이 남아 있는지 모르겠어요.	**Je ne sais pas s'il** reste des glaces dans le congélateur.
3 모두에게 알렸는지 모르겠어요.	**Je ne sais plus si** tout le monde a été informé.
4 그들이 올 생각이 있는지 모르겠어요.	**Je ne sais pas s'ils** ont l'intention de venir.
5 시간에 맞게 이 일을 끝낼 수 있을지 모르겠어요.	**Je ne sais pas si** je pourrai terminer ce travail à temps.

•Conseils•

* 문자메시지를 프랑스어로는 보통 영어 그대로 SMS라고 하고 남성명사로 씁니다. 혹은 'un texto'라고도 해요.

ÉTAPE 2

1. 모임 연락이 잘되었는지 확신이 안 설 때

A Est-ce que tous les étudiants étaient prévenus de la réunion de ce soir?

B 모두에게 알렸는지 모르겠어요.

A Il faut envoyer un SMS* alors.

B Oui, je vais le faire tout de suite.

2. 물건이 남아 있는지 확신이 안 설 때

A Les enfants, est-ce que vous voulez une boisson?

B Non, Mamie, on voudrait des glaces!

A 냉동고에 아이스크림이 남아 있는지 모르겠구나.

B Je vais aller voir.

1 A 오늘 저녁 모임에 대해 모든 학생들에게 통보되었나요?
  B Je ne sais pas si tout le monde a été informé.
  A 그럼 문자를 보내야 해요.
  B 네, 즉시 그리하겠습니다.

2 A 얘들아, 음료수 마실래?
  B 아뇨, 할머니, 아이스크림을 먹고 싶어요!
  A Je ne sais pas s'il en reste dans le congélateur.
  B 제가 보러 갈게요.

•Lexique•

éteindre (불을) 끄다
congélateur 냉동고
glace 얼음, 아이스크림
tout le monde 모든 사람
intention 의도
envoyer un SMS (texto) 문자를 보내다
Mamie 할머니(호칭)

modèle 189
Je ne comprends pas pourquoi ...

왜 ~한지 모르겠어요

살다 보면 이해하기 어려운 상황을 맞게 될 때가 많이 있죠. 이럴 때는 '왜 ~한지 모르겠어요'라고 말하곤 하죠. 프랑스어에서도 동일한 방식으로 표현합니다. 'Je ne comprends pas pourquoi ... '로 말이죠. 이때 주의할 것은 의문사 pourquoi 다음에 주어−동사를 도치하지 않는다는 점입니다. 간접의문절이기 때문이에요.

ÉTAPE 1

1 왜 이렇게 어려움을 겪는지 모르겠어요.

Je ne comprends pas pourquoi j'ai tant de difficultés.

2 왜 그들이 서로 헤어졌는지 모르겠어요.

Je ne comprends pas pourquoi ils se sont quittés.*

3 왜 내가 여전히 향수병에서 벗어나지 못하는지 모르겠어요.

Je ne comprends pas pourquoi j'ai toujours le mal du pays.

4 왜 그녀가 아직 안 돌아왔는지 모르겠어요.

Je ne comprends pas pourquoi elle n'est pas encore rentrée.

5 왜 그들이 그렇게 보수적인지 모르겠어요.

Je ne comprends pas pourquoi ils sont aussi conservateurs.

•Conseils•

* '누구와 헤어지다'라고 할 때는 'quitter qn'이라고 하고 '서로 헤어지다'라고 할 때는 'se quitter'라고 합니다.
🔊 나는 그와 헤어졌다.
Je l'ai quitté.
우리는 헤어졌다.
Nous nous sommes quittés.

관계를 끊는다는 의미로 '헤어지다'라고 할 때는 'rompre avec qn'을 쓰면 분명해지지요.

ÉTAPE 2

1. 향수병의 원인을 알 수 없을 때

A Depuis combien de temps vous êtes dans ce pays?

B Depuis une trentaine d'années.

A Les choses ont beaucoup changé?

B 네, 하지만 왜 내가 여전히 향수병에서 벗어나지 못하는지 모르겠어요.

2. 이혼 사유를 알 수 없을 때

A Mon frère et ma belle-soeur se sont séparés.

B Cela a dû être très triste pour leurs enfants et pour leurs parents.

A 네, 하지만 왜 그들이 서로 헤어졌는지 모르겠어요.

B Ils avaient sans doute leurs raisons.

1 A 이 나라에 오신 지 얼마나 되었죠?
　　B 30여 년 됐죠.
　　A 참 많은 게 바뀌었죠?
　　B Oui, mais je ne comprends pas pourquoi j'ai toujours le mal du pays.

2 A 형하고 형수하고 헤어졌어요.
　　B 자녀들과 부모들에게는 아주 슬픈 일이었겠네요.
　　A Oui, mais je ne comprends pas pourquoi ils se sont quittés.
　　B 틀림없이 이유가 있었겠죠.

•Lexique•

difficulté 어려움
mal du pays 향수병
conservateur(trice) 보수주의자
se quitter 서로 헤어지다
séparer 이혼하다, 갈라서다
sans doute 틀림없이
raison 이유, 이성, 옳음

Je ne me rappelle plus ...

modèle **190**

~이 생각이 안 나요

지난 일이 잘 생각이 안 날 때가 있지요? 이럴 땐 '기억하다'라는 뜻의 'se rappeler'에 '더 이상 ~ 않다'는 뜻의 'ne plus'를 결합하여 'Je ne me rappelle plus ... '라고 하면 돼요. 우리에게는 다소 생소하지만 'Je ne sais plus ... '(더 이상 모른다)라는 표현도 프랑스인들은 많이 쓴답니다.

ÉTAPE 1

1 이웃집 여자의 이름이 생각이 안 나요.

Je ne me rappelle plus le nom de la voisine.

2 제 전화를 어디에 두었는지 생각이 안 나요.

Je ne me rappelle plus où j'ai mis mon téléphone.

3 제 차를 어디에 주차했는지 생각이 안 나요.

Je ne me rappelle plus où j'ai garé ma voiture.

4 어느 날에 모임이 예정돼 있는지 생각이 안 나요.

Je ne me rappelle plus exactement quel jour est prévue la réunion.

5 그날 누가 있었는지 생각이 안 나요.

Je ne me rappelle plus qui était présent ce jour-là.

•Conseils•

* 'perdre la tête'는 '분별력을 잃다', '머리가 돌다'를 뜻합니다. 반면에 'perdre connaissance'는 '의식을 잃다', '실신하다'의 뜻이에요. 혼동하지 마세요!

ÉTAPE 2

1. 주차 장소가 기억나지 않을 때

A Je dois être fatigué!
B Pourquoi dis-tu cela?
A 내 차를 어디에 주차했는지 생각이 안 나.
B C'est normal, nous sommes venus en bus.

2. 전화기를 둔 장소가 기억나지 않을 때

A 내 전화를 어디에 두었는지 생각이 안 나.
B Une seconde, je peux le faire sonner.
A Ah, le voilà.
B Décidément, tu perds la tête!*

1 A 내가 피곤한가 봐!
B 왜 그런 말을 해?
A Je ne me rappelle plus où j'ai garé ma voiture.
B 당연하지, 우리는 버스로 왔잖아.

2 A Je ne me rappelle plus où j'ai mis mon téléphone.
B 잠깐만, 내가 벨이 울리게 해 볼게.
A 아, 저기 있구나.
B 이거 원, 너 정신이 없구나!

•Lexique•

garer 주차하다
exactement 정확히
ce jour-là 그날
sonner (종, 나팔 따위가) 울리다
perdre 잃다

modèle 191

Je me demande si ...

~인지 모르겠네요 / ~인지 궁금하군요

정말 궁금한데 아무리 생각해 봐도 잘 모를 때 프랑스어에서는 자신에게 묻는다는 뜻의 'se demander'를 씁니다. 예컨대 '~인지 모르겠네요 / ~인지 궁금하군요'라고 할 때 'Je me demande si … '라는 패턴을 쓰면 됩니다.

ÉTAPE 1

1 정말 살 필요가 있는지 모르겠네요.
Je me demande si cela vaut vraiment la peine d'acheter.

2 어제 저녁의 조개 때문에 병이 난 것인지 모르겠네요.
Je me demande si je ne suis pas malade à cause des coquillages d'hier soir.

3 제가 필요한 조건을 충족하는지 모르겠네요.
Je me demande si je remplis les conditions requises.

4 반바지를 입어야 할지 긴바지를 입어야 할지 모르겠네요.
Je me demande si je vais me mettre en short ou en pantalon.

5 사람들이 제 이야기를 믿을지 모르겠네요.
Je me demande si les gens croient à mon histoire.

ÉTAPE 2

1. 아파트 구입에 확신이 없을 때

A Nous allons déménager.

B Vous voulez louer ou acheter un appartement?

A 정말 살 필요가 있는지 모르겠네요.

B C'est difficile à dire.

2. 이민 자격에 확신이 없을 때

A Je crois que j'aimerais émigrer en Australie.

B Est-ce que tu t'es renseigné sur* les conditions d'immigration?

A Oui, mais 내가 필요한 조건을 충족하는지 모르겠네.

B Tu es peut-être déjà trop âgé et ton niveau d'anglais est trop faible.

1 A 저희 이사 갈 거예요.
   B 아파트를 사실 건가요, 세를 얻으실 건가요?
   A Je me demande si cela vaut vraiment la peine d'acheter.
   B 말씀 드리기 어렵네요.

2 A 호주로 이민 갈까 해.
   B 이민 조건을 알아봤니?
   A 응, 그런데 je me demande si je remplis les conditions requises.
   B 넌 이미 너무 나이가 많고 영어 수준이 너무 낮을 텐데.

•Conseils•

* 무언가에 대해 알아본다고 할 때 프랑스어로는 정보를 얻는다는 뜻의 'se renseigner sur qc' 혹은 's'informer de qc'를 씁니다.
⑩ 내가 알아볼게.
Je vais m'en informer.

•Lexique•

coquillage 조개
requis(e) 필요한, 요구되는
pantalon 바지
faible 약한, 부족한
émigrer 이민가다

253

modèle 192

Il se peut que ... ?

~일 수도 있어요 / ~일지도 몰라요

자신의 판단을 배제하고 그냥 가능성만을 이야기할 때가 있지요. '~일 수도 있어요 / ~일지도 몰라요'라고 이야기할 때가 그렇죠. 이럴 때는 프랑스어로 'Il se peut que ... '라고 하면 돼요. 다만 que절에 접속법을 써야 한다는 점을 잊지 마세요.

ÉTAPE 1

1 그것은 영원히 문제로 남을 수도 있어요.	**Il se peut que** cela reste toujours un problème.
2 그 친구가 갑자기 돌아올 수도 있어요.	**Il se peut qu'**il revienne soudainement.
3 밤사이에 눈이 내릴 수도 있어요.	**Il se peut qu'**il neige dans la nuit.
4 야당이 선거를 이길 수도 있어요.	**Il se peut que** l'opposition* remporte les élections.
5 그가 나오면서 문을 안 잠그었을 수도 있어요.	**Il se peut qu'**il n'ait pas fermé la porte en sortant.

•Conseils•

* 여당은 권력을 쥐고 있는 당이므로 'le parti au pouvoir'라고 하고, 야당은 그 반대에 있는 당이므로 'le parti de l'opposition'이라고 하는데 줄여서 'l'opposition'이라고도 합니다.

ÉTAPE 2

1. 상대방이 입장을 보류할 때

A Faites-vous toujours partie du conseil municipal?

B Pour quelque temps encore, oui!

A Pourquoi dites-vous cela?

B 야당이 선거를 이길 수도 있어서요.

2. 눈이 올 가능성이 있을 때

A Que dit la météo?

B 밤사이에 눈이 내릴 수도 있대요.

A Alors, je ferais mieux de rentrer ma voiture au garage.

B Oui.

1 A 여전히 시의회 소속이세요?
　B 아직 당분간은 그래요!
　A 왜 그렇게 말씀하세요?
　B Il se peut que l'opposition remporte les élections.

2 A 일기예보에서 뭐래요?
　B Il se peut qu'il neige dans la nuit.
　A 그럼, 차를 차고에 넣는 게 낫겠군요.
　B 그렇죠.

•Lexique•

soudainement 갑자기
remporter 가져가다, 획득하다
conseil 회의, 심의회
municipal 도시의, 시의
conseil municipal 시의회
garage 차고

modèle 193 ... , si je ne me trompe

제 생각이 틀리지 않다면, …

확신이 안 설 때 우리는 '제 생각이 틀리지 않다면'이라는 표현을 덧붙이기도 하죠. 이럴 때는 'si je ne me trompe'를 앞이나 뒤에 붙이면 됩니다. pas가 생략된 표현입니다.

ÉTAPE 1

1 제 생각이 틀리지 않다면,
댁의 아이들이 아직 중학생이겠군요.

Si je ne me trompe, vos enfants sont encore au collège.

2 제 생각이 틀리지 않다면,
당신은 곧 50대가 되시겠군요.

Si je ne me trompe, vous devez avoir bientôt la cinquantaine.

3 제 생각이 틀리지 않다면,
상대성 이론은 20세기 초에 나왔죠.

Si je ne me trompe, la théorie de la relativité date du début du 20e siècle.

4 제 생각이 틀리지 않다면,
그 잉글랜드 왕은 그리스 출신입니다.

Le roi d'Angleterre est d'origine grecque, **si je ne me trompe**.

5 제 생각이 틀리지 않다면,
코스타리카의 수도는 산호세입니다.

La capitale du Costa Rica est San José, **si je ne me trompe**.

ÉTAPE 2

1. 오랜만에 만난 사람의 근황을 물을 때

A Quelle coïncidence!＊ Ça fait longtemps! Comment allez-vous?

B Bien, nous venons de marier notre fille!

A Vraiment? Félicitations! Les nôtres sont encore jeunes.

B 네, 제 짐작이 틀리지 않다면, 댁의 아이들은 아직 중학생이겠군요.

2. 나이에 관해 대화할 때

A Quel âge me donnez-vous?

B 제 눈이 틀리지 않다면, 곧 50대가 되시겠군요.

A Oui, j'aurai 51 ans le mois prochain.

B Alors, nous sommes presque du même âge.＊＊

1 A 이게 웬일입니까 정말 오랜만이군요! 어떻게 지내세요?
B 잘 지내요, 우리 딸애를 얼마 전에 시집보냈어요!
A 정말이요? 축하합니다! 우리 애들은 아직 어려요.
B Oui, si je ne me trompe, vos enfants sont encore au collège.

2 A 제가 몇 살로 보이세요?
B Si je ne me trompe, vous devez avoir bientôt la cinquantaine.
A 네, 다음 달이면 51세가 됩니다.
B 그럼, 우리는 거의 동갑이군요.

Unité 35

충고 표현

이제 좀 더 적극적으로 의견을 밝히는 방법을 배워 보겠습니다. 단순히 자신의 생각을 밝히는 것에서 더 나아가 상대방이 어떤 판단을 내리는 데 영향을 끼치려는 의도 혹은 상대방에게 어떤 행동을 하게끔 유도하려는 의도를 담는 표현, 즉 충고 표현입니다. 상대방에게 무엇을 권한다든지, 어떻게 하는 것이 좋다든지, 더 바람직하다든지, 어떻게 하는 것이 도움이 되거나 안 된다든지 … 이 같은 표현들을 배워 봅시다.

Remue-méninges

1 담배를 끊으실 것을 권합니다. **Je vous conseille de ne plus fumer.**

2 남아 계시는 게 좋을 것 같습니다. **Vous feriez bien de rester.**

3 되돌아가시는 것이 더 좋겠어요. **Il est préférable de faire demi-tour.**

4 잘 들으시는 게 도움이 될 겁니다. **Vous auriez intérêt à bien écouter.**

5 안 그러면 다 잃을지도 몰라요. **Autrement, vous risqueriez de tout perdre.**

modèle 194

Je vous conseille de ...

~하실 것을 권합니다

먼저 가장 단순한, 그리고 가장 직접적인 표현부터 시작하죠. 상대에게 '~하실 것을 권합니다'라고 표현하는 것입니다. 이럴 때는 'Je vous conseille de + 부정법 동사' 패턴을 쓰세요. 우리나라 사람들은 이런 직접적인 표현을 잘 안 쓰죠. 하지만 명료한 것을 좋아하는 프랑스인들은 매우 자주 쓰니 꼭 외워서 써 보도록 하세요.

ÉTAPE 1

1 그(녀)에게 전화하실 것을 권합니다.   Je vous conseille de lui téléphoner.

2 그에게 연락하실 것을 권합니다.   Je vous conseille de le contacter.

3 움직이지 마실 것을 권합니다.   Je vous conseille de ne pas bouger.

4 담배를 끊으실 것을 권합니다.   Je vous conseille de ne plus fumer.

5 조심해서 운전하실 것을 권합니다.   Je vous conseille de conduire prudemment.

•Conseils•

* '이'(dent)와 관련된 표현들을 알아볼까요? 어금니는 'dent du fond' 혹은 'dent molaire', 아랫니는 'dent du bas', 윗니는 'dent du haut', 송곳니는 'dent canine'이에요.

ÉTAPE 2

1. 눈이 와서 길이 미끄러울 때

A Il a neigé.

B 조심해서 운전하실 것을 권합니다.

A Oui, il y a des risques d'accident.

B Bonne route!

2. 이를 치료할 때

A Docteur, j'ai très mal.

B Oui, je vois, c'est la dent du fond, il y a une carie.*

A Vous allez la soigner?

B 네, 움직이지 마실 것을 권합니다.

---

1 A 눈이 왔어요.
  B Je vous conseille de conduire prudemment.
  A 네, 사고 위험이 있으니까요.
  B 잘 다녀오세요!

2 A 의사 선생님, 제가 많이 아픕니다.
  B 네, 보니 어금니군요. 충치예요.
  A 치료하실 건가요?
  B Oui, et je vous conseille de ne pas bouger.

•Lexique•

contacter 접촉하다, 연락하다
neiger 눈이 내리다
carie 충치
soigner 치료하다
prudemment 신중하게
bouger 움직이다

modèle 195

Je vous déconseille de ...

~하지 않으시기를 권합니다

앞에서 'Je vous conseille de … ' 패턴을 배웠죠? 이제 반대되는 'Je vous déconseille de … ' 패턴을 배워 보죠. '~하지 말 것을 권하다'라는 뜻의 동사 déconseiller를 이용하는 패턴입니다. 예를 들어 'Je vous conseille de ne pas y aller.'(거기에 가지 마실 것을 권합니다.)를 'Je vous déconseille d'y aller.'라고도 할 수 있습니다. 이 표현도 프랑스어에서는 자주 쓰니 알아 두도록 하세요.

ÉTAPE 1

1 야간에 긴 산행을
안 하시기를 권합니다.
Je vous déconseille de faire cette randonnée de nuit.

2 운전하기 전에는 술을
안 드시기를 권합니다.
Je vous déconseille de boire avant de conduire.

3 그(녀)를 믿지 마시기를 권합니다.
Je vous déconseille de lui faire confiance.

4 이런 종류의 상품은
안 사시기를 권합니다.
Je vous déconseille d'acheter ce genre de produits.

5 혼자 떠나지 마시기를 권합니다.
Je vous déconseille de partir seul(e).

ÉTAPE 2

1. 야간 산행이 위험할 때

A Je voudrais voir le soleil se lever sur les collines.

B Alors, il vaudrait mieux dormir près du sommet.

A Je ferais mieux de partir la veille au soir.

B 야간에 긴 산행을 안 하시기를 권합니다.

2. 상품이 안전하지 않을 때

A J'ai l'impression que cet outil est beaucoup moins cher.

B Oui, mais 이런 종류의 상품은 안 사시기를 권합니다.

A Pourquoi?

B Ils ne répondent pas aux normes de sécurité!

1 A 언덕 위에서 해가 뜨는 것을 보고 싶습니다.
 B 그렇다면, 정상 부근에서 주무시는 게 더 좋지요.
 A 전날 저녁에 떠나는 게 더 좋겠네요.
 B Je vous déconseille de faire une randonnée de nuit.

2 A 이 기구가 훨씬 더 싼 것 같군요.
 B 네, 하지만 je vous déconseille d'acheter ce genre de produits.
 A 왜요?
 B 안전 규격에 안 맞거든요.

•Lexique•
randonnée 긴 나들이, 긴 산책
colline 언덕
sommet 정상
veille 전날
outil 기구, 도구
normes de sécurité 안전 규격

Si j'étais vous, je ...rais

modèle 196

저 같으면 ~하겠습니다

충고를 할 때 가장 강력하고 설득력 있게 하려면 어떻게 하시나요? '저 같으면 ~하겠습니다'라고 하지 않으시나요? 이것은 프랑스어로 'Si j'étais à votre place'(제가 만약 당신이라면) 혹은 'À votre place'(당신 입장이라면)를 쓰고, 그 뒤에 동사의 조건법 현재형인 'je ...rais'를 쓰면 됩니다.

ÉTAPE 1

1 저 같으면, 그것을 사겠습니다.   **Si j'étais vous, je l'achèterais.**

2 저 같으면, 건강검진을 받겠습니다.   **Si j'étais vous, j'irais passer une visite médicale.**

3 저 같으면, 말을 조심하겠습니다.   **Si j'étais vous, je surveillerais mon langage.**

4 저 같으면, 이 여행은 취소하겠습니다.   **Si j'étais vous, je renoncerais à ce voyage.**

5 저 같으면, 결혼하기 전에 공부를 마칠 겁니다.   **Si j'étais vous, je finirais mes études* avant de me marier.**

ÉTAPE 2

1. 위험한 나라의 관광을 하려 할 때

A C'est un très beau pays, mais la situation politique est instable.

B Oui, mais nous aimons cette région.

A 저 같으면, 이 여행은 취소하겠습니다.

B Trop tard, nos billets sont déjà pris.

2. 공부에 대해 충고할 때

A J'aurai bientôt 28 ans.

B Et vous n'avez pas fini vos études?

A Si tout va bien, je devrais soutenir ma thèse l'année prochaine.

B 저 같으면, 결혼하기 전에 공부를 마칠 겁니다.

1 A 아주 아름다운 나라지만, 정치적 상황이 불안해요.
B 네, 하지만 저희는 이 지역이 좋은데요.
A Si j'étais vous, je renoncerais quand même à ce voyage.
B 너무 늦었어요, 표를 이미 끊었거든요.

2 A 저는 곧 28살이 됩니다.
B 그리고 학업을 마치지 않으셨나요?
A 다 잘되면, 내년에 학위논문을 발표합니다.
B Si j'étais vous, je finirais mes études avant de me marier.

259

modèle 197

Vous feriez bien de ...

~하시는 게 좋을 것 같습니다

어조를 조금 더 부드럽게 하여 충고할 때는 '~하시는 게 좋을 것 같습니다'라고 할 수 있죠. 프랑스어로는 조건법을 써서 'Vous feriez bien de + 부정법 동사'의 패턴을 쓰면 됩니다. 물론 친밀한 사이라면 'Tu ferais bien de + 부정법 동사'를 쓰면 되겠죠.

ÉTAPE 1

1 그(녀)에게 그 말을 하시는 게 좋을 것 같습니다.

Vous feriez bien de lui en parler.

2 너무 늦지 않게 돌아오시는 게 좋을 것 같습니다.

Vous feriez bien de ne pas rentrer trop tard.

3 여기서 밤을 보내시는 게 좋을 것 같습니다.

Vous feriez bien de passer la nuit ici.

4 남아 계시는 게 좋을 것 같습니다.

Vous feriez bien de rester.

5 여행을 위해 더 가볍게 입으시는 게 좋을 것 같습니다.

Vous feriez bien de vous habiller plus légèrement pour le voyage.

ÉTAPE 2

1. 비행기를 안 타 본 사람에게

A Nous voudrions emmener notre grand-mère en vacances au Cambodge.

B 할머님께 그 말씀을 드리는 게 좋을 것 같습니다.

A Pourquoi?

B Elle n'a jamais pris l'avion de sa vie!

2. 더운 나라에 여행 가려는 사람에게

A Le temps est très chaud là où nous allons.

B Que devons-nous prendre pour le voyage?

A 여행을 위해 더 가볍게 입으시는 게 좋을 것 같습니다.

B Entendu, je vais laisser mon manteau ici.

1 A 우리는 휴가 때 캄보디아로 할머니를 모시고 가고 싶어요.
  B Vous feriez bien de lui en parler.
  A 왜요?
  B 평생 비행기를 타신 적이 없거든요!

2 A 우리가 갈 곳은 날씨가 아주 더워요.
  B 여행 때 우리가 뭘 가져가야 하죠?
  A Vous feriez bien de vous habiller plus légèrement pour le voyage.
  B 알겠습니다. 외투는 여기에 두겠습니다.

•Lexique•

s'habiller 입다, 착용하다
légèrement 가볍게
emmener 데리고 가다
grand-mère 할머니, 외할머니
manteau 외투

modèle 198

Vous feriez mieux de ...

~하시는 게 더 좋을 것 같습니다

앞 표현, 즉 'Vous feriez bien de + 부정법 동사'의 비교급입니다. 따라서 '~하시는 게 더 좋을 것 같습니다'라는 뜻이 됩니다.

ÉTAPE 1

1 택시를 타시는 게
더 좋을 것 같습니다.

Vous feriez mieux de prendre un taxi.

2 우산을 갖고 가시는 게
더 좋을 것 같습니다.

Vous feriez mieux de prendre un parapluie.

3 쉬시는 게 더 좋을 것 같습니다.

Vous feriez mieux de vous reposer.

4 그 일은 잊으시는 게
더 좋을 것 같습니다.

Vous feriez mieux d'oublier cela.

5 그 사람과 가까이 지내지 않으시는 게
더 좋을 것 같습니다.

Vous feriez mieux de ne pas être proche de lui.

•Conseils•

* moyen이 '재력, 자금력'이라는 뜻을 가질 때가 있어요.
Ⓔ C'est au-dessus de mes moyens.
제 자금력을 넘어섭니다.

ÉTAPE 2

1. 컨디션이 안 좋은 사람에게

A Je me sens vraiment mal.

B 쉬시는 게 더 좋을 것 같습니다.

A Oui, je vais m'asseoir quelques minutes.

B Je vais vous chercher un verre d'eau.

2. 택시가 비싸다고 생각하는 사람에게

A 택시를 타시는 게 더 좋을 것 같습니다.

B Mais nous n'avons pas les moyens!*

A Vous savez, ici les taxis sont beaucoup moins chers qu'à Paris.

B Vraiment? Alors ce n'est peut-être pas une mauvaise idée.

1 A 컨디션이 정말 안 좋아요.
B Vous feriez mieux de vous reposer.
A 네, 몇 분 동안 앉아있을게요.
B 물 한 잔 갖다 드리겠습니다.

2 A Vous feriez mieux de prendre un taxi.
B 하지만 돈이 없어요!
A 있잖아요, 여기는 파리보다 택시가 엄청 싸요.
B 정말요? 그럼 그것도 괜찮은 생각 같네요.

•Lexique•

parapluie 우비, 우산
être proche de ~와 가깝게 지내다
asseoir 앉히다
s'asseoir 앉다

Il vaut mieux ...

modèle 199

~하는 게 더 좋습니다

앞 표현과 같이 '~하는 게 더 좋습니다'라는 뜻으로 'Il vaut mieux + 부정법 동사' 패턴이 있습니다. 직역하면 '~하는 게 더 가치가 있다(valoir)'라는 뜻이죠. 다만 상대방에게 직접 충고하는 앞 표현('당신은 ~하는 게 더 좋다')과 달리 이 패턴은 주어를 비인칭으로 하기 때문에 '일반적으로 ~하는 게 더 좋다'는 뜻이 됩니다. 여기에서 어조를 더 부드럽게 하려면 조건법 형태의 'Il vaudrait mieux ... '라고 하면 됩니다.

ÉTAPE 1

1 여기에 주차하시는 게 더 좋습니다.　**Il vaut mieux** vous garer ici.

2 주말은 피하시는 게 좋습니다.　**Il vaut mieux** éviter le week-end.

3 톨게이트가 나타나기 전에　**Il vaut mieux** faire le plein avant le péage.
가득 채우시는 게 더 좋습니다.

4 우산을 가져가시는 게 더 좋습니다.　**Il vaut mieux** prendre un parapluie.

5 그에게 미리 알리는 게 더 좋습니다.　**Il vaut mieux** le prévenir.

ÉTAPE 2

1. 비가 올 때를 대비할 때

A　Tu crois qu'il va pleuvoir?
B　Non, mais 우산을 가져가는 게 더 좋을 거야.
A　Tu as raison, c'est plus prudent.
B　Oui, on ne sait jamais.

2. 장거리 운전을 해야 할 때

A　Nous allons prendre l'autoroute.
B　톨게이트가 나타나기 전에 가득 채우는 게 더 좋아.
A　Tu as raison, ça coûtera moins cher.
B　Tiens, regarde, il y a une station là-bas.

1 A 네 생각엔 비가 올 것 같니?
　B 아니, 하지만 il vaut mieux prendre un parapluie.
　A 네 말이 맞아, 그게 더 신중하지.
　B 그래, 누가 알아?

2 A 우리 이제 고속도로를 탈 거야.
　B Il vaut mieux faire le plein avant le péage.
　A 맞아, 그게 더 쌀 거야.
　B 자, 봐, 저기 주유소가 있어.

•Lexique•

éviter 피하다
faire le plein 가득 채우다
prévenir 알리다
péage 통행료 징수소, 톨게이트
prudent(e) 신중한
coûter 값이 나가다

Il est préférable de ...

~하는 게 더 좋겠어요 / ~하는 게 바람직해요

modèle 200

🎧 200.mp3

앞 표현과 같은 의미로 'Il est préférable de + 부정법 동사'라는 패턴도 많이 씁니다. 우리말로는 '~하는 것이 더 좋겠어요' 혹은 '~하는 것이 바람직하다'라고 번역되죠.

ÉTAPE 1

1 안전띠를 착용하고 계시는 것이 더 좋겠어요.
Il est préférable de garder votre ceinture attachée.

2 되돌아가시는 것이 더 좋겠어요.
Il est préférable de faire demi-tour.

3 여권을 소지하는 것이 더 좋겠어요.
Il est préférable de garder son passeport sur soi.

4 백신 접종을 하시는 것이 더 좋겠어요.
Il est préférable de vous faire vacciner.

5 운전기사에게 물어보는 것이 더 좋겠어요.
Il est préférable de demander au conducteur.

ÉTAPE 2

1. 지하철 출구를 잘못 나왔을 때

A Je crois que nous sommes perdus.
B Nous avons dû prendre la mauvaise sortie de métro.
A 되돌아가는 것이 더 좋겠어.
B Tu as raison.

2. 아마존에 여행을 갈 때

A Je vais faire mon premier voyage en Amazonie.
B Pendant combien de temps?
A Je pars trois semaines en pleine* forêt.
B 백신 접종을 하시는 것이 더 좋겠어요.

1 A 내 생각엔 우리가 길을 잃은 것 같아.
  B 지하철 출구를 잘못 나온 것 같아.
  A Il est préférable de faire demi-tour.
  B 네 말이 맞아.

2 A 아마존에 처음으로 여행 가요.
  B 얼마 동안요?
  A 밀림으로 3주간 떠나요.
  B Il est préférable de vous faire vacciner.

•Conseils•

* 'en plein(e) + 명사'는 '한창 때에, 한가운데에'라는 뜻이에요. 'en plein hiver'는 '한겨울에', 'en plein jour'는 '한낮에', 'en pleine nuit'는 '한밤중에'를 뜻해요.
🔟 Je suis en plein travail.
저는 한창 일하고 있어요.
C'est arrivé en plein Paris.
그 일은 파리 시내 한복판에서 일어났어요.

•Lexique•

ceinture attachée 안전벨트
vacciner 백신 접종을 하다
préférable 더 나은
demi-tour 되돌아가기
forêt 숲

263

modèle 201 Il est interdit de ...
~하는 것은 금지되어 있습니다

대화를 하다 보면 어떤 행위가 금지되어 있음을 알릴 때가 있죠. 그럴 때는 'Il est interdit de + 부정법 동사' 패턴을 쓰면 간단하고 분명합니다. 예를 들어 금연 구역에서 담배를 피우려 할 때 '여기서 담배 피우시면 안 됩니다'라고 하는데 이 표현은 규칙에 의해 금지된 것인지 아니면 단지 말하는 사람이 담배를 못 피우게 하는지 분명하지 않습니다. 프랑스어에서는 '담배 피우시는 것은 (규칙상) 금지되어 있습니다'라는 직접적이고 분명한 표현을 씁니다.

ÉTAPE 1

1 불을 피우는 것은 금지되어 있습니다.
Il est interdit de faire du feu.

2 고속도로변에 정차하는 것은 금지되어 있습니다.
Il est interdit de s'arrêter sur le bord de l'autoroute.

3 화장실에서 담배를 피우는 것은 금지되어 있습니다.
Il est interdit de fumer dans les toilettes.

4 운전 중에 전화하는 것은 금지되어 있습니다.
Il est interdit de téléphoner au volant.*

5 시험 중에 전화를 보는 것은 금지되어 있습니다.
Il est interdit de consulter son téléphone pendant l'examen.

•Conseils•

* volant은 (자동차의) 핸들이라는 뜻입니다. 여기서 '핸들을 잡다'(= 운전하다)라는 뜻의 prendre[tenir] le volant, '운전 중이다'라는 뜻의 'être au volant' 같은 표현이 나옵니다. 본문에서 au volant은 '운전 중에'라는 부사구로 쓰였습니다.

ÉTAPE 2

1. 운전 중에 전화했을 때

A Bonjour monsieur, vos papiers s'il vous plaît.
B Mais pourquoi, qu'est-ce que j'ai fait?
A 운전 중에 전화하는 것은 금지되어 있습니다.
B Mais je roulais très doucement!

2. 시험 중에 전화를 보았을 때

A 시험 중에 전화를 보는 것은 금지되어 있습니다.
B Mais monsieur, je voulais juste savoir l'heure.
A Vous avez une horloge sur le mur.
B Désolée.

1 A 안녕하세요. 신분증을 보여 주세요.
  B 아니 왜요? 제가 뭘 했기에요?
  A Il est interdit de téléphoner au volant.
  B 하지만 아주 천천히 몰고 있었는 걸요!

2 A Il est interdit de consulter son téléphone pendant l'examen.
  B 아니 선생님. 저는 그냥 시간을 알고 싶었어요.
  A 벽에 시계가 있잖아요.
  B 죄송해요.

•Lexique•
faire du feu 불을 피우다
vos papiers 당신의 신분증(을 보여 주세요)
rouler 운전하다
doucement 천천히
horloge 시계
mur 벽

modèle 202

Vous auriez intérêt à ...

~하시는 게 도움이 될 겁니다

충고를 할 때 쓸 수 있는 또 다른 표현으로 '~하시는 게 도움이 될 겁니다'라는 표현이 있죠. 이럴 땐 'Vous auriez intérêt à + 부정법 동사'의 패턴을 쓰시면 됩니다. 이는 '이익이 되다, 득이 되다, 유리하다'라는 뜻의 'avoir intérêt à + 부정법 동사'를 조건법으로 놓은 표현입니다.

ÉTAPE 1

1 지하도를 이용하시는 게
도움이 될 겁니다.
Vous auriez intérêt à prendre le passage souterrain.

2 잘 들으시는 게 도움이 될 겁니다.
Vous auriez intérêt à bien écouter.

3 건강에 신경 쓰시는 게
도움이 될 겁니다.
Vous auriez intérêt à prendre soin de votre santé.

4 금주, 금연하시는 게
도움이 될 겁니다.
Vous auriez intérêt à ne pas trop boire, ni trop fumer.

5 조심해서 운전하시는 게
좋을 겁니다.
Vous auriez intérêt à rouler prudemment.

ÉTAPE 2

1. 위생에 대한 충고를 할 때

A Il va falloir changer d'hygiène de vie.

B Je fais déjà très attention.

A 금주, 금연하시는 게 도움이 될 겁니다.

B C'est entendu, docteur, je ferai attention.

2. 어려운 것을 설명해야 할 때

A La démonstration mathématique est un peu compliquée.

B Pouvez-vous m'expliquer encore une fois?

A Oui, mais 잘 들으시는 게 도움이 될 겁니다.

B Je suis tout ouïe.

1 A 생활위생을 바꾸셔야 할 겁니다.
　B 이미 조심하고 있는데요.
　A Vous auriez intérêt à ne pas trop boire, ni
　　 trop fumer.
　B 알겠습니다. 선생님, 조심하겠습니다.

2 A 그 수학 증명은 좀 복잡해요.
　B 다시 한 번 제게 설명해 주실 수 있나요?
　A 네, 하지만 vous auriez intérêt à bien écouter.
　B 귀담아듣고 있습니다.

•Lexique•
souterrain 지하의
ne pas Ⓐ ni Ⓑ Ⓐ도Ⓑ도 아니다
(안된다)
hygiène 위생
démonstration 증명
ouïe 청각
être tout(e) ouïe 귀를 바짝 기울이다

265

Vous n'avez pas intérêt à …

modèle 203

~하는 것은 득 될 게 없어요

앞의 패턴을 부정하면 '~하시는 건 도움이 안 될 겁니다'를 뜻하는 'Vous n'auriez pas intérêt à … '가 됩니다. 예의 바른 이 표현도 많이 쓰지만 한층 직선적인 표현, '~하는 것은 득 될게 없어요'를 뜻하는 'Vous n'avez pas intérêt à … '가 좀 더 많이 쓰입니다.

ÉTAPE 1

1 이 길로 가시는 건
득 될 게 없어요.

Vous n'avez pas intérêt à passer par cette route.

2 그 일을 얘기하는 건
득 될 게 없어요.

Vous n'avez pas intérêt à lui parler de cette affaire.

3 너무 늦게 돌아오시는 건
득 될 게 없어요.

Vous n'avez pas intérêt à rentrer trop tard.

4 그(녀)에게 쓸데없는 소리하는 건
득 될 게 없어요.

Vous n'avez pas intérêt à lui raconter de sornettes.*

5 그(녀)에게 예의 없이 대하는 건
득 될 게 없어요.

Vous n'avez pas intérêt à lui manquer de respect.

• **Conseils** •

* sornettes는 '쓸데없는 소리', '경박한 소리', '헛소리'라는 뜻입니다.

ÉTAPE 2

1. 상사와의 대화에 대해 충고할 때

A Nous sommes convoqués chez le directeur lundi matin.

B 그에게 쓸데없는 소리하는 건 득 될게 없어요.

A Bien évidemment, nous lui dirons exactement ce qui s'est passé et rien d'autre!

B J'espère que tout ira bien.

2. 길을 잘 모르는 상대에게 충고할 때

A Le retour vers la ville risque d'être très compliqué.

B Nous avons un navigateur GPS.

A C'est bien, mais 이 길로 가시는 건 득 될게 없어요.

B Ne vous inquiétez pas, la machine nous indique les conditions de circulation en temps réel.

1 A 저희는 월요일 아침 부장님께 불려 가요.
  B Vous n'avez pas intérêt à lui raconter de sornettes.
  A 물론 우리는 무슨 일이 있었는지만 정확히 말할 거예요!
  B 다 잘되길 바래요.

2 A 그 도시로 되돌아가는 건 아주 복잡해질지 몰라요.
  B 저희는 GPS 내비게이션을 갖고 있어요.
  A 좋아요, 하지만 vous n'avez pas intérêt à passer par cette route.
  B 걱정 마세요, 기계가 실시간으로 교통상황을 알려 주니까요.

• **Lexique** •

raconter 말하다
manquer de respect 예의 없이 대하다
convoquer 소환하다
retour 귀환, 돌아옴
réel 실제의

modèle 204

Autrement, vous risqueriez de ...

안 그러면 ~지도 몰라요

상대방에게 위험이나 불미스러운 일이 일어날 가능성이 있음을 알릴 때 쓸 수 있는 패턴입니다. autrement은 '안 그러면'의 뜻이고 'risquer de'는 '~할 위험이 있다'는 뜻이에요.

ÉTAPE 1

1 안 그러면 사이에 끼일지도 몰라요.
Autrement, vous risqueriez de vous trouver coincés.

2 안 그러면 큰돈을 잃을지도 몰라요.
Autrement, vous risqueriez de perdre beaucoup d'argent.

3 안 그러면 체면을 잃을지도 몰라요.
Autrement, vous risqueriez de perdre la face.*

4 안 그러면 다 잃을지도 몰라요.
Autrement, vous risqueriez de tout perdre.

5 안 그러면 신용불량자가 될지도 몰라요.
Autrement, vous risqueriez d'être interdit bancaire.

•Conseils•

* '체면을 손상하다'는 'perdre la face', '체면을 살리다'는 'sauver la face'라고 해요.

ÉTAPE 2

1. 신용카드 사용에 대해 충고할 때

A Vous ne devriez pas utiliser votre carte de crédit inconsidérément.

B Pourquoi donc?

A 안 그러면 신용불량자가 될지도 몰라요.

B Vraiment?

2. 사고의 위험성에 대해 충고할 때

A Les enfants, vous ne devriez pas jouer avec les boutons de l'ascenseur.

B Pourquoi, il n'y a rien à craindre!

A Bien sûr. Mais, 안 그러면(조심 안 하면), 끼일 지 몰라.

B Mais l'immeuble est récent, il n'y a rien à craindre!

1 A 신용카드를 생각 없이 쓰시면 안 될 겁니다.
　 B 왜요?
　 A Autrement, vous risqueriez de vous retrouver interdit bancaire.
　 B 정말요?

2 A 얘들아, 승강기 버튼 갖고 장난치면 안 돼.
　 B 왜요, 걱정마세요!
　 A 물론. 하지만, autrement, vous risqueriez de vous trouver coincés.
　 B 하지만 새 건물인데요. 걱정 마세요!

•Lexique•

coincé(e) (사이에) 낀, 처박힌
bancaire 은행의
inconsidérément 생각 없이
bouton 버튼, 단추
ascenseur 승강기
craindre 걱정하다
immeuble 건물
récent(e) 최근의, 최신의

267

modèle 205 Tout ce que je peux vous faire, c'est ...

제가 해 드릴 수 있는 것은 단지 ~뿐이에요

상대방이 계속해서 많은 요구를 한다면 답변하기가 난감하죠? 이럴 때는 한마디로 분명하게 해 줄 수 있는 것을 이야기하는 것이 좋겠죠? '제가 해 드릴 수 있는 것은 단지 ~뿐이에요'라고 말이죠. 이럴 때는 'Tout ce que je peux vous faire, c'est … '라는 패턴을 쓰면 됩니다. 다음에 명사를 쓸 수도 있고 'de + 부정법동사'를 쓸 수도 있어요.

ÉTAPE 1

1 제가 해 드릴 수 있는 것은 20% 할인뿐이에요.
Tout ce que je peux vous faire, c'est une réduction de 20%.

2 제가 해 드릴 수 있는 것은 고객님 차의 무상점검뿐이에요.
Tout ce que je peux vous faire, c'est une révision gratuite de votre véhicule.

3 제가 해 드릴 수 있는 것은 환불뿐이에요.
Tout ce que je peux vous faire, c'est de vous rembourser.

4 제가 해 드릴 수 있는 것은 무료 좌석 하나뿐이에요.
Tout ce que je peux vous faire, c'est de vous offrir une place gratuite.

5 제가 해 드릴 수 있는 것은 역에 내려 드리는 것뿐이에요.
Tout ce que je peux vous faire, c'est de vous déposer à la gare.

ÉTAPE 2

1. 할인을 요구하는 고객에게

A C'est vraiment votre dernier prix?
B 네, 제가 해드릴 수 있는 것은 20% 할인뿐이에요.
A Alors je vais en profiter. Est-ce que je peux être livré demain?
B Oui, notre équipe de livraisons vous apportera votre téléviseur* dans la matinée.

2. 교환을 요구하는 고객에게

A Il est absolument impossible d'échanger cette paire de chaussures?
B 네, 사모님, 제가 해 드릴 수 있는 것은 환불뿐이에요.
A Pardon d'insister, mais elles sont trop petites pour moi.
B Je suis désolé, mais nous n'avons plus votre taille.

1 A 그게 마지막으로 제시하시는 가격인가요?
  B Oui, tout ce que je peux vous faire c'est une réduction de 20%.
  A 그럼 그걸 이용하죠. 내일 배달받을 수 있나요?
  B 네, 오전 중으로 저희 배달팀이 TV를 가져갈 겁니다.

2 A 이 신발 교환하는 게 정말로 불가능한가요?
  B Oui, madame, tout ce que je peux vous faire, c'est de vous rembourser.
  A 고집을 부려 죄송합니다만, 저한테는 구두가 너무 작아요.
  B 죄송합니다만, 저희한테는 사모님 치수가 없습니다.

•Conseils•
＊텔레비전 수상기를 뜻하는 정식용어는 'téléviseur' 혹은 'un poste de télévision'이지만 요즘에는 구어에서 'écran plat'라고 합니다.

•Lexique•
réduction 할인
révision 점검, 검사
déposer 내려놓다, 두다
profiter ~을 이용하다
insister 고집하다

Unité 36

충분함의 표현

문제를 해결하는 데 단 하나의 행동만으로 충분할 때가 있죠? 예컨대 문을 열기 위해 버튼을 누르기만 하면 되는 것처럼 말입니다. 이럴 때 우리는 '~하기만 하면 된다'와 같은 표현을 쓰죠. 이 같은 표현들을 살펴보죠.

Remue-méninges

1 시간에 맞춰 오기만 하면 됩니다. **Il suffit d'être à l'heure.**

2 여기에 서명하기만 하면 됩니다. **Il suffit de signer ici.**

3 편안히 쉬기만 하면 됩니다. **Vous n'avez qu'à vous détendre.**

4 시험만 합격하면 돼요. **Il n'y a qu'à réussir l'examen.**

5 5분이면 됩니다. **Je n'en ai que pour cinq minutes.**

Il suffit de ...

~하기만 하면 됩니다

상대에게 '~하기만 하면 됩니다'라고 할 때 프랑스어로는 다양한 표현이 가능합니다. 우선 '충분하다'라는 뜻의 'suffire' 동사를 이용한 패턴인 'Il suffit de + 부정법 동사'를 쓸 수 있습니다. 직역하면 '~하는 것은 충분하다'라는 뜻이죠. 여기에 '당신에게'나 '너에게'에 해당하는 'vous'나 'te'를 넣으면 '~하는 것은 당신에게[너에게] 충분하다'가 되어 뜻이 분명해지겠죠? 즉 'Il vous suffit de ... ', 'Il te suffit de ... '의 형태로 말이죠.

ÉTAPE 1

1 버튼을 누르기만 하면 됩니다.　**Il suffit d'appuyer sur ce bouton.**

2 시간에 맞춰 오기만 하면 됩니다.　**Il suffit d'être à l'heure.**

3 여기에 서명하기만 하면 됩니다.　**Il suffit de signer ici.**

4 환불을 요청하기만 하면 됩니다.　**Il suffit de demander un remboursement.**

5 그(녀)에게 진실을 말하기만
하면 됩니다.　**Il suffit de lui dire la vérité.**

•Conseils•

*'être à cheval sur ... '는 '~에 까다롭다'는 뜻이에요.

**être à l'heure: 정시에 오다 / être en retard: 지각하다 / être en avance: 더 일찍 오다

ÉTAPE 2

1. 전자레인지 사용법을 설명할 때

A　Je ne sais pas comment faire fonctionner ce micro-ondes.
B　C'est très simple, vous introduisez votre assiette, vous fermez la porte.
A　Et ensuite?
B　Et ensuite, 버튼을 누르기만 하면 됩니다.

2. 선생님이 시간 규칙에 까다로울 때

A　Cet enseignant est très à cheval sur* l'horaire.
B　Que veux-tu dire par là?
A　Il n'aime pas que les étudiants soient en retard à son cours.
B　Alors, c'est simple, 시간에 맞춰 오기만 하면 돼, ou mieux encore, en avance.

1 A 이 전자레인지를 어떻게 작동하는지 모르겠어요.
 B 아주 간단해요. 접시를 넣고 문을 닫으면 돼요.
 A 그리고요?
 B 그리고는, il suffit d'appuyer sur ce bouton.

2 A 그 선생님은 시간 사용에 아주 까다로우셔.
 B 그게 무슨 말이야?
 A 학생들이 강의에 늦는 것을 좋아하지 않아.
 B 그럼, 간단하네, Il suffit d'être à l'heure,** 아니면 더 일찍 오면 더 좋고.

•Lexique•

appuyer 누르다
bouton 버튼, 단추
signer 서명하다
fonctionner 작동하다
micro-ondes 전자레인지
introduire 들어오게 하다, 소개하다, 밀어넣다
horaire 시간의, 업무시간

Vous n'avez qu'à ...

modèle 207

~하기만 하면 됩니다

상대방에게 '~하기만 하면 됩니다'를 표현하는 또 다른 패턴이 있는데, 이는 'vous n'avez qu'à + 부정법 동사'입니다. 'avoir à + 부정법 동사'가 '~해야 한다'라는 뜻인 것은 아시죠? 여기에 '~만'을 뜻하는 'ne ... que'를 덧붙여서 만든 표현입니다.

ÉTAPE 1

1	'네'라고 하기만 하면 됩니다.	**Vous n'avez qu'à** dire oui.
2	리모컨을 누르기만 하면 됩니다.	**Vous n'avez qu'à** appuyer sur la télécommande.
3	그(녀)에게 전화를 하기만 하면 됩니다.	**Vous n'avez qu'à** lui passer un coup de fil.
4	그(녀)에게 아팠다고 하기만 하면 됩니다.	**Vous n'avez qu'à** lui dire que vous étiez malade.
5	편안히 쉬기만 하면 됩니다.	**Vous n'avez qu'à** vous détendre.

ÉTAPE 2

1. 변명을 해야 할 때

A J'ai manqué le cours de taekwondo hier.

B Pourquoi?

A Je n'avais pas envie de venir, mais je ne sais pas quoi dire au professeur.

B 아팠다고 하기만 하면 돼.

2. 기기 사용법을 설명할 때

A Le volume de la télévision est beaucoup trop fort.

B Qu'est-ce que je dois faire?

A 리모콘을 누르기만 하면 돼.

B Oui, mais après je n'entendrai plus rien.

1 A 어제 태권도 수업을 빼먹었어.
  B 왜?
  A 가고 싶지 않았지. 한데 선생님께 뭐라고 해야 할지 모르겠어.
  B Vous n'avez qu'à lui dire que vous étiez malade.

2 A TV 소리가 너무 커.
  B 어떻게 해야 하지?
  A Vous n'avez qu'à appuyer sur la télécommande.
  B 그래. 하지만 그러면 난 아무것도 안 들릴 거야.

•Lexique•
télécommande 리모컨
passer un coup de fil 전화하다
détendre 쉬다, (긴장을)풀다
fort(e) 강한, 센

271

🎧 208.mp3

Il n'y a qu'à ...

~하기만 하면 돼요

앞의 'vous n'avez qu'à + 부정법 동사'와 동일한 구조를 가진 "Il n'y a qu'à + 부정법 동사'도 '~하기만 하면 돼요'라는 뜻을 나타냅니다. 속어에서는 주어 Il을 뺀 'Y a qu'à ... '를 씁니다.

ÉTAPE 1

1 버스만 타면 돼요.　　　　　　**Il n'y a qu'à** prendre le bus.

2 시험만 합격하면 돼요.　　　　**Il n'y a qu'à** réussir l'examen.

3 대회에 나가기만 하면 돼요.　　**Il n'y a qu'à** se présenter au concours.

4 질문[문제]에 대답만 하면 돼요.　**Il n'y a qu'à** répondre aux questions.

5 하루에 세 번 양치질만 하면 돼요.　**Il n'y a qu'à** se brosser les dents trois fois par jour.

ÉTAPE 2

1. 시험 내용을 문의하는 학생에게

A　Monsieur le professeur, que faut-il préparer pour l'examen?

B　Tous les chapitres, du premier au cinquième!

A　Le test sera difficile?

B　아니요, 강의시간 문제에 답변만 하면 돼요.

2. 커피를 많이 마실 때

A　Je bois trop de café en ce moment.

B　Attention, tes dents vont jaunir.

A　Ce n'est pas très grave. 하루에 세 번 양치질만 하면 되지 뭐.

B　Oui, mais dans la journée ce n'est pas toujours facile.

1　A　교수님, 시험 준비 어떻게 해야 하나요?
　　B　1장에서 5장까지 다요!
　　A　시험이 어려울까요?
　　B　Non, il n'y a qu'à répondre aux questions de cours.

2　A　요즘 내가 커피를 너무 많이 마셔.
　　B　조심해, 이가 노래질 거야.
　　A　괜찮아, Il n'y a qu'à se brosser les dents trois fois par jour.
　　B　그래, 하지만 일과 중엔 그게 항상 쉽지는 않아.

•Lexique•

se présenter 출전하다
se brosser 솔질하다
se brosser les dents 양치질하다
préparer 준비하다
jaunir 노랗게 되다
facile 쉬운

272

modèle 209

Je n'en ai que pour …

(저는) ~이면 돼요

이번에는 상대방이 아니라 '내가' 어떤 행위를 할 때 시간이 얼마 걸리지 않음을 나타내는 표현을 살펴보죠. 'J'en ai pour … '라고 하면 어떤 일을 할 때 '~ 걸려요'라는 뜻이죠. 여기에 'ne … que'를 붙여 'Je n'en ai que pour … '라고 하면 '~이면 돼요'라는 뜻이 됩니다.

ÉTAPE 1

1	1분이면 됩니다.	**Je n'en ai que pour** une minute.
2	15분이면 됩니다.	**Je n'en ai que pour** un quart d'heure.
3	5분이면 됩니다.	**Je n'en ai que pour** cinq minutes.
4	잠깐이면 돼요.	**Je n'en ai que pour** quelques secondes.
5	아주 잠깐이면 돼요.	**Je n'en ai que pour** un bref instant.

•Conseils•

'시간이 얼마면 돼?'라는 표현은 'Tu en as pour combien de temps?'이라고 하면 됩니다.

* 'fontaine d'eau'라는 표현은 'purificateur d'eau'와 마찬가지로 정수기란 뜻이에요.

ÉTAPE 2

1. 잠시 주차를 하려 할 때

A Vous ne pouvez pas stationner ici.

B 잠깐이면 돼요.

A Vous êtes sur un parking privé.

B Bon, je vais me garer plus loin.

2. 정수기 필터를 교체할 때

A Combien de temps faut-il pour changer les filtres de la fontaine d'eau?*

B 15분이면 됩니다.

A Mais, on m'attend déjà pour le déjeuner.

B Alors, je passerai à 14 heures.

1 A 여기에 주차하실 수 없습니다.
  B Je n'en ai que pour quelques secondes.
  A 여기는 개인 주차공간이에요.
  B 알았습니다. 더 멀리 대겠습니다.

2 A 정수기 필터 교체에 시간이 얼마나 걸리나요?
  B Je n'en ai que pour un petit quart d'heure.
  A 하지만, 점심시간이라 사람들이 기다려서요.
  B 그럼, 오후 2시에 들르겠습니다.

•Lexique•

quart d'heure 15분(한 시간의 ¼)
bref / brève 짧은
instant 순간
stationner 주차하다
parking privé 개인 주차공간
filtre 필터

Unité 37

필요 유무 표현

이제 필요가 있고 없음을 나타내는 표현들을 익혀 보기로 하죠. 어떤 일을 할 필요가 있다든지, 혹은 없다든지, 나아가 '~ 한다고 무슨 소용 있을까요?'나 '~해도 아무 소용없어요', '~해 봤자 (소용없을 거예요)' 같은 표현들을 알아보죠.

Remue-méninges

1 휴식이 필요합니다. J'ai besoin de repos.

2 배터리를 교체할 필요가 없어요. Vous n'avez pas besoin de changer les batteries.

3 예약할 필요 없어요. C'est pas la peine de réserver.

4 후회해도 아무 소용없어요. Ça ne sert à rien de regretter.

5 그 사람 붙잡아 봤자, 떠날걸요. Vous auriez beau le retenir, il partirait.

modèle 210

J'ai besoin de ...
~가 필요합니다

우선 가장 기본적인 표현인 ' ~가 필요합니다'를 알아보죠. 이것은 프랑스어로 'J'ai besoin de + 명사'라고 표현합니다. '~을 필요로 하다'라는 뜻의 'avoir besoin de ... '를 이용한 패턴입니다. 이는 'Il me faut + 명사'의 패턴으로도 표현할 수 있습니다.

ÉTAPE 1

1 스테이플러가 필요합니다. **J'ai besoin d'**une agrafeuse.

2 숙고할 시간이 필요합니다. **J'ai besoin de** temps pour réfléchir.

3 정보가 좀 필요합니다. **J'ai besoin de** quelques renseignements.

4 이 프로젝트를 위해 도움이 필요합니다. **J'ai besoin d'**aide pour ce projet.

5 휴식이 필요합니다. **J'ai besoin de** repos.

ÉTAPE 2

1. 준비물을 확인할 때

A Papier, crayon, gomme, tu as tout ce qu'il te faut?

B Non, il me manque encore quelque chose.

A Quoi?

B 스테이플러도 필요해.

2. 정보를 요청할 때

A Pour compléter votre inscription, 정보가 좀 필요합니다.

B Lesquels?

A Votre numéro de portable et votre e-mail.

B Tenez, voici ma carte de séjour. Tout est indiqué dessus.

---

1 A 종이, 연필, 지우개. 너한테 필요한 것 다 있니?
  B 아니, 아직 빠진 게 있어.
  A 뭐지?
  B J'ai aussi besoin d'une agrafeuse.

2 A 등록을 마치시려면, j'ai besoin de quelques renseignements.
  B 어떤?
  A 휴대폰 번호하고 이메일 주소요.
  B 자요, 여기 제 체류증이 있습니다. 거기에 다 써 있습니다.

•Lexique•

agrafeuse 스테이플러
réfléchir 숙고하다
compléter 완전하게 만들다
inscription 등록
carte de séjour 체류증
indiqué(e) 지시된, 지정된, 처방된, 적합한

modèle 211

Tout ce qu'il me faut, c'est ...

저한테 필요한 건 오직 ~이에요, 저는 ~만 있으면 돼요

앞에서 '필요로 하다'는 'J'ai besoin de ... ' 혹은 'Il me faut ... '라고 했죠? 따라서 '내게 필요한 모든 것' 이라고 하면 'Tout ce dont j'ai besoin' 혹은 'Tout ce qu'il me faut'가 됩니다. 이를 이용하여 '저한 테 필요한 건 오직 ~이에요' 혹은 '저는 ~만 있으면 돼요'라는 표현을 만들 수 있습니다. 'Tout ce qu'il me faut, c'est ... '입니다. 프랑스인들이 매우 자주 쓰는 표현이니 꼭 알아 두세요.

ÉTAPE 1

1 저한테 필요한 건 오직
약간의 휴식이에요.

Tout ce qu'il me faut, c'est un peu de repos.

2 저한테 필요한 건 오직
약간의 자유시간이에요.

Tout ce qu'il me faut, c'est un peu de temps libre.

3 저한테 필요한 건 오직
시작을 위한 약간의 돈이에요.

Tout ce qu'il me faut, c'est un peu d'argent pour commencer.

4 저한테 필요한 건
오직 대화 상대예요.

Tout ce qu'il me faut, c'est quelqu'un à qui parler.

5 저한테 필요한 건
오직 다이어트예요.

Tout ce qu'il me faut, c'est faire un régime.

•Conseils•

* 'Ça a (bien) été.'는 'Ça s'est bien passé.'와 같은 뜻으로 '일이 잘되었다'를 뜻합니다.

ÉTAPE 2

1. 살이 쪄서 고민인 사람에게

A   Tu as un peu grossi, non?

B   Oui, je fais moins attention à ma santé.

A   Il faut faire attention.

B   그래, 나한테 필요한 건 오직 다이어트야.

2. 쉬어야 할 때

A   Nous avons fait une longue randonnée en montagne.

B   Ça va? Ça n'a pas été trop dur?

A   Ça a été,* mais 나한테 필요한 건 오직 휴식이야.

B   Si tu veux, demain je peux passer te prendre.

1 A 너 좀 살쪘구나, 그렇지?
  B 그래, 건강에 신경을 많이 못 쓰고 있어.
  A 신경 써야 해.
  B Oui, tout ce qu'il me faut, c'est faire un régime.

2 A 우리는 긴 산행을 했어.
  B 괜찮아? 너무 힘들지 않았어?
  A 괜찮았어. 하지만 tout ce qu'il me faut, c'est un peu de repos.
  B 원한다면, 내일 너 데리러 갈게.

•Lexique•

commencer 시작하다
régime 다이어트, 식이요법
grossir 살이 찌다
dur(e) 힘든, 어려운, 단단한

276

modèle 212

Vous n'avez pas besoin de ...

~할 필요 없어요

'Vous avez besoin de … '(당신은 ~을 필요로 합니다)를 부정하면 'Vous n'avez pas besoin de … ' 가 되지요? 이는 '당신은 ~할 필요 없어요'라는 뜻이죠. 상대에게 어떤 일을 할 필요가 없음을 알릴 때 자주 쓰는 패턴입니다. de 뒤에는 부정법 동사를 쓰면 됩니다.

ÉTAPE 1

1 안경을 바꿔 쓸 필요가 없어요.
Vous n'avez pas besoin de changer de lunettes.

2 다시 올 필요가 없어요.
/ 다시 안 오셔도 됩니다.
Vous n'avez pas besoin de revenir.

3 기차를 갈아탈 필요가 없어요.
Je n'ai pas besoin de changer de train.

4 출석통지서는 제출하지 않으셔도 됩니다.
Vous n'avez pas besoin de présenter votre convocation.

5 배터리를 교체할 필요가 없어요.
Vous n'avez pas besoin de changer les batteries.

ÉTAPE 2

1. 다초점 렌즈에 대해 설명할 때

A Ces verres progressifs sont très confortables.

B Pourquoi?

A 안경을 바꿔 쓸 필요가 없기 때문이죠.

B Ils permettent de voir net à toutes les distances, c'est ça?

2. 태양열 충전 기기에 대해 설명할 때

A C'est un clavier sans fil avec recharge solaire.

B Et alors?

A 배터리를 교체할 필요가 없어요.

B C'est pratique.

1 A 이 다초점 렌즈가 아주 편리해요.
   B 왜요?
   A Parce que vous n'avez pas besoin de changer de lunettes.
   B 렌즈가 어떤 거리의 사물들도 분명히 보이게 해 준다. 맞아요?

2 A 이건 태양열 충전 무선 키보드입니다.
   B 그래서요?
   A Vous n'avez pas besoin de changer les batteries.
   B 실용적이군요.

•Lexique•

lunettes 안경
changer 바꾸다, 갈아타다, 교체하다
convocation 소환, 호출
clavier 건반
sans fil 무선
recharge 재충전

277

Ce n'est pas la peine de ...

modèle 213

~할 필요 없어요

'~할 필요 없어요'를 뜻하는 또 다른 패턴이 있습니다. 'Ce n'est pas la peine de + 부정법 동사'입니다. 앞서 배운 'Vous n'avez pas besoin de ... '는 주어를 vous로 하기 때문에 상대방의 행위에 대해 말하는 것인 반면에, 이 표현은 주어가 없기 때문에 일반적인 상황에 대해 말하는 것이라는 정도의 차이입니다. 그냥 '필요 없어요.'라고 할 때는 'Ce n'est pas la peine.'라고 하면 됩니다.

ÉTAPE 1

1 예약할 필요 없어요.

Ce n'est pas la peine de réserver.

2 그럴 필요 없어요.

Ce n'est pas la peine de faire ça.

3 그렇게 애쓸 필요 없어요.

Ce n'est pas la peine de faire tant d'efforts.

4 그렇게 많은 돈을 쓸 필요 없어요.

Ce n'est pas la peine de dépenser autant d'argent.

5 그렇게 자세하게 설명할 필요 없어요.

Ce n'est pas la peine d'expliquer en détail.*

•Conseils•

* '자세하게'는 'en détail', 'dans le détail', 'dans les détails' 모두 가능해요.

ÉTAPE 2

1. 예약을 하려는 상대방에게

A 예약할 필요 없어.

B Tu es sûr?

A Oui, il n'y a jamais beaucoup de monde le lundi soir.

B Il vaut mieux appeler par précaution quand même.

2. 기기에 대해 설명할 때

A Quel modèle me conseillez-vous?

B Ce modèle est plus cher, mais il ne marche pas mieux.

A 그럼 그렇게 많은 돈을 쓸 필요 없네요?

B Si, ce n'est qu'une question d'esthétique.

---

1 A Ce n'est pas la peine de réserver.
　B 확실해?
　A 그래, 월요일 저녁에는 절대로 사람이 많지 않아.
　B 그래도 신중을 기하기 위해 전화하는 게 나아.

2 A 어떤 모델을 제게 권하시겠어요?
　B 이 모델은 더 비싸요, 하지만 기능이 더 좋은 건 아니에요.
　A Ce n'est pas la peine de dépenser autant d'argent alors?
　B 아뇨, 그건 미학적 문제일 뿐이에요.

•Lexique•

faire un effort 노력하다
dépenser 소비하다, 쓰다
expliquer 설명하다
en détail 상세하게
précaution 주의, 예비
esthétique 미학적인

modèle 214 — À quoi ça servirait de ...?

~한다고 무슨 소용 있을까요?

🎧 214.mp3

어떤 행위를 할 필요가 전혀 없음을 확신할 때, 우리는 ' ~한다고 무슨 소용 있을까요?'라고 이야기하죠. 이럴 때는 'À quoi ça servirait de + 부정법 동사?' 패턴으로 표현해 보세요. 'servir à ... '는 '~에 소용이 되다, 필요하다'의 뜻이므로 이로부터 이런 표현이 나온 것입니다. 'servir'가 조건법 형태인 'servirait'가 된 것은 '그 같은 행위를 한다고 한들 무슨 소용이 있겠는가?'라는 의미, 즉 가정적 상황이 전제된 것이기 때문입니다.

ÉTAPE 1

•Conseils•

* 'Comment cela?'는 상대방의 말이 이해가 안 가서 설명을 요청할 때 쓰는 표현으로 자주 쓰는 것이니 익혀서 활용하세요.

1 요청한다고 무슨 소용 있을까요?　À quoi ça servirait de réclamer?

2 이 후보를 뽑는다고 무슨 소용 있을까요?　À quoi cela servirait d'élire ce candidat?

3 그(녀)를 믿는다고 무슨 소용 있을까요?　À quoi ça servirait de lui faire confiance?

4 정부를 바꾼다고 무슨 소용 있을까요?　À quoi ça servirait de changer de gouvernement?

5 세금을 올린다고 무슨 소용 있을까요?　À quoi cela servirait d'augmenter les taxes?

ÉTAPE 2

1. 정치에 환멸을 느낄 때

A Vous n'allez pas voter?
B Je suis un peu désabusé par la politique.
A Comment cela?*
B 이 후보를 뽑는다고 무슨 소용 있을까요?

2. 정치에 대해 토론할 때

A N'êtes-vous pas en faveur d'un remaniement gouvernemental?
B 정부를 바꾼다고 무슨 소용 있을까요?
A Laisser l'exécutif à une équipe plus dynamique.
B Je crois que le problème est ailleurs.

1 A 투표하러 안 가세요?
　B 정치에 좀 환멸을 느껴요.
　A 왜요?
　B À quoi cela servirait d'élire ce candidat?

2 A 개각을 찬성하세요?
　B À quoi cela servirait de changer de gouvernement?
　A 행정부를 더 적극적인 팀에 넘기는 거죠.
　B 제 생각엔 문제가 다른 데 있어요.

•Lexique•
réclamer 요청하다
élire 선출하다
candidat 후보
voter 투표하다
désabuser 깨닫게 하다, 환멸을 느끼게 하다
désabusé(e) 환멸을 느낀, 실망한
faveur 호의, 신임, 호평
remaniement 수정, 개편
ailleurs 다른 곳에
exécutif 행정부

modèle 215 — Ça ne sert à rien de ...

~해도 아무 소용없어요

가정적 상황을 염두에 두고 반문하는 형태를 쓴 앞의 표현에 비해 이 표현은 아예 단정적으로 어떤 일을 할 필요가 전혀 없음을 나타내죠. 'Il est inutile de ... '를 써도 됩니다.

ÉTAPE 1

1 울어도 아무 소용없어요.	**Ça ne sert à rien de** pleurer.
2 더 토론해도 아무 소용없어요.	**Ça ne sert à rien de** discuter davantage.
3 그렇게 해도 아무 소용없어요.	**Ça ne sert à rien de** faire ça.
4 후회해도 아무 소용없어요.	**Ça ne sert à rien de** regretter.
5 걱정해도 아무 소용없어요.	**Ça ne sert à rien de** s'inquiéter.

ÉTAPE 2

1. 협동과 자율에 관한 논쟁을 할 때

A Dans la vie, il ne faut compter que sur soi.

B Je ne suis pas d'accord, l'union fait la force.

A Oui, mais 다른 사람들에게 의지해 봐야 아무 소용없어요.

B Les autres ne peuvent-ils pas compter sur vous?

2. 더 이상 말하고 싶지 않을 때

A Papa, je voudrais sortir vendredi avec mes amis.

B J'ai déjà dit non. N'insiste pas, c'est la semaine des examens.

A Mais je promets de rentrer avant 23 heures.

B 더 얘기해도 아무 소용없단다.

---

1 A 인생은요. 자신밖에는 의지할 사람이 없어요.
　B 전 동의 안 해요. 뭉치면 힘이 생기니까요.
　A 네, 하지만 ça ne sert à rien de compter sur les autres.
　B 다른 사람들은 선생님한테 의지할 수 없나요?

2 A 아빠, 친구들하고 금요일에 밖에 나가고 싶은데요.
　B 내가 이미 안 된다고 했잖아. 고집 피우지 마라. 시험기간이다.
　A 하지만 11시 전에 돌아온다고 약속할게요.
　B Ça ne sert à rien de discuter davantage.

•Lexique•

pleurer 울다
discuter 토론하다, 얘기하다
davantage 더 많이
regretter 후회하다
s'inquiéter 걱정하다
promettre 약속하다

modèle 216

Ça ne servirait pas à grand chose de ...

~해도 별 소용없을 거예요

앞 표현은 극단적이므로 좀 누그러뜨려 말하고자 할 때, 즉 '~해도 별 소용없을 거예요'라고 할 때는 'Ça ne servirait pas à grand chose de + 부정법 동사'를 쓰면 됩니다.

ÉTAPE 1

1 그렇게 말해도 별 소용없을 거예요.　**Ça ne servirait pas à grand chose de** dire ça.

2 그에게 돈을 빌려줘도 별 소용없을 거예요.　**Ça ne servirait pas à grand-chose de** lui prêter de l'argent.

3 그 사람 말을 믿어도 별 소용없을 거예요.　**Ça ne servirait pas à grand-chose de** lui faire confiance.

4 그래 봐도 별 소용없을 거예요.　**Ça ne servirait pas à grand-chose de** le faire.

5 아무리 요청해도 별 소용없을 거예요.　**Ça ne servirait pas à grand-chose de** réclamer une énième* fois.

•Conseils•

* 'énième' 혹은 'nième'은 본래는 'n번째의'라는 뜻의 수학용어로 일상 어에서는 '수없는'을 뜻해요.

ÉTAPE 2

1. 기업이 잘 안 될 때

A Son entreprise va mal.

B Oui. De plus, le marché est à la baisse.

A 그에게 돈을 빌려 줘도 별 소용없을 거야.

B Peut-être.

2. 대화가 불필요하다고 생각될 때

A Pourquoi est-ce que vous ne le dites pas à votre mari?

B 그래 봐도 별 소용없을 거예요.

A Pourquoi?

B Il est très entêté.

1 A 그 친구 회사가 잘 안 돼.
　B 그래. 게다가 시장이 하락세야.
　A Ça ne servirait pas à grand-chose de lui prêter de l'argent.
　B 아마도.

2 A 왜 남편한테 그 말을 안 해요?
　B Ça ne servirait pas à grand-chose de le faire.
　A 왜요?
　B 고집불통이에요.

•Lexique•

entreprise 기업, 회사
de plus 게다가
prêter 빌려주다
entêté(e) 고집이 있는, 고집센

Vous auriez beau ... ,

~해 봤자.

지금까지는 '~해도 소용없다'는 식의 표현을 알아봤죠. 예컨대 '그 사람을 붙잡아도 소용없다'는 식의 표현이죠. 그런데 우리는 한발 더 나아가 결론까지 제시하는 표현도 씁니다. 즉 '그 사람 붙잡아 봤자 (소용없어요), 그 사람은 떠날걸요' 같은 식으로 말이죠. 이럴 때는 프랑스어로 어떻게 할까요? '~해 봤자'를 뜻하는 'avoir beau'를 이용하여, 'Vous avez beau + 부정법 동사' 패턴을 쓰면 됩니다.

ÉTAPE 1

1 그 사람 붙잡아 봤자, 떠날걸요. **Vous auriez beau** le retenir, il partirait.

2 그 사람 기다려 봤자, 안 올 걸요. **Vous auriez beau** l'attendre, il ne viendra pas.

3 제게 그 반대를 말씀하셔 봤자, 저는 안 믿을 거예요. **Vous auriez beau** me dire le contraire, je resterais sceptique.

4 그 증거를 대 봤자, 그녀는 여전히 믿지 않을 걸요. **Vous auriez beau** lui en apporter la preuve, elle resterait sceptique.

5 열 번을 전화해 봤자 그는 받지 않을 거예요. **Vous auriez beau** l'appeler dix fois, il ne répondra pas.

ÉTAPE 2

1. 설득이 어려울 때

A La femme de l'accusé croit en l'innocence de son mari.

B Il y a pourtant des preuves accablantes.

A 그 증거를 대 봤자, 그녀는 여전히 믿지 않을 걸요.

B Elle se battra jusqu'au bout pour lui.

2. 연락이 안 될 때

A Il est très occupé en ce moment, il est injoignable!

B 네, 열 번을 전화해 봤자, 그는 받지 않을 거예요.

A Comment faire?

B Faites passer votre message par son secrétariat.

1 A 피고의 아내는 남편의 무죄를 믿고 있어요.
　B 하지만 명백한 증거들이 있어요.
　A Vous auriez beau lui en apporter la preuve, elle resterait sceptique.
　B 그녀는 남편을 위해서 끝까지 투쟁하겠군요.

2 A 그 사람은 요즘 매우 바빠요, 연락이 안 돼요!
　B Oui, vous auriez beau l'appeler dix fois, il ne répondra pas.
　A 어떻게 하죠?
　B 그의 비서실에 메시지를 전하게 하세요.

•Lexique•
retenir 붙들다
sceptique 회의적인, 불신하는
accusé(e) 피고
innocence 결백, 무죄
pourtant 하지만
preuve 증거
accablant(e) 명백한
se battre 싸우다, 투쟁하다
injoignable 만날 수 없는, 연락이 되지 않는
secrétariat 비서실

Partie VI

섬세한 뉘앙스를
전하는 패턴들

Partie-Ⅵ

Unité 38 한국인이 쓰기 어려운 패턴들

Unité 38

한국인이 쓰기 어려운 패턴들

여기서는 우리나라 사람들이 프랑스어로 말할 때 쓰기 어려운 패턴들을 살펴보겠습니다. 다음과 같은 표현들을 프랑스어로는 어떻게 말할까요?

'말이 나왔으니 하는 말인데요, 이왕 하는 김에, 어차피 할 바에는, ~하마터면 ~할 뻔했어요, 제가 ~라고 했잖아요, ~는 말할 것도 없고, ~면 얼마나 좋을까?, ~하시기 잘했어요, ~할 수밖에 없어요, 그건 ~와 전혀 관계없어요' 이런 표현들은 웬만한 고급 수준의 학습자가 아니라면 프랑스어로 표현하기가 정말 어렵습니다. 이제 이 같은 표현들을 프랑스어로 어떻게 하는지 배워볼까요?

Remue-méninges

1 넘어질 뻔했어요. J'ai failli tomber.

2 제가 조심하시라고 했잖아요. Je vous ai dit de faire attention.

3 야단맞았어요. Je me suis fait réprimander.

4 눈을 치료했어요. Je me suis fait soigner les yeux.

5 그렇게 하시길 잘했네요. Vous avez bien fait de le faire.

Ça me fait penser que ...

modèle
218

그러니까 생각나는데요, 말이 나왔으니 하는 말인데요 ~

상대방이 하는 이야기와 다른 이야기가 생각이 나서 화제를 그쪽으로 전환하려 한다면 그 같은 나의 의도를 상대에도 알려야 합니다. 예를 들어 '그러니까 생각나는데요'나 '그런데 말이죠' 등과 같은 표현이 그러하죠. 이처럼 화제를 전환할 때는 'Ça me rappelle que ... '나 'À propos, ... ' 같은 표현을 쓰도록 하세요. 화제를 완전히 전환할 때는 '그건 그렇고'를 뜻하는 'Sinon'을 쓰면 돼요.

ÉTAPE 1

1 그러니까 생각나는데요, 제가 월요일에 의사하고 약속이 있어요.
Ça me fait penser que j'ai rendez-vous chez le médecin lundi.

2 그러니까 생각나는데요, 제가 외투를 세탁소에 맡겨 놓았어요.
Ça me fait penser que j'ai laissé mon manteau au pressing.

3 그러니까 생각나는데, 너 나한테 빚이 있어.
Ça me fait penser que tu me dois de l'argent.

4 그러니까 생각나는데요, 나한테 무료입장권이 있어요.
Ça me fait penser qu'il me reste une entrée gratuite.

5 그러니까 생각나는데요, 오늘 오후에 약속이 있어요.
Ça me fait penser que j'ai rendez-vous cet après-midi.

ÉTAPE 2

1. 무료입장권이 있다는 것이 생각날 때

A   Le dernier Walt Disney est sorti.

B   그러니까 생각나는데, 나한테 무료입장권이 있어.

A   Super! On y va samedi?

B   Si tu veux, à quelle heure?

2. 옷을 세탁소에 맡겨 놓은 것이 생각날 때

A   Regarde la météo, il va faire froid demain.

B   Il faut bien s'habiller et prendre quelque chose de chaud.

A   Tiens, 그러니까 생각나는데요, 제가 외투를 세탁소에 맡겨 놓았어요.

B   Il faut passer le récupérer!

1 A 최신 디즈니 영화가 나왔어.
   B Ça me fait penser qu'il me reste une entrée gratuite.
   A 좋았어! 우리 토요일에 갈까?
   B 네가 원한다면, 몇 시에?

2 A 일기예보 봐요, 내일 추울 거래요.
   B 옷을 잘, 따뜻하게 입어야 돼요.
   A 아 참, ça me fait penser que j'ai laissé mon manteau au pressing.
   B 외투 찾으시러 들르셔야 겠네요!

•Lexique•
pressing 세탁소
s'habiller 입다, 착용하다
récupérer 회수하다, 되찾다

modèle 219

Pendant qu'on y est, ...

(이왕) 하는 김에 ~

'이왕 ~ 하는 김에'라는 표현은 언뜻 프랑스어로 표현하기 쉽지 않죠? 프랑스어에서는 '우리가 거기에 있는 동안에'라는 뜻의 'Pendant qu'on y est' 혹은 'Tant qu'on y est'라는 표현을 씁니다. 그리고 그다음에 하고 싶은 말을 놓으면 됩니다.

ÉTAPE 1

1 (이왕) 사는 김에 조금 더 주세요.

Mettez m'en un peu plus, **pendant qu'on y est.**

2 (이왕) 하는 김에 벽지도 바꿀 수 있을 텐데.

Pendant qu'on y est, on pourrait aussi changer le papier peint.*

3 (이왕) 가는 김에 포스트잇도 사러 갈게.

Pendant qu'on y est, je vais aussi prendre des post-it.

4 (이왕) 하는 김에 완전히 끝냅시다.

Pendant qu'on y est, nous allons finir complètement.

5 (이왕) 사는 김에 오렌지 1킬로 더 주세요.

Pendant que vous y êtes, mettez-nous un kilo d'oranges en plus.

•Conseils•

항상 'Pendant qu'on y est'로만 쓰는 것은 아니고 주어를 달리 쓸 수 있습니다.
🔊 하시는 김에 냉각수와 타이어를 봐 주실래요?
Pendant que vous y êtes, pouvez-vous vérifier l'eau et les pneus?
하시는 김에 신문 좀 사 주세요.
Achetez-moi un journal pendant que vous y êtes.

* 벽지는 'papier peint'이라고 해요.

** 'quitte à + 부정법 동사'는 '～할 것을 무릅쓰고, ～해도 좋으니까'를 뜻해요.

ÉTAPE 2

1. 공사를 하는 김에

A 이왕 하는 김에 벽지도 바꿀 수 있을 텐데.

B Tu n'as pas peur que cela fasse beaucoup de travaux?

A Quitte à** faire de la poussière, profitons-en.

B Oui, mais ça risque de coûter cher.

2. 장을 보는 김에

A 500 grammes de cacahuètes, ça ira comme ça?

B 이왕 사는 김에 조금 더 주세요.

A Je vous en ajoute 200g?

B C'est parfait, mes enfants adorent ça.

1 A Pendant qu'on y est, on pourrait aussi changer le papier-peint.
　B 공사를 많이 하게 될 텐데 걱정되지 않아?
　A 먼지가 나더라도 이 기회를 이용하자.
　B 그래, 하지만 돈이 많이 들지도 몰라.

2 A 땅콩 500그램, 이 정도면 될까요?
　B Mettez m'en un peu plus, pendant qu'on y est.
　A 200그램 더 드릴까요?
　B 좋아요, 아이들이 엄청 좋아하겠네요.

•Lexique•

complètement 완전히
poussière 먼지
cacahuète 땅콩
ajouter 더하다, 보태다, 추가하다

modèle 220

Tant qu'à faire, ...

(어차피) 할 바에는, ~

'어차피'를 프랑스어로 어떻게 표현할까요? 참 어렵죠? 이 말은 많은 경우 '어차피 할 바에는'과 같이 쓰죠?
이럴 때는 프랑스어로 'Tant qu'à faire'라고 표현합니다. 그다음에 하고 싶은 말을 놓으면 되죠.

ÉTAPE 1

1 (어차피) 할 바에는 잘해 보세요. **Tant qu'à faire,** faites-le-bien.

2 (어차피) 할 바에는 제대로 하자. **Tant qu'à faire,** autant faire ça bien.*

3 (어차피) 할 바에는 바로 시작하죠. **Tant qu'à faire,** commençons tout de suite.

4 (어차피) 할 바에는
더 좋은 걸 사는 게 어때요? **Tant qu'à faire,** pourquoi ne pas en
acheter de meilleurs?

5 (어차피) 할 바에는 자금을
아끼지 맙시다. **Tant qu'à faire,** il ne faut pas lésiner sur
les moyens.

•Conseils•

표현 하나 더 볼까요?
(어차피) 갈 바에는 당신하고 가고 싶
습니다.
Tant qu'à faire, je voudrais
venir avec vous.

* 'autant faire ça bien'(필요한
만큼 잘하다)은 '제대로 하다'라는 뜻
으로 '제대로 해라, 제대로 하자' 등의
의미로 쓸 수 있는 숙어이니 외워서
쓰도록 하세요.

ÉTAPE 2

1. 거실을 보수할 때

A Que dirais-tu de refaire le salon?

B C'est vrai que les meubles sont dans un mauvais état.

A Il vaut mieux passer par une entreprise spécialisée.

B 그래, 어차피 할 바에는 제대로 하자.

2. 바닥 공사를 할 때

A Tu veux aussi changer le sol?

B Oui, le linoléum est très abîmé.

A Mais un parquet en bois coûte beaucoup plus cher.

B 어차피 할 바에는 자금을 아끼지 말자.

1 A 거실을 보수하는 게 어떨까?
  B 사실 가구들이 상태가 안 좋군.
  A 전문 기업을 통하는 게 좋겠어.
  B Oui, tant qu'à faire, autant faire ça bien.

2 A 너도 우리 바닥 바꾸는 거 원하지?
  B 그래, 리놀륨이 많이 망가졌어.
  A 하지만 나무 마루는 훨씬 더 비싸.
  B Tant qu'à faire, il ne faut pas lésiner sur les
    moyens.

•Lexique•

lésiner 인색하게 굴다
refaire 보수하다
linoléum 리놀륨
abîmé(e) 상한, 망가진
parquet 마루판
en bois 나무로 된, 목재

J'ai failli ...

(하마터면) ~할 뻔했어요

위험한 상황에서 간신히 벗어났을 때 우리는 '하마터면 ~할 뻔했어요'라고 하죠. 이럴 때는 프랑스어로 'faillir' 동사를 써서 표현합니다. 'J'ai failli + 부정법 동사' 패턴을 써서 자신이 자칫 어떤 일을 당할 뻔했음을 표현해 보세요.

ÉTAPE 1

1 넘어질 뻔했어요.　　　　　　**J'ai failli** tomber.

2 '네'라고 할 뻔했어요.　　　　　**J'ai failli** dire oui.

3 기차를 잘못 탈 뻔했어요.　　　**J'ai failli** me tromper de train.

4 계단 위에서 미끄러질 뻔했어요.　**J'ai failli** glisser dans le haut des escaliers.

5 너를 영원히 못 만날 뻔했어.　　**J'ai failli** ne jamais te retrouver.

•Conseils•

* 'Le ridicule ne tue pas.'는 흔히 쓰는 표현으로, 직역하면 '우스꽝스럽게 보이는 것이 사람을 죽이는 것은 아니다'라는 뜻이죠. 문맥이나 상황에 따라 다양한 의미로 쓰일 수 있지만, 대체적으로 다른 사람들 생각을 의식하지 말고 살라는 의미로 쓰입니다.

참고로 프랑스 담배갑 위에 'Fumer tue.'라는 표현이 있는데 '담배 피우면 죽습니다.'라는 뜻이죠.

ÉTAPE 2

1. 군중 속에서 서로를 잃어버릴 뻔했을 때

A Par chance nous avons réussi à nous retrouver dans la foule.

B Oui, il y avait pourtant énormément de monde.

A 너를 영원히 못 만날 뻔했어.

B Quelle expérience angoissante!

2. 사람들 앞에서 창피를 당할 뻔했을 때

A Je déteste le patinage.

B Pourquoi? C'est plutôt sympathique l'hiver.

A La dernière fois, 사람들 앞에서 넘어질 뻔했거든.

B Ce n'est pas grave. Le ridicule ne tue pas.*

1　A 다행히 인파 속에서도 우리 서로 만날 수 있었네.
　　B 그래, 사람이 엄청 많았는데도 말이야.
　　A J'ai failli ne jamais te retrouver.
　　B 정말 괴로운 경험이었어!

2　A 난 스케이트가 싫어.
　　B 왜? 겨울엔 꽤 좋잖아.
　　A 지난번에, j'ai failli tomber devant tout le monde.
　　B 괜찮아. 망신당했다고 죽냐?

•Lexique•

glisser 미끄러지다
par chance 다행히도, 운 좋게도
foule 군중, 인파
angoissant(e) 몹시 걱정스러운
patinage 스케이트 타기
ridicule 우스꽝스러운

Voulez-vous dire que ... ?

~라는 말씀인가요?

modèle **222**

이야기를 나누다 보면 상대방의 말이 애매하여 확인을 요구하고 싶을 때가 있죠? 그럴 때는 보통 '~라는 말씀인가요?'라고 묻게 되죠. 여기에 해당하는 프랑스어 표현이 'Voulez-vous dire que ... '입니다. 물론 'Vous voulez dire que ... ?'도 씁니다.

ÉTAPE 1

1 우리가 여기를 비워야 한다는 말씀인가요?

Voulez-vous dire que nous devons quitter notre place?

2 이제 지하철이 끊겼다는 말씀인가요?

Voulez-vous dire qu'il n'y a plus de métro?

3 여기서는 피크닉을 할 수 없다는 말씀인가요?

Voulez-vous dire que nous n'avons pas le droit de pique-niquer ici?

4 공연이 취소됐다는 말씀인가요?

Voulez-vous dire que la représentation est annulée?

5 잔디 위에서는 축구를 할 수 없다는 말씀인가요?

Voulez-vous dire qu'il est interdit de jouer au football sur la pelouse?

•Conseils•

＊대화 중에 상대방의 의견과는 반대의 결론을 제시해야 하지만 구체적인 근거를 제시하기가 어려울 때, 혹은 수차례 의견을 교환했지만 결론이 나지 않는 상황에서 본인의 주장을 결론적으로 제시해야 할 때 우리는 '아무튼'이라고 하면서 자신의 주장을 마무리 짓죠. 이럴 때 쓰는 프랑스어 표현이 'justement'입니다.

ÉTAPE 2

1. 지하철이 끊겼을 때

A Il va falloir rentrer en taxi.

B Pourquoi?

A La dernière rame vient de passer.

B 이제 지하철이 끊겼다는 말씀인가요?

2. 금지된 곳에서 피크닉을 할 때

A Messieurs dames, vous ne pouvez pas vous installer ici.

B Pourquoi? Nous ne sommes pas les seuls!

A Justement,* c'est interdit!

B 여기서는 피크닉을 할 수 없다는 말씀인가요?

1 A 택시를 타고 돌아가야 할 거야.
  B 왜?
  A 마지막 열차가 방금 지나갔어요.
  B Voulez-vous dire qu'il n'y a plus de métro?

2 A 여러분, 여기에 자리 잡으면 안 됩니다.
  B 왜요? 우리만 이러는 게 아니잖아요?
  A 아무튼 금지되어 있습니다!
  B Voulez-vous dire que nous n'avons pas le droit de pique-niquer ici?

•Lexique•

pique-niquer 피크닉을 하다
représentation 공연, 상연
pelouse 잔디
rame (차량 여러 대로 편성된 지하철) 열차
installer 자리 잡다

Je vous ai dit ...

제가 ~라고 했잖아요

내가 이미 한 이야기를 상대방이 할 때가 있죠. 아니면 상대가 내가 이미 한 말을 잊고서 다른 이야기를 할 때도 있죠. 이럴 때 우리는 보통 '제가 ~라고 했잖아요'라고 말하죠. 한국어에서는 동사의 어미 '~잖아요'에 그런 내용을 담아 표현하지만 프랑스어에서는 '제가 당신에게 ~라고 했다'라는 패턴에 그 내용을 담습니다. 이때 그 내용이 행위이면 'de + 부정법 동사' 뒤에, 의견이면 'que 절'을 뒤에 놓습니다.

ÉTAPE 1

1 제가 조심하시라고 했잖아요.　**Je vous ai dit** de faire attention.

2 제가 조용히 하시라고 했잖아요.　**Je vous ai dit** de garder le silence.

3 제가 여기서 저를 기다리시라고 했잖아요.　**Je vous ai dit** de m'attendre ici.

4 제가 움직이지 말라고 했잖아요.　**Je vous ai dit** de limiter vos déplacements.

5 내가 고집 피워도 소용 없다고 했잖아요.　**Je vous ai dit** que ce n'était pas la peine d'insister.

•Conseils•
＊'시험공부를 하다'라는 표현은 프랑스어로는 '시험을 준비하다'라는 뜻의 'préparer un examen, se préparer un examen'이라고 합니다. 그러나 시험공부라는 것이 결국 복습을 하는 것이기 때문에 'réviser un examen'이라고도 합니다.

ÉTAPE 2

1. 아이가 조를 때

A Pourquoi ne peut-on pas aller au cinéma ce soir?
B Parce que vous devez vous lever tôt demain pour réviser votre examen.*
A Mais le film ne finit qu'à 22:30.
B 고집 피워도 소용 없다고 했잖아.

2. 사진 찍는 데 실패했을 때

A Nous n'avons pas réussi à photographier les oies sauvages.
B 최대한 움직이지 말라고 했잖아요.
A Mais nous avons à peine bougé!
B Et pourtant, elles ont senti votre présence!

1 A 왜 우리가 오늘 저녁 영화관에 갈 수 없는 거죠?
B 너희들은 내일 아침에 일찍 일어나서 시험공부를 해야 하니까.
A 하지만 영화는 10시 반이면 끝나는데요.
B Je vous ai dit que ce n'était pas la peine d'insister.

2 A 야생 거위를 촬영하는 데 실패했어요.
B Je vous ai dit de limiter vos déplacements.
A 하지만 우리는 거의 움직이지 않았는데요!
B 그래도 거위들이 당신이 거기 있다는 걸 느꼈던 거예요!

•Lexique•
garder le silence 조용히 하다
déplacement 움직임, 이동
insister 고집하다
réviser 재검토하다, 복습하다
limiter 제한하다
photographier 촬영하다
oie sauvage 야생 거위
à peine ~ 거의 ~하지 않은
bouger 움직이다

291

modèle 224

Sans parler de ...

~는 말할 것도 없고 / ~는 커녕 / ~는 고사하고

'~는 말할 것도 없고', '~는 커녕', '~는 고사하고'와 같은 표현은 프랑스어로 뭐라고 하는지 언뜻 잘 안 떠오르죠? 하지만 의외로 쉬운 표현이 있어요. '~는 말하지 않고'에 해당하는 'sans parler de + 명사' 패턴이죠.

ÉTAPE 1

1 루브르는 말할 것도 없고 오르세도 못 가 봤어요.
Je ne suis même pas allé(e) à Orsay, **sans parler du** Louvre.

2 이자는 말할 것도 없고 원금도 못 갚겠어요.
Je ne peux même pas rembourser l'emprunt initial, **sans parler des** intérêts.

3 비용문제는 말할 것도 없고 다른 문제도 있어요.
Il y a encore d'autres difficultés, **sans parler des** problèmes financiers.

4 교통비는 말할 것도 없고 학비와 숙식비도 내야 해요.
Je dois payer les frais de scolarité et d'hébergement, **sans parler des** frais de transports.

5 과외공부는 말할 것도 없고 2년 동안 야간 강의도 들었어.
J'ai pris deux ans de cours du soir, **sans parler des** cours à domicile.

ÉTAPE 2

1. 열심히 했는데도 결과가 안 좋을 때

A Est-ce que ton niveau de chinois a beaucoup progressé?

B Pas beaucoup.

A As-tu fait suffisamment d'efforts?

B 과외공부는 말할 것도 없고, 2년 동안 야간 강의도 들었어.

2. 생각보다 돈이 많이 들 때

A Finalement, je vais devoir annuler mon séjour linguistique.

B Pourquoi?

A 항공료는 말할 것도 없고 학비와 숙식비도 내야 해요.

B Ça fait beaucoup d'argent!

1 A 너 중국어 수준이 많이 진보했니?
　 B 별로.
　 A 충분히 노력은 했어?
　 B J'ai pris deux ans de cours du soir, sans parler des cours à domicile.

2 A 나 결국 어학연수 취소해야 할 거야.
　 B 왜?
　 A Je dois payer les frais de scolarité et d'hébergement, sans parler des billets d'avion.
　 B 돈이 많이 드는구나!

•Lexique•
scolarité 취학
hébergement 숙박
frais de transports 교통비
cours du soir 야간 강의
cours à domicile 과외 공부
suffisamment 충분히
séjour linguistique 어학연수

modèle 225

Si seulement ... ?

~면 얼마나 좋을까?

실현 가능성은 없지만 상상만으로도 행복할 때가 있지요? 아니면 그런 상상으로 기분이 도리어 나빠질 수도 있겠지만 … 아무튼 꿈같은 상상을 할 때 우리는 '~면 얼마나 좋을까?'라고 하는데, 이는 프랑스어로 'Si seulement + 주어 + 동사(반과거)'라고 합니다. 동사는 반드시 반과거형으로 놓아야 합니다.

ÉTAPE 1

1 돈만 있으면 얼마나 좋을까?	**Si seulement** j'avais de l'argent!
2 나도 몸매가 저러면 얼마나 좋을까?	Ah, **si seulement** je pouvais avoir un corps pareil!
3 스무 살만 젊으면 얼마나 좋을까?	**Si seulement** j'avais vingt ans de moins!
4 그가 시험을 통과한다면 얼마나 좋을까?	**Si seulement** il réussissait son examen!
5 UN이 뭔가 할 수 있으면 얼마나 좋을까?	**Si seulement** les Nations unies pouvaient faire quelque chose!

•Conseils•

'~했다면 얼마나 좋을까?'처럼 과거에 대한 상상을 할 때는 대과거를 씁니다.
🔊 우리가 더 일찍 만났다면 얼마나 좋을까?
Si seulement nous étions rencontrés plus tôt!

* UN은 'l'Organisation des Nation Unies(약어로 ONU)' 혹은 'les Nations Unies'라고 합니다.

ÉTAPE 2

1. 나이 드는 것이 아쉬울 때

A Tu ne veux pas venir faire la randonnée avec nous?

B Non, je me sens trop fatigué, allez-y sans moi.

A C'est dommage!

B 그래, 내가 스무 살만 젊으면 얼마나 좋을까?

2. 국제기구가 무능하다고 느낄 때

A Ce conflit a trop duré.

B 그래, UN이 뭔가 할 수 있으면 얼마나 좋을까?

A Malheureusement, la communauté internationale est impuissante.

B Ou simplement désintéressée.

1 A 우리랑 트레킹하러 안 갈래?
　B 아니, 너무 피곤해서, 나 빼고 가.
　A 유감이네!
　B Oui, si seulement j'avais vingt ans de moins…

2 A 그 분쟁이 너무 오래갔어.
　B Oui, si seulement les Nations Unies* pouvaient faire quelque chose!
　A 불행히도 국제 공동체는 무력해.
　B 아니면 단지 공정한 건지.

•Lexique•

conflit 분쟁
communauté 공동체
impuissant(e) 무능한, 무력한
désintéressé(e) 이해관계를 떠난, 공정한

Je me suis fait ... (1)

modèle **226**

~당했어요

프랑스인들은 수동태 이외에도 수동을 표현하는 패턴을 많이 쓰는데 그것이 'Je me suis fait + 부정법 동사'입니다. 이 문형은 주로 피해를 본 상황을 나타냅니다. 그래서 우리말로 '당하다', '맞다', '찍히다', '걸리다' 같은 표현을 이 패턴으로 사용하면 됩니다.

ÉTAPE 1

1 신분증을 도난당했습니다.　　　**Je me suis fait** voler mes papiers d'identité.

2 세 번이나 강도를 당했어요.　　　**Je me suis fait** cambrioler trois fois.

3 야단맞았어요.　　　**Je me suis fait** réprimander.

4 고속도로에서 카메라에 찍혔어요.　**Je me suis fait** flasher sur l'autoroute.

5 짐 검사 때 세관에 걸렸어요.　　**Je me suis fait** arrêter par la douane pour un contrôle des bagages.

ÉTAPE 2

1. 과속 단속에 걸렸을 때

A Tu n'as pas l'air de bonne humeur.

B Non, je viens de perdre 90€.

A Pourquoi?

B 고속도로에서 카메라에 찍혔어.

2. 자주 강도를 당했을 때

A Tu vis dans un quartier tranquille?

B Pas vraiment.

A Pourquoi dis-tu cela?

B 세 번이나 강도를 당했거든.

1 A 너 기분이 좋아 보이지 않는구나.
　B 응, 막 90유로를 날렸거든.
　A 왜?
　B Je me suis fait flasher sur l'autoroute.

2 A 네가 사는 동네는 평온하니?
　B 뭐 별로.
　A 왜?
　B Je me suis fait cambrioler trois fois.

•Lexique•

voler 훔치다
papier d'identité 신분증
cambrioler 불법으로 침입하다, 털다
réprimander 질책하다, 나무라다

modèle
227

Je me suis fait ... (2)
~시켰어요

우리말과 달리 프랑스어에서는 자기가 직접 한 일과 남을 시켜서 한 일을 구분해서 표현하는 데 주의합시다.
후자는 'Je me suis fait + 부정법 동사'의 패턴을 씁니다. 그런데 이 패턴은 바로 앞에서 배웠던 패턴과 형태
가 완전히 동일하지요? 그래서 그 자체로는 혼동을 할 수도 있지만 문맥과 상황이 다릅니다.

ÉTAPE 1

1 머리를 잘랐어요.[깎았어요.] — Je me suis fait couper les cheveux.

2 이를 뽑았어요. — Je me suis fait arracher une dent.

3 눈을 치료했어요. — Je me suis fait soigner les yeux.

4 머리를 갈색으로 염색했어요. — Je me suis fait teindre les cheveux en brun.

5 귀를 뚫었어요. — Je me suis fait percer les oreilles.

•Conseils•

'당신 옆에서 사진을 찍고 싶어요.'는
프랑스어로 'J'aimerais me faire
photographier à côté de vous.'
라고 해요.

'그는 장기를 이식했어요.'는 'Il s'est
fait greffer[transplanter] un
organe.'이라고 해요.

ÉTAPE 2

1. 이를 뽑았을 때

A Ta joue est gonflée.

B 응, 이를 뽑았어.

A C'est douloureux?

B Pas tellement.

2. 염색을 했을 때

A Quelque chose a changé chez toi.

B 머리를 갈색으로 염색했어.

A Ah oui!

B Alors, ça me va bien?

1 A 너 볼이 부었구나.
  B Oui, je me suis fait arracher une dent.
  A 아프니?
  B 별로.

2 A 너 뭔가 변했다.
  B Je me suis fait teindre les cheveux en brun.
  A 아 그렇구나!
  B 그런데, 나한테 잘 어울려?

•Lexique•

arracher 뿌리째 뽑다
teindre 염색하다
brun(e) 갈색, 갈색의
percer 뚫다, 구멍 내다
gonflé(e) 부은, 부어오른
tellement 그토록, 매우

228.mp3

modèle 228 Vous avez bien fait de ...

~하시기 잘했어요

상대방이 한 일에 대해 동감 혹은 공감을 표시하거나 나아가 칭찬을 하고 싶을 때 '~하시기 잘했어요'라고 하죠? 이럴 때 프랑스어로는 'Vous avez bien fait de + 부정법 동사'라는 패턴이 있어요. 자주 쓰는 표현이고 또 사용하기가 매우 편리한 패턴이니 꼭 알아 두세요.

ÉTAPE 1

1 거기 가시길 잘했네요. **Vous avez bien fait d'**y aller.

2 그렇게 하시길 잘했네요. **Vous avez bien fait de** le faire.

3 그 보험에 가입하시길 잘했네요. **Vous avez bien fait de** prendre cette assurance.

4 미리 예약하시길 잘했네요. **Vous avez bien fait de** réserver en avance.

5 제게 그 이야기하시길 잘했네요. **Vous avez bien fait de** m'en parler.

ÉTAPE 2

1. 보험을 가입하고 사고가 났을 때

A Nous avons eu un accident avec une voiture de location.
B Qui a payé les réparations?
A La société de location, comme convenu dans le contrat.
B 그 보험에 가입하시길 잘했네요.

2. 펜션을 미리 예약했을 때

A Les prix des locations d'auberges* ont beaucoup augmenté.
B De combien?
A Environ 20% en trois mois.
B 미리 예약하시길 잘했네요.

1 A 렌트카로 운전하다가 사고가 났어요.
B 수리비는 누가 냈어요?
A 계약서에 합의된 대로 렌트카 회사요.
B Vous avez bien fait de prendre cette assurance.

2 A 펜션 대여료가 많이 올랐어요.
B 얼마나요?
A 세 달 사이에 20%요.
B Vous avez bien fait de réserver en avance.

•Conseils•

* 요즘 펜션이 많이 생겼죠? 이것은 프랑스어로 'auberge'라고 해요. 또 영어처럼 'pension'이라고 하기도 해요.

•Lexique•

assurrance 보험
convenu(e) 합의된, 결정된
en avance 미리
réparation 수리
contrat 계약서

On ne peut faire autrement que de ...
~할 수밖에 없어요

취할 수 있는 해결책이나 선택이 오직 하나밖에 없을 때 우리는 '~할 수밖에 없어요'라고 하죠. 이럴 때는 'On ne peut (pas) faire autrement que de + 부정법 동사'라고 하면 됩니다. 'autrement que'는 '~와 달리'라는 뜻으로 뒤에 'de + 부정법'이 온 구조입니다. 그래서 '~하는 것과 달리할 수 없다'는 뜻을 나타내고 있습니다. 비슷한 표현으로 'On ne peut faire rien d'autre que de…'와 'On n'a plus d'autre choix que de …'가 있어요.

ÉTAPE 1

1 끝까지 밀고 나갈 수밖에 없어요.
On ne peut faire autrement que de persévérer.

2 피할 수밖에 없어요.
On n'a plus d'autre choix que de s'abriter.

3 기다릴 수밖에 없어요.
On ne peut faire autrement que d'attendre.

4 취소할 수밖에 없어요.
On n'a plus d'autre choix que d'annuler.

5 받아들일 수밖에 없어요.
On ne peut faire autrement que d'accepter.

ÉTAPE 2

1. 버스가 방금 떠났을 때

A Le bus vient tout juste de partir.

B Le prochain est dans 35 minutes.

A 기다릴 수밖에 없네요.

B Je vais m'asseoir.

2. 우산이 없을 때

A Il pleut trop fort.

B Je n'ai pas de parapluie.*

A 피할 수밖에 없어요.

B Viens, il y a un café par ici.

1 A 버스가 방금 떠났어요.
   B 다음 버스는 35분 후에 있군요.
   A On ne peut faire autrement que d'attendre.
   B 앉을게요.

2 A 너무 심하게 비가 오네.
   B 난 우산이 없는데.
   A On n'a plus d'autre choix que de s'abriter.
   B 이리 오세요, 여기 카페가 있어요.

•Conseils•

* '비'는 여성명사인 'la pluie'이지만 '우산'을 가리키는 'un parapluie'는 남성명사인 점을 유의하세요. 막아 준다는 뜻의 'para'에 비를 뜻하는 'pluie'가 결합한 형태입니다. '파라솔'도 태양을 뜻하는 'soleil'가 결합하여 'parasol'이라고 하는데, 역시 남성명사입니다.

•Lexique•
persévérer 끈질기게 ~하다
abriter 피난시키다
s'abriter 피난하다

modèle
230

Il me manque ...
~가 모자라요, ~가 부족해요

돈이나 물건 등이 부족할 때 프랑스어로는 비인칭 구문인 'Il me manque ... ' 구문을 많이 씁니다. 자주 쓰는 표현이니 꼭 알아 두세요.

ÉTAPE 1

1 2유로가 모자라요.　　　　**Il me manque** deux euros.

2 돈이 좀 모자라요.　　　　**Il me manque** un peu d'argent.

3 물이 모자라요.　　　　　**Il me manque** de l'eau.

4 용기가 부족해요.　　　　**Il me manque** du courage.

5 치약이 모자라요.　　　　**Il me manque** du dentifrice.

ÉTAPE 2

1. 여행을 연기해야 하는 이유

A　Et ton voyage au Mexique?

B　Je l'ai reporté à l'été prochain.

A　Pourquoi?

B　돈이 좀 모자라서.

2. 돈이 부족할 때

A　Combien je vous dois?

B　17 euros, s'il vous plait.

A　2유로가 모자라는데요.

B　Vous me les donnerez demain.

1　A 그리고 네 멕시코 여행은?　　　　2　A 얼마 드리면 돼요?
　　B 내년 여름으로 미루었어.　　　　　　B 17유로입니다.
　　A 왜?　　　　　　　　　　　　　　　A Il me manque deux euros.
　　B Il me manque un peu d'argent.　　　B 내일 주세요.

•Lexique•
dentifrice 치약
reporter 연기하다, 미루다
donner 주다

modèle 231 Ça n'a rien à voir avec ...

그건 ~와 전혀 관계없어요

어떤 것(A)이 어떤 것(B)과 다르다고 할 때 가장 쉬운 표현은 'A est différent de B'죠. 그런데 이보다 더 강한 표현을 하려면, 즉 '그건 ~와 전혀 관계없어요'라고 하려면, 'Ça n'a rien à voir avec ... '를 쓰면 됩니다.

ÉTAPE 1

1 그건 우리 일과 전혀 관계없어요. **Ça n'a rien à voir avec** notre affaire.

2 그건 그(녀)의 액센트와 전혀 관계없어요. **Ça n'a rien à voir avec** son accent.

3 그건 나와 전혀 관계없어. **Ça n'a rien à voir avec** moi.

4 그건 프랑스어와 전혀 관계없어요. **Ça n'a rien à voir avec** le français.

5 그건 그(녀)의 개인적 의견과 전혀 관계없어요. **Ça n'a rien à voir avec** ses opinions personnelles.

•Conseils•

'관계가 있다'고 하려면 'Il[Elle] est lié à … ' 혹은 'Il[Elle] a un rapport à … '를 쓰면 돼요.

ÉTAPE 2

1. 한국어에 대해 설명할 때

A C'est difficile, le coréen?

B 그러니까, 그건 프랑스어와 전혀 연관이 없는 언어예요.

A C'est comme le chinois?

B Pas vraiment, mais il y a des racines communes.

2. 말을 이해하기 어려울 때

A Je ne comprends pas ce qu'il dit.

B À cause de son accent?

A 아뇨, 그건 그의 액센트와 전혀 관계없어요.

B À cause de quoi alors?

1 A 한국어는 어렵나요?
   B Disons que ça n'a rien à voir avec le français.
   A 중국어처럼요?
   B 별로요, 하지만 공통 어근들이 있어요.

2 A 그 사람 말이 이해가 안 돼요.
   B 액센트 때문에요?
   A Non, ça n'a rien à voir avec son accent.
   B 그럼 무엇 때문인가요?

•Lexique•

affaire 일, 사건, 사업
opinion 의견
racine 뿌리
commun(e) 공유의, 공통의
à cause de ~때문에

299

modèle 232 J'ai un problème avec ...

~에 문제가 있어요

어떤 물건에 문제가 있을 때, 한국어에서는 그 물건을 주어로 쓰는 구문을 많이 쓰기 때문에, 프랑스어로 옮길 때 어려움을 겪게 됩니다. 예컨대 '차에 문제가 있어요'라는 표현뿐 아니라 '차가 문제가 있어요'라고도 하기 때문에 '차'(voiture)를 주어로 문장을 꾸미려 하는 경향이 생깁니다. 그러나 프랑스어에서는 'J'ai un problème avec ... '라고 표현하고 'avec' 다음에 물건에 해당하는 명사를 놓습니다.

ÉTAPE 1

1 제 PC에 문제가 있어요. **J'ai un problème avec** mon PC.

2 제 휴대폰에 문제가 있어요. **J'ai un problème avec** mon portable.

3 제 차에 문제가 있어요. **J'ai un problème avec** ma voiture.

4 제 신용카드에 문제가 있어요. **J'ai un problème avec** ma carte de crédit.

5 제 인터넷 접속에 문제가 있어요. **J'ai un problème avec** ma connexion Internet.

ÉTAPE 2

1. 휴대폰이 고장 났을 때

A 내 휴대폰에 문제가 있어.

B Va au service après-vente.*

A C'est où?

B On va chercher sur Internet.

2. 인터넷이 고장 났을 때

A 내 인터넷 접속에 문제가 있어.

B Tu ne captes pas le wifi?

A Non!

B Attends! Le boîtier est débranché!

1 A J'ai un problème avec mon portable.
   B 애프터 서비스 받으러 가 봐.
   A 그게 어디지?
   B 인터넷에서 찾아 보자.

2 A J'ai un problème avec ma connexion Internet.
   B 와이파이를 못 잡니?
   A 응!
   B 잠깐 콘트롤박스에 전원이 끊어졌잖아!

modèle 233

C'est à vous de ...

~는 당신이 하세요 / 당신이 ~할 차례예요

여럿이 이야기를 나누거나 일을 할 때 상대방이 해 주면 좋겠다고 생각할 때, 혹은 상대방이 해야 할 차례가 되었을 때, '~는 당신이 하세요' '당신이 ~할 차례예요'라고 하죠? 이럴 때 프랑스어로는 'C'est à vous de + 부정법 동사'의 패턴을 쓰시면 됩니다.

ÉTAPE 1

1	판단은 당신이 하세요.	C'est à vous de juger.
2	결정은 당신이 하세요.	C'est à vous de décider.
3	선택은 당신이 하세요.	C'est à vous de choisir.
4	당신이 말씀하실 차례예요.	C'est à vous de parler.
5	당신이 하실 차례예요.	C'est à vous de jouer.

ÉTAPE 2

1. 결정 내리기 어려울 때

A La bleue ou la rouge?

B Les deux vous vont bien.

A Alors, laquelle je prends?

B 결정은 당신이 하세요.

2. 차례가 돌아왔을 때

A Le bowling, c'est fatigant.

B Oui, mais 댁이 하실 차례예요.

A Je n'ai pas l'habitude de lancer des boules si lourdes.

B Il reste deux tours pour finir la partie.

1 A 파란 것 아니면 빨간 것?
   B 둘 다 잘 어울리네요.
   A 그럼, 어떤 것으로 할까요?
   B C'est à vous de décider.

2 A 볼링은 피곤해.
   B 네, 하지만 c'est à vous de jouer.
   A 저는 이렇게 무거운 볼을 던지는 게 익숙하지 않아요.
   B 게임을 끝내려면 두 라운드가 남아 있어요.

•Lexique•

juger 판단하다
fatigant(e) 피곤하게 하는, 힘든
habitude 습관
avoir habitude de ~하는 습관이 있다, ~하는 게 익숙하다
lancer 던지다
boule 공, 구
lourd(e) 무거운

Partie VII

동사 변화표 & 기수와 서수

동사원형	의미	현재분사	과거분사	현재
Acheter	사다	achetant	acheté	(je)achète (tu)achètes (il)achète (nous)achetons (vous)achetez (ils)achètent
Appeler	부르다	appelant	appelé	(je)appelle (tu)appelles (il)appelle (nous)appelons (vous)appelez (ils)appellent
Employer	사용하다	employant	employé	(je)emploie (tu)emploies (il)emploie (nous)employons (vous)employez (ils)emploient
Espérer	바라다	espérant	espéré	(je)espère (tu)espères (il)espère (nous)espérons (vous)espérez (ils)espèrent
Manger	먹다	mangeant	mangé	(je)mange (tu)manges (il)mange (nous)mangeons (vous)mangez (ils)mangent

반과거	미래	접속법(현재)	긍정명령	부정명령
(je)achetais (tu)achetais (il)achetait (nous)achetions (vous)achetiez (ils)achetaient	(je)achèterai (tu)achèteras (il)achètera (nous)achèterons (vous)achèterez (ils)achèteront	(que je)achète (que tu)achètes (qu'il)achète (que nous)achetions (que vous)achetiez (qu'ils)achètent	achète achetons achetez	N'achète pas N'achetons pas N'achetez pas
(je)appelais (tu)appelais (il)appelait (nous)appelions (vous)appeliez (ils)appelaient	(je)appellerai (tu)appelleras (il)appellera (nous)appellerons (vous)appellerez (ils)appelleront	(que je)appelle (que tu)appelles (qu'il)appelle (que nous)appelions (que vous)appeliez (qu'ils)appellent	appelle appelons appelez	N'appelle pas N'appelons pas N'appelez pas
(je)employais (tu)employais (il)employait (nous)employions (vous)employiez (ils)employaient	(je)employerai (tu)employeras (il)employera (nous)employerons (vous)employerez (ils)employeront	(que je)emploie (que tu)emploies (qu'il)emploie (que nous)employions (que vous)employiez (qu'ils)emploient	emploie employons employez	N'emploie pas N'employons pas N'employez pas
(je)espérais (tu)espérais (il)espérait (nous)espérions (vous)espériez (ils)espéraient	(je)espérera (tu)espéreras (il)espérera (nous)espérerons (vous)espérerez (ils)espéreront	(que je)espère (que tu)espères (qu'il)espère (que nous)espérions (que vous)espériez (qu'ils)espèrent	espère espérons espérez	N'espère pas N'espérons pas N'espérez pas
(je)mangeais (tu)mangeais (il)mangeait (nous)mangions (vous)mangiez (ils)mangeaient	(je)mangerai (tu)mangeras (il)mangera (nous)mangerons (vous)mangerez (ils)mangeront	(que je)mange (que tu)manges (qu'il)mange (que nous)mangions (que vous)mangiez (qu'ils)mangent	mange mangeons mangez	Ne mange pas Ne mangeons pas Ne mangez pas

동사원형	의미	현재분사	과거분사	현재
Parler	말하다	parlant	parlé	(je)parle (tu)parles (il)parle (nous)parlons (vous)parlez (ils)parlent
Payer	지불하다	payant	payé	(je)paie, paye (tu)paies, payes (il)paie, paye (nous)payons (vous)payez (ils)paient, payent
Placer	놓다	plaçant	placé	(je)place (tu)places (il)place (nous)plaçons (vous)placez (ils)placent

반과거	미래	접속법(현재)	긍정명령	부정명령
(je)parlais (tu)parlais (il)parlait (nous)parlions (vous)parliez (ils)parlaient	(je)parlerai (tu)parleras (il)parlera (nous)parlerons (vous)parlerez (ils)parleront	(que je)parle (que tu)parles (qu'il)parle (que nous)parlions (que vous)parliez (qu'ils)parlent	parle parlons parlez	Ne parle pas Ne parlons pas Ne parlez pas
(je)payais (tu)payais (il)payait (nous)payions (vous)payiez (ils)payaient	(je)paierai, payerai (tu)paieras, payeras (il)paiera, payera (nous)paierons, payerons (vous)paierez, payerez (ils)paieront, payeront	(que je)paie, paye (que tu)paies, payes (qu'il)paie, paye (que nous)payions (que vous)payiez (qu'ils)paient, payent	paie, paye payons payez	Ne paie pas, Ne paye pas Ne payons pas Ne payez pas
(je)plaçais (tu)plaçais (il)plaçait (nous)placions (vous)placiez (ils)plaçaient	(je)placerai (tu)placeras (il)placera (nous)placerons (vous)placerez (ils)placeront	(que je)place (que tu)places (qu'il)place (que nous)placions (que vous)placiez (qu'ils)placent	place plaçons placez	Ne place pas Ne plaçons pas Ne placez pas

동사원형	의미	현재분사	과거분사	현재
Accueillir	받아들이다	accueillant	accueilli	(je)Accueille (tu)Accueilles (il)Accueille (nous)Accueillons (vous)Accueillez (ils)Accueillent
Acquérir	획득하다	acquérant	acquis	(je)acquiers (tu)acquiers (il)acquiert (nous)acquérons (vous)acquérez (ils)acquièrent
Assaillir	공격하다	assaillant	assailli	(je)assaille (tu)assailles (il)assaille (nous)assaillons (vous)assaillez (ils)assaillent
Bouillir	끓이다	bouillant	bouilli	(je)bous (tu)bous (il)bout (nous)bouillons (vous)bouillez (ils)bouillent
Courir	달리다	courant	couru	(je)cours (tu)cours (il)court (nous)courons (vous)courez (ils)courent

반과거	미래	접속법(현재)	긍정명령	부정명령
(je)Accueillais (tu)Accueillais (il)Accueillait (nous)Accueillions (vous)Accueilliez (ils)Accueillaient	(je)Accueillirai (tu)Accueilliras (il)Accueillira (nous)Accueillirons (vous)Accueillirez (ils)Accueilliront	(que je)Accueille (que tu)Accueilles (qu'il)Accueille (que nous)Accueillions (que vous)Accueilliez (qu'ils)Accueillent	Accueille Accueillons Accueillez	N'Accueille pas N'Accueillons pas N'Accueillez pas
(je)acquérais (tu)acquérais (il)acquérait (nous)acquérions (vous)acquériez (ils)acquéraient	(je)acquerrai (tu)acquerras (il)acquerra (nous)acquerrons (vous)acquerrez (ils)acquerront	(que je)acquière (que tu)acquières (qu'il)acquière (que nous)acquérions (que vous)acquériez (qu'ils)acquièrent	acquiers acquérons acquérez	N'acquiers pas N'acquérons pas N'acquérez pas
(je)assaillais (tu)assaillais (il)assaillait (nous)assaillions (vous)assailliez (ils)assaillaient	(je)assaillirai (tu)assailliras (il)assaillira (nous)assaillirons (vous)assaillirez (ils)assailliront	(que je)assaille (que tu)assailles (qu'il)assaille (que nous)assaillions (que vous)assailliez (qu'ils)assaillent	assaille assaillons assaillez	N'assaille pas N'assaillons pas N'assaillez pas
(je)bouillais (tu)bouillais (il)bouillait (nous)bouillions (vous)bouilliez (ils)bouillaient	(je)bouillirai (tu)bouilliras (il)bouillira (nous)bouillirons (vous)bouillirez (ils)bouilliront	(que je)bouille (que tu)bouilles (qu'il)bouille (que nous)bouillions (que vous)bouilliez (qu'ils)bouillent	bous bouillons bouillez	Ne bous pas Ne bouillons pas Ne bouillez pas
(je)courais (tu)courais (il)courait (nous)courions (vous)couriez (ils)couraient	(je)courrai (tu)courras (il)courra (nous)courrons (vous)courrez (ils)courront	(que je)coure (que tu)coures (qu'il)coure (que nous)courions (que vous)couriez (qu'ils)courent	cours courons courez	Ne cours pas Ne courons pas Ne courez pas

동사원형	의미	현재분사	과거분사	현재
Faillir	~할 뻔하다	faillant	failli	(je)faux (tu)faux (il)faut (nous)faillons (vous)faillez (ils)faillent
Finir	끝내다	finissant	fini	(je)finis (tu)finis (il)finit (nous)finissons (vous)finissez (ils)finissent
Fuir	달아나다	fuyant	fui	(je)fuis (tu)fuis (il)fuit (nous)fuyons (vous)fuyez (ils)fuient
Haïr	증오하다	haïssant	haï	(je)hais (tu)hais (il)hait (nous)haïssons (vous)haïssez (ils)haïssent
Mourir	죽다	mourant	mort	(je)meurs (tu)meurs (il)meurt (nous)mourons (vous)mourez (ils)meurent

반과거	미래	접속법(현재)	긍정명령	부정명령
(je)faillais (tu)faillais (il)faillait (nous)faillions (vous)failliez (ils)faillaient	(je)faillirai (tu)failliras (il)faillira (nous)faillirons (vous)faillirez (ils)failliront	(que je)faille (que tu)failles (qu'il)faille (que nous)faillions (que vous)failliez (qu'ils)faillent	/ / /	/ / /
(je)finissais (tu)finissais (il)finissait (nous)finissions (vous)finissiez (ils)finissaient	(je)finirai (tu)finiras (il)finira (nous)finirons (vous)finirez (ils)finiront	(que je)finisse (que tu)finisses (qu'il)finisse (que nous)finissions (que vous)finissiez (qu'ils)finissent	finis finissons finissez	Ne finis pas Ne finissons pas Ne finissez pas
(je)fuyais (tu)fuyais (il)fuyait (nous)fuyions (vous)fuyiez (ils)fuyaient	(je)fuirai (tu)fuiras (il)fuira (nous)fuirons (vous)fuirez (ils)fuiront	(que je)fuie (que tu)fuies (qu'il)fuie (que nous)fuyions (que vous)fuyiez (qu'ils)fuient	fuis fuyons fuyez	Ne fuis pas Ne fuyons pas Ne fuyez pas
(je)haïssais (tu)haïssais (il)haïssait (nous)haïssions (vous)haïssiez (ils)haïssaient	(je)haïrai (tu)haïras (il)haïra (nous)haïrons (vous)haïrez (ils)haïront	(que je)haïsse (que tu)haïsses (qu'il)haïsse (que nous)haïssions (que vous)haïssiez (qu'ils)haïssent	hais haïssons haïssez	Ne hais pas Ne haïssons pas Ne haïssez pas
(je)mourais (tu)mourais (il)mourait (nous)mourions (vous)mouriez (ils)mouraient	(je)mourrai (tu)mourras (il)mourra (nous)mourrons (vous)mourrez (ils)mourront	(que je)meure (que tu)meures (qu'il)meure (que nous)mourions (que vous)mouriez (qu'ils)meurent	meurs mourons mourez	Ne meurs pas Ne mourons pas Ne mourez pas

동사원형	의미	현재분사	과거분사	현재
Ouïr	듣다	oyant	ouï	(je)ois (tu)ois (il)oit (nous)oyons (vous)oyez (ils)oient
Ouvrir	열다	ouvrant	ouvert	(je)ouvre (tu)ouvres (il)ouvre (nous)ouvrons (vous)ouvrez (ils)ouvrent
Sentir	느끼다	sentant	senti	(je)sens (tu)sens (il)sent (nous)sentons (vous)sentez (ils)sentent
Tenir	잡다	tenant	tenu	(je)tiens (tu)tiens (il)tient (nous)tenons (vous)tenez (ils)tiennent
Vêtir	입히다	vêtant	vêtu	(je)vêts (tu)vêts (il)vêt (nous)vêtons (vous)vêtez (ils)vêtent

반과거	미래	접속법(현재)	긍정명령	부정명령
(je)oyais (tu)oyais (il)oyait (nous)oyions (vous)oyiez (ils)oyaient	(je)ouïrai, orrai (tu)ouïras, orras (il)ouïra, orra (nous)ouïrons, orrons (vous)ouïrez, orrez (ils)ouïront, orront	(que je)oie (que tu)oies (qu'il)oie (que nous)oyions (que vous)oyiez (qu'ils)oient	ois oyons oyez	N'ois pas N'oyons pas N'oyez pas
(je)ouvrais (tu)ouvrais (il)ouvrait (nous)ouvrions (vous)ouvriez (ils)ouvraient	(je)ouvrirai (tu)ouvriras (il)ouvrira (nous)ouvrirons (vous)ouvrirez (ils)ouvriront	(que je)ouvre (que tu)ouvres (qu'il)ouvre (que nous)ouvrions (que vous)ouvriez (qu'ils)ouvrent	ouvre ouvrons ouvrez	N'ouvre pas N'ouvrons pas N'ouvrez pas
(je)sentais (tu)sentais (il)sentait (nous)sentions (vous)sentiez (ils)sentaient	(je)sentirai (tu)sentiras (il)sentira (nous)sentirons (vous)sentirez (ils)sentiront	(que je)sente (que tu)sentes (qu'il)sente (que nous)sentions (que vous)sentiez (qu'ils)sentent	sens sentons sentez	Ne sens pas Ne sentons pas Ne sentez pas
(je)tenais (tu)tenais (il)tenait (nous)tenions (vous)teniez (ils)tenaient	(je)tiendrai (tu)tiendras (il)tiendra (nous)tiendrons (vous)tiendrez (ils)tiendront	(que je)tienne (que tu)tiennes (qu'il)tienne (que nous)tenions (que vous)teniez (qu'ils)tiennent	tiens tenons tenez	Ne tiens pas Ne tenons pas Ne tenez pas
(je)vêtais (tu)vêtais (il)vêtait (nous)vêtions (vous)vêtiez (ils)vêtaient	(je)vêtirai (tu)vêtiras (il)vêtira (nous)vêtirons (vous)vêtirez (ils)vêtiront	(que je)vête (que tu)vêtes (qu'il)vête (que nous)vêtions (que vous)vêtiez (qu'ils)vêtent	vêts vêtons vêtez	Ne vêts pas Ne vêtons pas Ne vêtez pas

동사원형	의미	현재분사	과거분사	현재
Aller	가다	allant	allé	(je)vais (tu)vas (il)va (nous)allons (vous)allez (ils)vont
Asseoir	앉히다	asseyant, assoyant	assis	(je)assieds, assois (tu)assieds, assois (il)assied, assoit (nous)asseyons, assoyons (vous)asseyez, assoyez (ils)asseyent, assoient
Battre	싸우다	battant	battu	(je)bats (tu)bats (il)bat (nous)battons (vous)battez (ils)battent
Boire	마시다	buvant	bu	(je)bois (tu)bois (il)boit (nous)buvons (vous)buvez (ils)boivent
Bruire	소리를 내다	bruissant	bruit	(je)bruis (tu)bruis (il)bruit (nous)/ (vous)/ (ils)bruissent

반과거	미래	접속법(현재)	긍정명령	부정명령
(je)allais (tu)allais (il)allait (nous)allions (vous)alliez (ils)allaient	(je)irai (tu)iras (il)ira (nous)irons (vous)irez (ils)iront	(que je)aille (que tu)ailles (qu'il)aille (que nous)allions (que vous)alliez (qu'ils)aillent	va allons allez	Ne va pas N'allons pas N'allez pas
(je)asseyais, assoyais (tu)asseyais, assoyais (il)asseyait, assoyait (nous)asseyions, assoyions (vous)asseyiez, assoyiez (ils)asseyaient, assoyaien	(je)assiérai, assoirai (tu)assiéras, assoiras (il)assiéra, assoira (nous)assiérons, assoirons (vous)assiérez, assoirez (ils)assiéront, assoiront	(que je)asseye, assoie (que tu)asseyes, assoies (qu'il)asseye, assoie (que nous)asseyions, assoyions (que vous)asseyiez, assoyiez (qu'ils)asseyent, assoient	assieds, assois asseyons, assoyons asseyez, assoyez	N'assieds pas, N'assois pas N'asseyons pas, N'assoyons pas N'asseyez pas, N'assoyez pas
(je)battais (tu)battais (il)battait (nous)battions (vous)battiez (ils)battaient	(je)battrai (tu)battras (il)battra (nous)battrons (vous)battrez (ils)battront	(que je)batte (que tu)battes (qu'il)batte (que nous)battions (que vous)battiez (qu'ils)battent	bats battons battez	Ne bats pas Ne battons pas Ne battez pas
(je)buvais (tu)buvais (il)buvait (nous)buvions (vous)buviez (ils)buvaient	(je)boirai (tu)boiras (il)boira (nous)boirons (vous)boirez (ils)boiront	(que je)boive (que tu)boives (qu'il)boive (que nous)buvions (que vous)buviez (qu'ils)boivent	bois buvons buvez	Ne bois pas Ne buvons pas Ne buvez pas
(je)bruissais (tu)/ (il)bruissait (nous)/ (vous)/ (ils)bruissaient	(je)bruirai (il)bruira	(que je)/ (que tu)/ (qu'il)bruisse (que nous)/ (que vous)/ (qu'ils)bruissent	/	/

동사원형	의미	현재분사	과거분사	현재
Clore	닫다	closant	clos	(je)clos (tu)clos (il)clôt (nous)closons (vous)closez (ils)closent
Conclure	체결하다	concluant	conclu	(je)conclus (tu)conclus (il)conclut (nous)concluons (vous)concluez (ils)concluent
Conduire	데리고 가다	conduisant	conduit	(je)conduis (tu)conduis (il)conduit (nous)conduisons (vous)conduisez (ils)conduisent
Connaître	알다	connaissant	connu	(je)connais (tu)connais (il)connaît (nous)connaissons (vous)connaissez (ils)connaissent
Coudre	바느질하다	cousant	cousu	(je)couds (tu)couds (il)coud (nous)cousons (vous)cousez (ils)cousent

반과거	미래	접속법(현재)	긍정명령	부정명령
/	(je)clorai (tu)cloras (il)clora (nous)clorons (vous)clorez (ils)cloront	(que je)close (que tu)closes (qu'il)close (que nous)closions (que vous)closiez (qu'ils)closent	clos	Ne clos pas
(je)concluais (tu)concluais (il)concluait (nous)concluions (vous)concluiez (ils)concluaient	(je)conclurai (tu)concluras (il)conclura (nous)conclurons (vous)conclurez (ils)concluront	(que je)conclue (que tu)conclues (qu'il)conclue (que nous)concluions (que vous)concluiez (qu'ils)concluent	conclus concluons concluez	Ne conclus pas Ne concluons pas Ne concluez pas
(je)conduisais (tu)conduisais (il)conduisait (nous)conduisions (vous)conduisiez (ils)conduisaient	(je)conduirai (tu)conduiras (il)conduira (nous)conduirons (vous)conduirez (ils)conduiront	(que je)conduise (que tu)conduises (qu'il)conduise (que nous)conduisions (que vous)conduisiez (qu'ils)conduisent	conduis conduisons conduisez	Ne conduis pas Ne conduisons pas Ne conduisez pas
(je)connaissais (tu)connaissais (il)connaissait (nous)connaissions (vous)connaissiez (ils)connaissaient	(je)connaîtrai (tu)connaîtras (il)connaîtra (nous)connaîtrons (vous)connaîtrez (ils)connaîtront	(que je)connaisse (que tu)connaisses (qu'il)connaisse (que nous)connaissions (que vous)connaissiez (qu'ils)connaissent	connais connaissons connaissez	Ne connais pas Ne connaissons pas Ne connaissez pas
(je)cousais (tu)cousais (il)cousait (nous)cousions (vous)cousiez (ils)cousaient	(je)coudrai (tu)coudras (il)coudra (nous)coudrons (vous)coudrez (ils)coudront	(que je)couse (que tu)couses (qu'il)couse (que nous)cousions (que vous)cousiez (qu'ils)cousent	couds cousons cousez	Ne couds pas Ne cousons pas Ne cousez pas

동사원형	의미	현재분사	과거분사	현재
Croire	믿다	croyant	cru	(je)crois (tu)crois (il)croit (nous)croyons (vous)croyez (ils)croient
Déchoir	전락하다	/	déchu	(je)déchois (tu)déchois (il)déchoit (nous)déchoyons (vous)déchoyez (ils)déchoient
Devoir	~해야 한다	devant	dû	(je)dois (tu)dois (il)doit (nous)devons (vous)devez (ils)doivent
Dire	이야기하다	disant	dit	(je)dis (tu)dis (il)dit (nous)disons (vous)dites (ils)disent
Écrire	(글을)쓰다	écrivant	écrit	(je)écris (tu)écris (il)écrit (nous)écrivons (vous)écrivez (ils)écrivent

반과거	미래	접속법(현재)	긍정명령	부정명령
(je)croyais (tu)croyais (il)croyait (nous)croyions (vous)croyiez (ils)croyaient	(je)croirai (tu)croiras (il)croira (nous)croirons (vous)croirez (ils)croiront	(que je)croie (que tu)croies (qu'il)croie (que nous)croyions (que vous)croyiez (qu'ils)croient	crois croyons croyez	Ne crois pas Ne croyons pas Ne croyez pas
(je)déchoyais (tu)déchoyais (il)déchoyait (nous)déchoyions (vous)déchoyiez (ils)déchoyaient	(je)déchoirai (tu)déchoiras (il)déchoira (nous)déchoirons (vous)déchoirez (ils)déchoiront	(je)déchoirais (tu)déchoirais (il)déchoirait (nous)déchoirions (vous)déchoiriez (ils)déchoiraient	déchois déchoyons déchoyez	Ne déchois pas Ne déchoyons pas Ne déchoyez pas
(je)devais (tu)devais (il)devait (nous)devions (vous)deviez (ils)devaient	(je)devrai (tu)devras (il)devra (nous)devrons (vous)devrez (ils)devront	(que je)doive (que tu)doives (qu'il)doive (que nous)devions (que vous)deviez (qu'ils)doivent	dois devons devez	Ne dois pas Ne devons pas Ne devez pas
(je)disais (tu)disais (il)disait (nous)disions (vous)disiez (ils)disaient	(je)dirai (tu)diras (il)dira (nous)dirons (vous)direz (ils)diront	(que je)dise (que tu)dises (qu'il)dise (que nous)disions (que vous)disiez (qu'ils)disent	dis disons dites	Ne dis pas Ne disons pas Ne dites pas
(je)écrivais (tu)écrivais (il)écrivait (nous)écrivions (vous)écriviez (ils)écrivaient	(je)écrirai (tu)écriras (il)écrira (nous)écrirons (vous)écrirez (ils)écriront	(que je)écrive (que tu)écrives (qu'il)écrive (que nous)écrivions (que vous)écriviez (qu'ils)écrivent	écris écrivons écrivez	N'écris pas N'écrivons pas N'écrivez pas

동사원형	의미	현재분사	과거분사	현재
Émouvoir	움직이게 하다	émouvant	ému	(je)émeus (tu)émeus (il)émeut (nous)émouvons (vous)émouvez (ils)émeuvent
Entendre	듣다	entendant	entendu	(je)entends (tu)entends (il)entend (nous)entendons (vous)entendez (ils)entendent
Faire	하다	faisant	fait	(je)fais (tu)fais (il)fait (nous)faisons (vous)faites (ils)font
Falloir	~해야 한다	/	fallu	(je)/ (tu)/ (il)faut (nous)/ (vous)/ (ils)/
Frire	(기름에) 튀기다	faisant frire	frit	(je)fris (tu)fris (il)frit (nous)faisons frire (vous)faites frire (ils)font frire

반과거	미래	접속법(현재)	긍정명령	부정명령
(je)émouvais (tu)émouvais (il)émouvait (nous)émouvions (vous)émouviez (ils)émouvaient	(je)émouvrai (tu)émouvras (il)émouvra (nous)émouvrons (vous)émouvrez (ils)émouvront	(que je)émeuve (que tu)émeuves (qu'il)émeuve (que nous)émouvions (que vous)émouviez (qu'ils)émeuvent	émeus émouvons émouvez	N'émeus pas N'émouvons pas N'émouvez pas
(je)entendais (tu)entendais (il)entendait (nous)entendions (vous)entendiez (ils)entendaient	(je)entendrai (tu)entendras (il)entendra (nous)entendrons (vous)entendrez (ils)entendront	(que je)entende (que tu)entendes (qu'il)entende (que nous)entendions (que vous)entendiez (qu'ils)entendent	entends entendons entendez	N'entends pas N'entendons pas N'entendez pas
(je)faisais (tu)faisais (il)faisait (nous)faisions (vous)faisiez (ils)faisaient	(je)ferai (tu)feras (il)fera (nous)ferons (vous)ferez (ils)feront	(que je)fasse (que tu)fasses (qu'il)fasse (que nous)fassions (que vous)fassiez (qu'ils)fassent	fais faisons faites	Ne fais pas Ne faisons pas Ne faites pas
(je)/ (tu)/ (il)fallait (nous)/ (vous)/ (ils)/	(je)/ (tu)/ (il)faudra (nous)/ (vous)/ (ils)/	(que je)/ (que tu)/ (qu'il)faille (que nous)/ (que vous)/ (qu'ils)	/	/
(je)faisais frire (tu)faisais frire (il)faisait frire (nous)faisions frire (vous)faisiez frire (ils)faisaient frire	(je)frirai (tu)friras (il)frira (nous)frirons (vous)frirez (ils)friront	(que je)fasse frire (que tu)fasses frire (qu'il)fasse frire (que nous)fassions frire (que vous)fassiez frire (qu'ils)fassent frire	faisons frire faites frire	Ne fris pas Ne faisons pas frire Ne faites pas frire

동사원형	의미	현재분사	과거분사	현재
Lire	읽다	lisant	lu	(je)lis (tu)lis (il)lit (nous)lisons (vous)lisez (ils)lisent
Mettre	놓다	mettant	mis	(je)mets (tu)mets (il)met (nous)mettons (vous)mettez (ils)mettent
Moudre	가루를 만들다	moulant	moulu	(je)mouds (tu)mouds (il)moud (nous)moulons (vous)moulez (ils)moulent
Naître	태어나다	naissant	né	(je)nais (tu)nais (il)naît (nous)naissons (vous)naissez (ils)naissent
Plaindre	동정하다	plaignant	plaint	(je)plains (tu)plains (il)plaint (nous)plaignons (vous)plaignez (ils)plaignent

반과거	미래	접속법(현재)	긍정명령	부정명령
(je)lisais (tu)lisais (il)lisait (nous)lisions (vous)lisiez (ils)lisaient	(je)lirai (tu)liras (il)lira (nous)lirons (vous)lirez (ils)liront	(que je)lise (que tu)lises (qu'il)lise (que nous)lisions (que vous)lisiez (qu'ils)lisent	lis lisons lisez	Ne lis pas Ne lisons pas Ne lisez pas
(je)mettais (tu)mettais (il)mettait (nous)mettions (vous)mettiez (ils)mettaient	(je)mettrai (tu)mettras (il)mettra (nous)mettrons (vous)mettrez (ils)mettront	(que je)mette (que tu)mettes (qu'il)mette (que nous)mettions (que vous)mettiez (qu'ils)mettent	mets mettons mettez	Ne mets pas Ne mettons pas Ne mettez pas
(je)moulais (tu)moulais (il)moulait (nous)moulions (vous)mouliez (ils)moulaient	(je)moudrai (tu)moudras (il)moudra (nous)moudrons (vous)moudrez (ils)moudront	(que je)moule (que tu)moules (qu'il)moule (que nous)moulions (que vous)mouliez (qu'ils)moulent	mouds moulons moulez	Ne mouds pas Ne moulons pas Ne moulez pas
(je)naissais (tu)naissais (il)naissait (nous)naissions (vous)naissiez (ils)naissaient	(je)naîtrai (tu)naîtras (il)naîtra (nous)naîtrons (vous)naîtrez (ils)naîtront	(que je)naisse (que tu)naisses (qu'il)naisse (que nous)naissions (que vous)naissiez (qu'ils)naissent	nais naissons naissez	Ne nais pas Ne naissons pas Ne naissez pas
(je)plaignais (tu)plaignais (il)plaignait (nous)plaignions (vous)plaigniez (ils)plaignaient	(je)plaindrai (tu)plaindras (il)plaindra (nous)plaindrons (vous)plaindrez (ils)plaindront	(que je)plaigne (que tu)plaignes (qu'il)plaigne (que nous)plaignions (que vous)plaigniez (qu'ils)plaignent	plains plaignons plaignez	Ne plains pas Ne plaignons pas Ne plaignez pas

동사원형	의미	현재분사	과거분사	현재
Plaire	~의 마음에 들다	plaisant	plu	(je)plais (tu)plais (il)plaît (nous)plaisons (vous)plaisez (ils)plaisent
Pleuvoir	비가 오다	pleuvant	plu	(je)/ (tu)/ (il)pleut (nous)/ (vous)/ (ils)pleuvent
Pourvoir	마련해주다	pourvoyant	pourvu	(je)pourvois (tu)pourvois (il)pourvoit (nous)pourvoyons (vous)pourvoyez (ils)pourvoient
Pouvoir	~할 수 있다	pouvant	pu	(je)peux, puis (tu)peux (il)peut (nous)pouvons (vous)pouvez (ils)peuvent
Prendre	취하다	prenant	pris	(je)prends (tu)prends (il)prend (nous)prenons (vous)prenez (ils)prennent

반과거	미래	접속법(현재)	긍정명령	부정명령
(je)plaisais (tu)plaisais (il)plaisait (nous)plaisions (vous)plaisiez (ils)plaisaient	(je)plairai (tu)plairas (il)plaira (nous)plairons (vous)plairez (ils)plairont	(que je)plaise (que tu)plaises (qu'il)plaise (que nous)plaisions (que vous)plaisiez (qu'ils)plaisent	plais plaisons plaisez	Ne plais pas Ne plaisons pas Ne plaisez pas
(je)/ (tu)/ (il)pleuvait (nous)/ (vous)/ (ils)pleuvaient	(je)/ (tu)/ (il)pleuvra (nous)/ (vous)/ (ils)pleuvront	(que je)/ (que tu)/ (qu'il)pleuve (que nous)/ (que vous)/ (qu'ils)pleuvent	/	/
(je)pourvoyais (tu)pourvoyais (il)pourvoyait (nous)pourvoyions (vous)pourvoyiez (ils)pourvoyaient	(je)pourvoirai (tu)pourvoiras (il)pourvoira (nous)pourvoirons (vous)pourvoirez (ils)pourvoiront	(que je)pourvoie (que tu)pourvoies (qu'il)pourvoie (que nous)pourvoyions (que vous)pourvoyiez (qu'ils)pourvoient	pourvois pourvoyons pourvoyez	Ne pourvois pas Ne pourvoyons pas Ne pourvoyez pas
(je)pouvais (tu)pouvais (il)pouvait (nous)pouvions (vous)pouviez (ils)pouvaient	(je)pourrai (tu)pourras (il)pourra (nous)pourrons (vous)pourrez (ils)pourront	(que je)puisse (que tu)puisses (qu'il)puisse (que nous)puissions (que vous)puissiez (qu'ils)puissent	/	/
(je)prenais (tu)prenais (il)prenait (nous)prenions (vous)preniez (ils)prenaient	(je)prendrai (tu)prendras (il)prendra (nous)prendrons (vous)prendrez (ils)prendront	(que je)prenne (que tu)prennes (qu'il)prenne (que nous)prenions (que vous)preniez (qu'ils)prennent	prends prenons prenez	Ne prends pas Ne prenons pas Ne prenez pas

동사원형	의미	현재분사	과거분사	현재
Recevoir	받다	recevant	reçu	(je)reçois (tu)reçois (il)reçoit (nous)recevons (vous)recevez (ils)reçoivent
Résoudre	해결하다	résolvant	résolu	(je)résous (tu)résous (il)résout (nous)résolvons (vous)résolvez (ils)résolvent
Rire	웃다	riant	ri	(je)ris (tu)ris (il)rit (nous)rions (vous)riez (ils)rient
Savoir	알다	sachant	su	(je)sais (tu)sais (il)sait (nous)savons (vous)savez (ils)savent
Suffire	충분하다	suffisant	suffi	(je)suffis (tu)suffis (il)suffit (nous)suffisons (vous)suffisez (ils)suffisent

반과거	미래	접속법(현재)	긍정명령	부정명령
(je)recevais (tu)recevais (il)recevait (nous)recevions (vous)receviez (ils)recevaient	(je)recevrai (tu)recevras (il)recevra (nous)recevrons (vous)recevrez (ils)recevront	(que je)reçoive (que tu)reçoives (qu'il)reçoive (que nous)recevions (que vous)receviez (qu'ils)reçoivent	reçois recevons recevez	Ne reçois pas Ne recevons pas Ne recevez pas
(je)résolvais (tu)résolvais (il)résolvait (nous)résolvions (vous)résolviez (ils)résolvaient	(je)résoudrai (tu)résoudras (il)résoudra (nous)résoudrons (vous)résoudrez (ils)résoudront	(que je)résolve (que tu)résolves (qu'il)résolve (que nous)résolvions (que vous)résolviez (qu'ils)résolvent	résous résolvons résolvez	Ne résous pas Ne résolvons pas Ne résolvez pas
(je)riais (tu)riais (il)riait (nous)riions (vous)riiez (ils)riaient	(je)rirai (tu)riras (il)rira (nous)rirons (vous)rirez (ils)riront	(que je)rie (que tu)ries (qu'il)rie (que nous)riions (que vous)riiez (qu'ils)rient	ris rions riez	Ne ris pas Ne rions pas Ne riez pas
(je)savais (tu)savais (il)savait (nous)savions (vous)saviez (ils)savaient	(je)saurai (tu)sauras (il)saura (nous)saurons (vous)saurez (ils)sauront	(que je)sache (que tu)saches (qu'il)sache (que nous)sachions (que vous)sachiez (qu'ils)sachent	sache sachons sachez	Ne sache pas Ne sachons pas Ne sachez pas
(je)suffisais (tu)suffisais (il)suffisait (nous)suffisions (vous)suffisiez (ils)suffisaient	(je)suffirai (tu)suffiras (il)suffira (nous)suffirons (vous)suffirez (ils)suffiront	(que je)suffise (que tu)suffises (qu'il)suffise (que nous)suffisions (que vous)suffisiez (qu'ils)suffisent	suffis suffisons suffisez	Ne suffis pas Ne suffisons pas Ne suffisez pas

동사원형	의미	현재분사	과거분사	현재
Suivre	뒤따라가다	suivant	suivi	(je)suis (tu)suis (il)suit (nous)suivons (vous)suivez (ils)suivent
Traire	잡아 늘이다	trayant	trait	(je)trais (tu)trais (il)trait (nous)trayons (vous)trayez (ils)traient
Vaincre	이기다	vainquant	vaincu	(je)vaincs (tu)vaincs (il)vainc (nous)vainquons (vous)vainquez (ils)vainquent
Valoir	값이 나가다	valant	valu	(je)vaux (tu)vaux (il)vaut (nous)valons (vous)valez (ils)valent
Venir	오다	venant	venu	(je)viens (tu)viens (il)vient (nous)venons (vous)venez (ils)viennent

반과거	미래	접속법(현재)	긍정명령	부정명령
(je)suivais (tu)suivais (il)suivait (nous)suivions (vous)suiviez (ils)suivaient	(je)suivrai (tu)suivras (il)suivra (nous)suivrons (vous)suivrez (ils)suivront	(que je)suive (que tu)suives (qu'il)suive (que nous)suivions (que vous)suiviez (qu'ils)suivent	suis suivons suivez	Ne suis pas Ne suivons pas Ne suivez pas
(je)trayais (tu)trayais (il)trayait (nous)trayions (vous)trayiez (ils)trayaient	(je)trairai (tu)trairas (il)traira (nous)trairons (vous)trairez (ils)trairont	(que je)traie (que tu)traies (qu'il)traie (que nous)trayions (que vous)trayiez (qu'ils)traient	trais trayons trayez	Ne trais pas Ne trayons pas Ne trayez pas
(je)vainquais (tu)vainquais (il)vainquait (nous)vainquions (vous)vainquiez (ils)vainquaient	(je)vaincrai (tu)vaincras (il)vaincra (nous)vaincrons (vous)vaincrez (ils)vaincront	(que je)vainque (que tu)vainques (qu'il)vainque (que nous)vainquions (que vous)vainquiez (qu'ils)vainquent	vaincs vainquons vainquez	Ne vaincs pas Ne vainquons pas Ne vainquez pas
(je)valais (tu)valais (il)valait (nous)valions (vous)valiez (ils)valaient	(je)vaudrai (tu)vaudras (il)vaudra (nous)vaudrons (vous)vaudrez (ils)vaudront	(que je)vaille (que tu)vailles (qu'il)vaille (que nous)valions (que vous)valiez (qu'ils)vaillent	vaux valons valez	Ne vaux pas Ne valons pas Ne valez pas
(je)venais (tu)venais (il)venait (nous)venions (vous)veniez (ils)venaient	(je)viendrai (tu)viendras (il)viendra (nous)viendrons (vous)viendrez (ils)viendront	que je)vienne (que tu)viennes (qu'il)vienne (que nous)venions (que vous)veniez (qu'ils)viennent	viens venons venez	Ne viens pas Ne venons pas Ne venez pas

동사원형	의미	현재분사	과거분사	현재
Vivre	살다	vivant	vécu	(je)vis (tu)vis (il)vit (nous)vivons (vous)vivez (ils)vivent
Voir	보다	voyant	vu	(je)vois (tu)vois (il)voit (nous)voyons (vous)voyez (ils)voient
Vouloir	원하다	voulant	voulu	(je)veux (tu)veux (il)veut (nous)voulons (vous)voulez (ils)veulent

반과거	미래	접속법(현재)	긍정명령	부정명령
(je)vivais (tu)vivais (il)vivait (nous)vivions (vous)viviez (ils)vivaient	(je)vivrai (tu)vivras (il)vivra (nous)vivrons (vous)vivrez (ils)vivront	(que je)vive (que tu)vives (qu'il)vive (que nous)vivions (que vous)viviez (qu'ils)vivent	vis vivons vivez	Ne vis pas Ne vivons pas Ne vivez pas
(je)voyais (tu)voyais (il)voyait (nous)voyions (vous)voyiez (ils)voyaient	(je)verrai (tu)verras (il)verra (nous)verrons (vous)verrez (ils)verront	(que je)voie (que tu)voies (qu'il)voie (que nous)voyions (que vous)voyiez (qu'ils)voient	vois voyons voyez	Ne vois pas Ne voyons pas Ne voyez pas
(je)voulais (tu)voulais (il)voulait (nous)voulions (vous)vouliez (ils)voulaient	(je)voudrai (tu)voudras (il)voudra (nous)voudrons (vous)voudrez (ils)voudront	(que je)veuille (que tu)veuilles (qu'il)veuille (que nous)voulions (que vous)vouliez (qu'ils)veuillent	veux, veuille voulons voulez, veuillez	Ne veux pas, Ne veuille pas Ne voulons pas Ne voulez pas, Ne veuillez pas

1	un, une		31	trente et un
2	deux		32	trente-deux
3	trois		33	trente-trois
4	quatre		34	trente-quatre
5	cinq		35	trente-cinq
6	six		36	trente-six
7	sept		37	trente-sept
8	huit		38	trente-huit
9	neuf		39	trente-neuf
10	dix		40	quarante
11	onze		41	quarante et un
12	douze		42	quarante-deux
13	treize		43	quarante-trois
14	quatorze		44	quarante-quatre
15	quinze		45	quarante-cinq
16	seize		46	quarante-six
17	dix-sept		47	quarante-sept
18	dix-huit		48	quarante-huit
19	dix-neuf		49	quarante-neuf
20	vingt		50	cinquante
21	vingt et un		60	soixante
22	vingt-deux		70[*]	**soixante-dix**
23	vingt-trois		80[**]	**quatre-vingt**
24	vingt-quatre		90[***]	**quatre-vingt-dix**
25	vingt-cinq		100	cent
26	vingt-six		1000	mille
27	vingt-sept			
28	vingt-huit			
29	vingt-neuf			
30	trente			

[*] 70 (60+10)
[**] 80 (4×20)
[***] 90 (4×20+10)

1번(째)	premier(ère)		31번(째)	trente et unième
2번(째)	deuxième		32번(째)	trente-deuxième
3번(째)	troisième		33번(째)	trente-troisième
4번(째)	quatrième		34번(째)	trente-quatrième
5번(째)	cinquième		35번(째)	trente-cinquième
6번(째)	sixième		36번(째)	trente-sixième
7번(째)	septième		37번(째)	trente-septième
8번(째)	huitième		38번(째)	trente-huitième
9번(째)	neuvième		39번(째)	trente-neuvième
10번(째)	dixième		40번(째)	quarantième

11번(째)	onzième		41번(째)	quarante et unième
12번(째)	douzième		42번(째)	quarante-deuxième
13번(째)	treizième		43번(째)	quarante-troisième
14번(째)	quatorzième		44번(째)	quarante-quatrième
15번(째)	quinzième		45번(째)	quarante-cinquième
16번(째)	seizième		46번(째)	quarante-sixième
17번(째)	dix-septième		47번(째)	quarante-septième
18번(째)	dix-huitième		48번(째)	quarante-huitième
19번(째)	dix-neuvième		49번(째)	quarante-neuvième
20번(째)	vingtième		50번(째)	cinquantième

21번(째)	vingt et unième		60번(째)	soixantième
22번(째)	vingt-deuxième		70번(째)	**soixante-dixième**
23번(째)	vingt-troisième		80번(째)	**quatre-vingtième**
24번(째)	vingt-quatrième		90번(째)	**quatre-vingt-dixième**
25번(째)	vingt-cinquième		100번(째)	centième
26번(째)	vingt-sixième		1000번(째)	millième
27번(째)	vingt-septième			
28번(째)	vingt-huitième			
29번(째)	vingt-neuvième			
30번(째)	trentième			

일본어 회화
핵심패턴 233

233개 기초 패턴으로 일본어 말문이 트인다!

일본어회화
핵심패턴
233

이신혜 지음 | 296쪽 | 15,800원

부록
· 휴대용 소책자
· mp3 파일
  무료 다운로드

233개 기초 패턴으로 일본어 말문이 트인다!

회화의 기초를 짱짱하게 다져주는 패턴 233개!
초급자의 발목을 잡는 동사활용과 문법도 패턴으로 쉽게 끝낸다.

난이도	첫걸음 **초급** 중급 | 고급	기간	80일
대상	회화를 본격적으로 시작하려는 초급자, 일본어 기초가 약한 초급자	목표	내가 말하고 싶은 문장 자유자재로 만들기 기초 문법 제대로 마스터하기

주미에르의
10시간 프랑스어 첫걸음

부록
MP3 파일
여행용 별책

특별 서비스
유튜브 강의
무료 제공(40강)

노민주(주미에르) 지음
252쪽 | 17,000원

세상에서 제일 쉬운 프랑스어 독학 첫걸음!

프랑스어로 할 말 다 하는 유튜버 '주미에르'와 함께
문법 부담 없이 프랑스어 기초를 딱 10시간만에 끝낸다!

난이도	첫걸음 초 급 | 중 급 | 고 급	기간	33일
대상	프랑스어를 처음 배우거나 다시 시작하려고 하는 초급 독자	목표	매일 쓸 수 있는 프랑스어 기초 문장을 쉽게 배워 쉽게 구사하기

네이티브는 쉬운 영어로 말한다
200대화 편

부록

· mp3파일 무료 제공

구슬 지음 | 596쪽 | 16,500원

30만 구독자 유튜버 구슬쌤의 실전 영어회화 바이블

네이티브가 매일 같이 쓰는 **일상대화 200개**,
쉬운 영어로 센스 있고 **자신 있게** 말한다!

난이도	첫걸음 초급 중급 고급	기간	하루 15분, 대화문 1개
대상	네이티브처럼 센스있는 대화를 구사하고 싶은 누구나	목표	외국인과 영어로 자연스럽게 대화하기